掌控

25个销售沟通制胜策略

傅宇彤 ◎ 著

成交

机械工业出版社

CHINA MACHINE PRESS

图书在版编目（CIP）数据

掌控成交：25个销售沟通制胜策略 / 傅宇彤著 .

北京：机械工业出版社，2025. 5. -- ISBN 978-7-111

-78069-4

　　Ⅰ. F713.55

中国国家版本馆 CIP 数据核字第 20253WR551 号

机械工业出版社（北京市百万庄大街 22 号　邮政编码 100037）
策划编辑：刘　静　　　　　　　　　责任编辑：刘　静　孙　旸
责任校对：李　霞　杨　霞　景　飞　　责任印制：任维东
河北宝昌佳彩印刷有限公司印刷
2025 年 6 月第 1 版第 1 次印刷
170mm×230mm · 19 印张 · 1 插页 · 311 千字
标准书号：ISBN 978-7-111-78069-4
定价：79.00 元

电话服务　　　　　　　　　　　　网络服务
客服电话：010-88361066　　　　　机 工 官 网：www.cmpbook.com
　　　　　010-88379833　　　　　机 工 官 博：weibo.com/cmp1952
　　　　　010-68326294　　　　　金 书 网：www.golden-book.com
封底无防伪标均为盗版　　　　　机工教育服务网：www.cmpedu.com

感谢你打开了这本书。

我猜你可能是一位销售，或者想要成为销售，那么你大概率遇到过或者将要遇到以下情景：

当你打电话约客户见面时，客户常说，对不起，今天没时间。明天？明天要开会。下周？不好意思，下周要出差。

好不容易发现一个潜在客户，想要拜访，门卫却坚决不让进。

辛辛苦苦地进入客户公司，找到一个哥们儿，聊了一会儿，发现和这个项目无关，想要让他帮忙引荐一下技术部的专工，哥们儿说，我还忙着呢，你自己找吧。

做了三天的方案，摆在客户面前，客户说，这个功能我们用不上啊。

组织了技术交流，你请的技术工程师讲得热火朝天，可下面的客户都在低头玩手机。

回到公司，还有繁重的业绩指标等着你。每个月都要汇报，每个季度都要回顾，没完成要解释，完成了要涨指标。项目好不容易拿下来了，技术部门说实现不了，物流部门说交货期保证不了，老板说这价格要不还是别做了吧。

销售是我大学毕业后的第一份工作，一干就是 16 年。从一线销售到销售管理者，从小企业到跨国公司，从销售元器件到售卖系统解决方案，作为销售的你的这些苦，我都懂。

是啊，真难啊。销售是一家公司中结果最容易量化的岗位——一切看业绩。好处是，有成就，你是最大的受益者，就像是足球赛中进球的前锋，进的球是团队的，可最大的荣誉归你；坏处是，有问题，你是责任人，就像是被进球后的门将，聚光灯下垂头掩面的是你。

美剧《兄弟连》中有句台词：伞兵生来就是被包围的。套用在销售上，就是：销售生来就是被拒绝的。销售工作压力巨大，甚至令人望而生畏，以至于销售之间有一句戏言：销售不是人干的活。

戏言归戏言，在这个人工智能时代，销售可能是最适合人干的活。

几年前，人们热衷于讨论未来人工智能会取代哪些工作。如今，这个话题变成了未来哪些工作不容易被人工智能取代。

著名的人工智能专家李开复在《AI 未来进行式》一书中指出，AI（人工智能）在同理心、创造力和灵活性（手眼协调的体力工作）上存在明显的短板。而销售这个职业对于前两项的要求极高。

同理心是销售与客户互动的基础和前提。你每天的工作就是和人打交道，理解客户并试图让客户理解你。没有同理心，你无法真正理解客户的需求，而需求是实现销售的最关键一环。

有创造力的销售业绩更佳。你花时间研究产品和客户的行业特征，以独特的方式帮助客户实现目标；你将销售过程视为解决问题的过程，你不仅是卖方，更是合作伙伴；你寻找让每位客户感到特别的方法，为客户创造"哇哦"时刻。

在人工智能时代，销售会是一个极富前景的职业。

你看，这不就是难而正确的事情吗？放心，我不是来制造焦虑的，也不是你的老板派来给你送鸡汤的，我是来送勺的——关键是你该怎么干。

提起销售，人们会说这是与人打交道的工作。与人打交道，正式的表达是沟通。放眼周围，你见过的销售高手哪个不是沟通高手？你虚心向他们请教，或许会得到两种答案。

第一种答案是类似这样的："这个啊，其实也没有什么技巧啦，你将心比心，该说什么就说什么，该怎么说就怎么说。"好吧，别生气，他很可能不是敷衍你，天赋型选手就是"知道"。

第二种答案可能是这样的："这个啊，很难几句话说清楚，情况太多，遇到得多了，你慢慢就会有感觉。"然后，拍拍你的肩膀，潇洒地转身离开。

天赋型选手说不出来，实战型高手说不过来，你需要的是系统的方法、底层的逻辑和拿来就能用的工具箱。

这就是本书写作的初衷。我想让它有实用性，可复制，有非常具体且经过验证的技能技巧为你带来切实的价值。

举两个例子。

你约一个客户见面，客户很忙，没时间见面，怎么办？

你给客户打电话说："张总，这次出差到这里来，特别想和您见一面，知道您的日程安排得很满，不敢再占用您的工作时间了。您看能不能挑一个早晨，我和您一起在您公司附近吃顿早餐？您公司旁边有一家很好的酒店，我每次出差来都住那里，它的早餐很不错……不方便啊，那您明天有什么安排，有需要用车的地方吗？我开车送您一段，路上我们聊聊？"

这种方式，叫作带着解决方案沟通，它能帮助你让客户更容易接受你的请求。

再来。

你和客户约好了见面，在谈正事之前，你想预热一下闲谈几句。很多人不知道怎么开头，好一点地，说几句就不知道怎么往下说了，那有没有什么方法可以让你轻松自如地和客户尽情聊天？

销售：张总，您的这件西装剪裁真合体，是定做的吗？

张总：你的眼还真尖，确实是。买来的西装总是感觉有哪个地方不对劲，上次听一个朋友介绍，在西单有个很好的裁缝店，然后就去试了试。

销售：现在穿西装的人是越来越多了，高端人士都开始定制了，穿上气度果然不一样。不过我看过一篇微信公众号文章，上面说这种高级的西装打理起来不容易，不知道您平时是怎么打理的？

张总：其实，好的面料是很有韧劲的，如果皱了，在衣柜里挂一晚上就好了。

销售：您这么一说我想起来了，那篇文章中还提到要是太皱的话，可以挂在洗完澡的卫生间里，这样恢复得更快。回头我找找这篇文章，转给您。方便加一下您的微信吗？去定制西装还有什么要注意的吗？我也想试试看。

你看，在这个对话中，销售通过"一看二赞三问法"开启了一个话题，然后随着张总增加的信息，销售也不断地给予新的信息。最后，销售再通过一个问题将话语权交还给张总。表面上，好像是张总在掌控谈话，实际上，整个谈话的节奏被牢牢地把握在销售的手中。这种方法叫作乒乓原则。

类似的方法和工具，在这本书中还有很多很多。

我猜，你可能有一个疑问，即便书里提供了很多方法和工具，沟通技巧如此繁多，销售场景千变万化，那怎么能学得过来呢？

你一定听说过二八定律，比如，在销售领域，80% 的业绩来自 20% 的客户。我曾经测算过自己的数据，某年我的销售额中有 76% 来自前 14 家客户，而这 14 家客户占了我客户总数的 22%。

学习销售沟通也是这个逻辑：用 20% 的时间掌握最高频的场景，打造最基础的沟通技能模块，理解沟通的底层逻辑，掌握 80% 的内容。剩下的 20%，需要你在日常的销售实践中，结合书中的知识，进行排列组合，进一步深入、体会和升华，构建出你自己的沟通体系。

二八定律只是原理，成为销售沟通高手的关键在于运用，而运用的关键就是场景。场景是销售每天都要面对的具体问题。以场景为抓手，在场景中学习、实践和反复打磨学到的技能。

我们梳理了销售的日常，找出了 5 类关键场景，分别是：

- 如何进行陌生拜访？
- 如何进行正式的客户访谈？
- 如何突出重点进行说服？
- 如何更有效地进行书面沟通？
- 如何进行正式的技术交流？

这些几乎涵盖了销售日常工作 80% 的场景，构成了本书的前五章。

场景是舞台，在台上唱戏的是沟通技能模块。我在本书中为你提供了 23 个具体的销售沟通技能模块，提炼出 50 多个实用的沟通工具和 100 多个实战技巧，涵盖了如何快速打破陌生感、如何用闲谈升级关系、如何倾听、如何提问、如何用故事打动客户、如何组织技术交流等高频问题。

别小看这 23 个基本模块，它们就像是乐高积木中的基础配件。你可以根据目标，在具体的销售任务中自主组合，从容把握更为复杂的场景。

如果还有更意想不到的情况出现怎么办？别担心，我们还有 2 个底层逻辑在第六章等着你。它们是万变中的不变，是你保持心态平和，面对这个"百年未有之大变局"时代保有松弛感的源泉。

相信我，这本书不仅是销售沟通技巧的实战手册，更是激发销售人员挖掘内在潜力的火花。

你面前的这本《掌控成交：25 个销售沟通制胜策略》，其实还是挺厚重的，我期待你能从中得到更多。你在浏览全书内容时，一定会发现书中的两个设计：

在每一节的最后，我对要点进行了总结，帮助你在完成阅读后，快速掌握重点。这些要点总结可以让你在短时间内回顾核心知识点，确保你能牢牢记住并随时应用。

此外，还有实践讨论。有些讨论可以帮助你检验对该小节内容的理解和掌握程度；有些讨论可以激发你更深入地思考，成为你建立自己的沟通体系的基础；还有一些讨论可以引导你将理论转化为实践，提升实际操作能力，带你一起躬身入局。

《道德经》中有云："上士闻道，勤而行之。"我理解这里有两个关键要点。第一，什么才算是道；第二，行，才是关键。每一本书都是知识服务的载体，每一位作者都是探索世界再回来向你汇报的智囊。我期待能从这精彩绚烂的世界中，为你找出那些科学研究成果、统计分析结果、高手的智慧以及自己的经验，即所谓的"道"。

为了协助你"行"得顺畅，我在每一部分都提供了经过检验的方法论，为你加上一台发动机，为你搬开一块挡路的石头，为你填平一个带来颠簸的坑。

道理存乎一心，运用之妙，还得看你。

目录

序

第 一 章

销售破冰之旅｜陌生拜访

为什么客户对销售总是抱持戒备？为什么再见到你时客户毫无印象？客户的那个表情是什么意思？怎么才能和客户相谈甚欢？如何在第一次沟通中就让客户记住你？

我猜这些问题在你脑海中出现过不止一次。

确实，这些问题不仅在你的脑海中回响，也是每一位销售人员在日复一日的工作中不断思考的难题。这种持续的不确定性和难以打破的初次接触障碍，甚至已经成为一些销售放弃这个职业的原因。这一章的内容，将帮助你克服这些初遇的挑战，在首次交流中奠定信任和影响力的基础。

在这一章，你将学会如何在初次的交流中建立连接、传达信息、沟通情感。每一次成功的破冰需要的不仅仅是策略，更是你对人性的理解。你将学习到，如何在保持自我真实性的同时，适时地调整你的交流方式，使之更贴近客户的心理和需求。我会深入讨论如何将这些理论和方法应用到实际中，让每一次初遇都成为打开更深层次交流的钥匙。

来，加入这段旅程，让我们一起成为破冰者。

01 建立连接
如何快速打破陌生感

> 处理一个确定的麻烦，要比处理一个不确定的
> 陌生感和不安全感更能令人满足。
>
> ——罗伯特·伍德沃斯

成功的销售从破冰开始。

当你刚开始做销售的时候，我猜你一定听"前辈们"说过这句话：销售要和客户交朋友。乍一听，当然对。都成为朋友了，当然好说。但是，你可能没想过，第一，客户愿意吗？第二，一定要这么做吗？

先说客户的意愿。在交易中，"成为朋友"并不是客户的需求选项，他们需要的是实现自己的目标，解决自己的问题，摆脱具体的困境。再说必要性。期待通过交朋友来解决交易中的信任问题，就像是你打算从天安门去西直门，本来打个车就好，结果非得买台车。

我想说的是，破冰的确有难度，所以很多人才有了"买车"的念头，但是我们有更轻量化的"打车"的方法。

想要顺利地破冰，你需要先知道"冰"是怎么来的。

一、绿胡子和绿胡子合作

我们天生就对陌生人有一种抗拒和警惕感。古话说："非我族类，其心必异。"

那么，谁是我们的族类呢？就是我们认识的人。我们往往将世界上的人分为两类：一类是我们认识的，那好办，说说看什么事，合适的话大家可以合作；另一类是不认识的，那是什么，外族，心必异，得小心，更有甚者，得消灭。

斯坦福大学教授、神经学家罗伯特·萨波斯基（Robert M. Sapolsky）将这种现象称为"绿胡子效应"。这个概念来自进化心理学，它的意思是，在一个群体中，如果基因可以产生一个能被内部成员识别的独特的信号，那么，这个信号就可能成为一面旗帜，将成员聚拢起来进行合作，从而使这个群体更有竞争力。长着绿胡子的，与长着绿胡子的合作，与长着红胡子的竞争。信号，可以是胡子的颜色，也可以是皮肤的颜色等。更有意思的是，绿胡子效应不但体现在遗传基因上，还体现在心理上。用萨波斯基的话说就是：以微小的差异、随机的标准来分类，就可以让人开始区分异己……我们会因为别人和我们共享了最无意义的特质，而对他们产生正向的联想。

区分族群，是人的潜意识中的本能。识别危险是最重要的事情，这就是反感"外族"的基本原理。

人，会本能地信任本族的人，反感或者讨厌外族的人。人类的情感是在进化中产生的，主要的作用就是帮助人类进行自我保护和演化发展。比如，恶心，其实就是一套这样的心理上的免疫系统。有研究指出，外族的人会激活人的脑岛，使人产生恶心的感觉。脑岛在处理情感和感官信息方面发挥着关键作用，当感受到威胁时（如陌生人或外族成员），它会产生强烈的负面情绪。

绿胡子效应可以帮助人们快速辨别自己人，说白了就是刻意地分群，给人贴标签。

举个例子。在拍摄电影《人猿星球》的时候，群众演员被随机分为扮演大猩猩和黑猩猩。在拍摄间歇集体吃饭的时候，有意思的事情发生了，那些"大猩猩"会和"大猩猩"坐在一堆，而"黑猩猩"会和"黑猩猩"坐在一起。

也就是说，绿胡子可以指代很多特质，只要彼此接受，就能产生绿胡子效应。

喜欢自己人、信任自己人，讨厌外人、怀疑外人，是人类的天性。这就是"冰"的由来。

当一位销售坐在客户的面前或者打电话、发邮件给陌生客户的时候，那一瞬间，客户心里会想：你是卖东西的，我是买东西的，我们不是一拨的，你的心必

"异"。这时，不管你说什么，你是怎么说的，在客户的潜意识中，都会有一种定性：你不是我们一拨的，你具有威胁性且不值得信任。

作为销售，我们已经在无意识间被客户划分到了不可信任的"外族"中了。这时，我们说什么都很难快速达成共识。所以，所谓的破冰，说的就是如何快速地从陌生人变为自己人。

机制了解清楚了，解决的方法有三个。

第一个方法是找到推荐人。朋友的朋友自然也是朋友，于是有推荐人本身就是"绿胡子效应"。

我们看公司里那些很牛的销售，或者干了很多年的销售，他们遇到新销售线索的时候，会怎么办？他们会拿出手机来，给不同的人打电话。这里和大家分享一句我自己很喜欢的话："不存在联系不上的问题，总会有一个人认识那个能把你领进门的人。如果你肯花几个小时打打电话，那么世界上就没有一个人是你真的无法通过什么人来取得联系的。"

第二个方法叫表达共性。共性就是"绿胡子"。

你需要从和对方相关的各种信息中，提炼出你们之间的共性。就像萨波斯基所说的，就算是无意义的特质，只要能共享，就能产生正向的联想。比如，你曾经为类似的客户服务过，有过类似的成功案例等。

第三个方法叫提供高透明度。

在经济和社会交往中，信息不对称是一个常见问题。高透明度能够减少这种不对称，增强信息的对称性，从而帮助个体更好地识别和选择合作伙伴。类似于"绿胡子效应"，通过减少不确定性和防备心，高透明度能够促进更高效和稳定的合作。通过公开和透明地展示信息，销售能够向他人传达其诚信、开放和可靠的特质。这种信息可以帮助客户识别值得信赖的合作对象，从而促进合作关系的建立。

一项关于销售的大规模研究显示，有94%的消费者在接听身份不明的电话的时候，会认为这可能是欺诈电话。还有一项统计指出，如果你打电话时，先自报家门和致电原因，能将预约的成功率提高到原来的2.1倍。

我们将这三个方法进行整合，构建出一个工具，帮助销售人员打破陌生感带来的阻碍。

二、跨越陌生感 WBCA 模型

我为你提供的工具，叫跨越陌生感 WBCA 模型（见图 1-1）。一共分为四步，分别是：我是谁，搭桥（我和你有什么联系），赋能（我能给你带来什么），还有就是请求（我想请你做什么）。

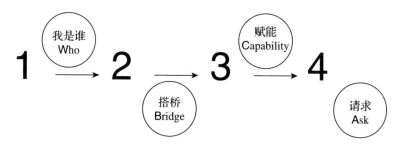

图 1-1　跨越陌生感 WBCA 模型

方便起见，以下简称为 WBCA 模型。

第一步：我是谁（Who）

1. 主动快速表明基础信息，比如姓甚名谁、来自哪个公司和公司是干什么的，等等。

2. 让对方清楚是谁在与他沟通，是消除陌生感的第一步。

第二步：搭桥（Bridge）

1. 建立连接，说明你与对方的关系以及你为何出现在他面前。

2. 如果有推荐人，应尽快说明推荐人的身份，比如"特斯拉的马总推荐我联系您"。

3. 即使无推荐人，也需要表明你是如何获得对方的联系方式的，提供高透明度，消除陌生感。

4. 如果事先了解清楚了自己和对方的某些共性，在这个时候表达出来。

第三步：赋能（Capability）

1. 这是所谓"亮肌肉"的过程，向对方展示能力，暗示自己是值得被认真对待的。

2. 可以简单说明你与类似客户的合作历史,比如某个成功案例。在此场景下,说重点即可,无须展开。比如,重点传达成功案例中的客户获得了什么收益。

第四步:请求(Ask)

1. 经过前三步,顺势介绍你的目的,即希望对方为你做什么。比如,希望合作、参与对方的某个项目、获取指导或安排会面等。

2. 这也是在提供高透明度以消除不确定性和陌生感,打消对方的防御心理。举个例子。在一次销售人员的活动上,使用 WBCA 模型,我是这么说的:

> 大家好,我是爱科赛思公司的创始人傅宇彤。我们公司专注于 B2B(企业对企业)领域的销售咨询和培训。创业之前,和大家一样,我也是一名销售,在销售领域耕耘了近 20 年。非常感谢本次活动主办方的邀请,上次我们的合作很愉快,所以这次收到通知,我第一时间就报了名。我们的精细化销售沟通力训练营专为 B2B 领域的销售人员打造,上一期学员实现了人均 7.8% 的业绩增长。我想请大家和我一起,了解和掌握精细化销售,让精细化销售成为你的销售增长加速器。

在不到一分钟的时间内,我从"我是谁、我和你有什么联系、我能给你带来什么以及我想请你做什么"这四个角度,进行了介绍。这就是 WBCA 模型的基本用法。你看,是不是很简单?

好,现在请你拿出笔,试着在上面这段话中,分别划出 W、B、C、A 对应的是哪几句话。

在销售过程中,我们对客户进行陌生拜访,主要有 3 种场景:陌拜电话、面对面交谈以及陌生邮件。下面我将逐一分析如何在这些场景中应用 WBCA 模型。

三、陌拜电话

第一个场景:如何打陌拜电话。好,现在,我们假设找到联系人了,也有了电话号码,具体应该怎么说?

第一步：我是谁

李工，您好！我是 ××× 公司的 ×××，我们是一家专注于 ××× 的公司。

这些基础信息，能让电话另一端的人清楚，是谁在和他进行沟通。表明身份是消除不确定感的第一步。

第二步：搭桥

是 ××× 推荐我与您联系的（或者：我是在 ××× 上看到您公司的 ××× 项目信息的）。

建立联系，继续消除陌生感。

第三步：赋能

我们的 ××× 产品在 ××× 公司现场帮助客户将每个月的生产成本降低了 5 万元，这个产品（服务）也许您这边也用得上。

这里的要点是先去猜测客户需要什么，这是个需要经常总结和积累的过程。在正式给客户打电话之前，你需要先做功课，了解客户的业务、行业信息和相关工艺等。

比如，你可以寻找客户所在行业的知名用户，找到你的产品或服务在该知名用户处的应用。

再比如，在工业品领域，你可以和最终用户谈节能和免维护，节省拥有成本；和配套厂谈安装尺寸小、节省控制柜，节约采购成本；和设计院谈方便上图，节省它的时间；和总包谈好安装、好调试、皮实耐用，为他们省钱、省时间，避免后续麻烦等。

总之，重点是找到与对方业务相似的应用场景，通过简单明确的语言描述这个场景，并表达能为对方带来的价值。

第四步：请求

我想去拜访您一次，不知道您本周三下午或者周四上午哪个时间方便？

明确表达找对方的目的是什么。

打陌拜电话的唯一目的就是约见面。

约见面的一个技巧是给客户提供选择题。

约上了，恭喜你，表达感谢：非常感谢，我们到时见，再见。

如果对方拒绝，继续邀约：那您看您什么时间合适？

如果对方给出一个确定的时间，你可以先确认，再表达感谢：好的，我会在×××时间去您公司拜访。非常感谢，我们到时见。

如果对方就是不给你一个见面的机会，那是否就该挂电话了？别着急，可以再试试。你还可以尝试与该公司其他人取得联系。比如，你可以这么说：不巧这一段时间您这么忙，您看方便推荐一位您的同事吗，我先和他联系？

如果对方给了一位新的联系人和他的联系方式，这时请一定要重复一遍，说：我重复一遍，他的联系方式是×××，您看对吗？核实无误之后，表达你的谢意：非常感谢，我先与××联系，等您时间方便的时候，再来拜访。

如果对方拒绝提供其他联系人，那就尝试获取他的电子邮箱地址，以便发送相关资料：不巧这一段时间您都这么忙，您看这样好吗，我发一份我们的资料到您的邮箱，您可以在任何您方便的时候查看，这样可以吗？

如果对方同意见面，要说：请告诉我您的邮箱，我记一下。我再重复一遍，您的邮箱是××××，非常感谢，我今天会将资料发给您，邮件的主题是×××，请您到时候留意一下，谢谢。那好，打扰了，再见。

最后，等对方先挂了电话，你再挂。

如果得到了对方的邮箱，那么就发邮件给他，发完邮件两到三天之后，再打电话给他，问问邮件中是否有他感兴趣的东西，并且再次约见面。

如果对方一直拒绝，怎么办？你可以这么说：感谢您抽时间接听我的电话，打扰了，我过一段时间再与您联系。等1～2周后，再打电话给他。到时候对方还不同意，怎么办？那就设法找到能和他建立联系的人作为推荐人。如果实在找不到，那就放一放，大约1个月后再联系。

我将这个过程整理成了陌拜电话操作指南（见图1-2），供你参考。

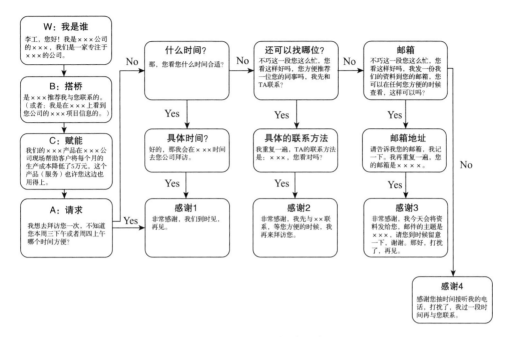

图 1-2 陌拜电话操作指南

关于打陌拜电话的其他注意要点，很多书和文章都在讲，这里就不赘述了。只提供几个对我帮助很大的小贴士，供你参考：

1. 每次打电话之前，将要说的话在纸上写好，照着说。

2. 打电话时请面带微笑，电话对面的人可以感受到。

3. 稍微放慢语速，把话讲清楚。如果对方没听明白而反问"你说什么"，有的销售会感到慌乱，甚至忘记原本准备好的话。

4. 等对方先挂电话。

5. 每次打完电话请总结，记录对方的反应、自身的感受以及可以改进的地方。

约上了，可以见面了，第一次见到客户应该如何快速消除你们之间的陌生感？

四、面对面交谈

使用 WBCA 模型，和客户第一次面对面交谈的开场白，你可以这么说：

您好，张总。

我是 ××× 公司的 ×××，我们是一家专注于 ××× 的公司。感谢您今天抽出时间见我。

是 ××× 公司的刘总给我您的联系方式的。

我们的产品在 ××× 公司的 ××× 现场帮助它将 ××× 成本降低了 5 万元/月，这个产品也许您这边也用得上。

今天来主要是想和您就 ××× 产品的使用聊一下，大概会占用您 20 分钟的时间，非常感谢。

这段话说完之后，你可以看着对方，等待对方说话，以客户的表述为基础，开始沟通。恭喜你，有了一个良好的开端。更深入的面谈沟通策略，我们将在后面的章节中逐一展开。

五、陌生邮件

我们已经讨论了陌拜电话和面对面交谈，再看下一个场景：陌生邮件。基本的逻辑仍然是 WBCA——我是谁、我和你有什么联系、我能给你带来什么以及我想请你做什么。

请看下面的案例：

马工，您好！

我是 ××× 公司的 ×××，我们是一家专注于 ××× 的公司。我公司于 1990 年将第一台 ××× 设备投入市场，自那以来，我们一直专注于该业务领域。

感谢您在百忙中抽时间阅读这封邮件。

最近，我们在 ××× 公司的生产基地，和技术部张工一起实施的生产线的改造项目，实现 ××× 控制系统的设计、安装和调试，为客户节省了近 5 万元的硬件成本和近两万元的安装调试费用。

我是在 ××× 上看到贵公司的信息的，上述功能或许也适用于您的系统，写这封邮件的主要目的是想与您在 ××× 产品的使用上进行深入的探讨。

　　我们公司在 ×××（客户的所在地）深耕多年，有完善的销售和服务体系，并且提供 7×24 小时的服务保障。我们与 ××× 公司（业内知名企业）建立了良好的合作关系，凭借稳定的产品质量帮助它进一步延长了平均故障间隔时间。

　　附件中是我们公司 ××× 产品在 ××× 控制系统的应用介绍，期待与您见面时进行详细的沟通，只需要您抽出 30 分钟时间。

　　期待您的回复。

祝好

邮件沟通也是专业 B2B 销售人员常用的一种方式。更详细的内容，我们将在第 16 节介绍，这里先提供几个小贴士：

1. 邮件中，关于你们公司和产品的基本信息，各用一句话介绍，尽量简洁明了，多使用数据支持。

2. 提供与目标客户类似的案例，比如同行业、同工业园区和区域内的龙头企业等。平时多做积累，这时才能信手拈来。

3. 如果有附件，最好采用 PDF 格式（可携带文件格式）。

4. 使用邮件的一个好处是可以分享丰富的素材，比如精彩的案例文章、网站、视频等。平时注意收集与产品相关的资源，适时分享给客户。避免直接在邮件中嵌入视频，可以提供视频的链接。较大的附件会被邮箱拒绝，还有可能被当作垃圾邮件对待。附上的链接，请在邮件中说明，消除客户以为这是诈骗邮件的顾虑。

5. 如果一周之内客户没有回复，就再发一封，并附上与之前不同的、有价值的素材，比如某种应用的介绍等。

在第一节内容的结尾，我想和你再啰唆几句。你肯定听说过一个说法，叫"道、法、术"，用来描述不同层次的智慧。在这节内容中，术是不同场景下的使用技巧，只要稍加练习，你就能运用自如。法是为你提供的 WBCA 模型，内核在手，万变不离其宗。道是人性，是进化写就的基因，是你洞察到的世界的本质和规律。

"道、法、术"这一基本思想贯穿整本书，是每一节内容的一条暗线，指引你从表面的技巧深入本质的理解，帮助你在复杂多变的销售环境中保持清晰的方向和坚定的信念。

⊘ **要点总结**

1. 喜欢自己人、信任自己人，讨厌外人、怀疑外人，是人类的天性。这就是"冰"的由来。

2. 不存在联系不上的问题，总会有一个人认识那个能把你领进门的人。如果你肯花几个小时打打电话，那么世界上就没有一个人是你真的无法通过什么人来取得联系的。

3. 跨越陌生感 WBCA 模型分为四步：我是谁，搭桥（我和你有什么联系），赋能（我能给你带来什么），还有就是请求（我想请你做什么）。

4. 不论是陌拜电话、面对面交谈还是陌生邮件，WBCA 模型都是你破冰的利器。

📋 **实践讨论**

1. 我们在电话场景中，是在被客户拒绝过几次之后，才挂的电话吗？

2. 请选一位客户，设计一个陌拜电话场景，将要说的每一句话写下来，打电话给他，然后记录整个过程中自己的感受。

3. 如果我们只有目标客户公司名称，但是找不到具体联系人，有哪些解决方法？

02 第一印象管理
如何在眨眼之间获得客户的好感

> 我们的潜意识来自紧锁的密室中，我们无法窥探其究竟。
>
> ——马尔科姆·格拉德威尔

销售是一个需要经常和陌生人打交道的职业，我们都想给别人留下良好的印象。从你第一眼看到对方的时候，就开始想：我要给对方留下一个好印象，该怎么做呢？而此时，对面的这位陌生人也没闲着，他的大脑中开始了高速运算：你是不是一位值得交往的人？你是伙伴还是对手？你的权力和地位如何？你值得信赖吗？你讨人喜欢吗？你有能力吗？当你还没有理出头绪的时候，叮！结束了，这时，对方的脑海里已经形成了对你的第一印象。啊！怎么会！我还没开始"表演"呢，你了解我什么啊，就建立印象了？！对不起，就是这么快。

很多研究表明，人们在判断一个人的时候，第一印象往往在瞬间就形成了。这一瞬间到底是多"瞬间"呢？《福布斯》杂志有篇文章提到是7秒，维基百科给出的答案是十分之一秒，甚至还有一种说法是一纳秒。好吧，不管是秒、分秒还是纳秒，我们还是用一瞬间来指代吧——就在这电光火石之间，你被定性了！这一定，也许就是几年！

一、你被锚定了

一旦一个客户那里建立了对我们的第一印象，想要改变是很难的。这个印象，就像一个巨大的铁锚，将我们的形象定在客户的脑海里。心理学上称之为锚定效应。2002 年诺贝尔经济学奖得主、心理学家丹尼尔·卡尼曼在 1974 年提出了锚定效应这个概念。这个概念说的是，人们在做出判断时易受第一印象或第一信息即初始锚的支配，以初始锚为参照点进行调整，但由于调整不充分而使得最后判断偏向该初始锚的一种判断偏差现象。也就是说，一开始一个观点或者信念被你认可之后，之后的很多现象你都会以这个观点或者信念为基准进行比较。可问题是，这并不是一只理性之锚。

什么意思呢？举个例子你就明白了。

丹·艾瑞里（Dan Ariely）是麻省理工学院的管理学教授，他曾经在课堂上做过一个实验：

1. 找来一堆学生；

2. 让他们拿出自己的社会保险卡（相当于我们的身份证），写下卡号最后两位数字；

3. 给他们看一瓶红酒的图片；

4. 让学生们进行估价。

结果是，卡号最后两位数字越大，学生估出的红酒的价格越高。神奇吧。卡尼曼在类似的研究中指出，"人们的判断明显受到没有任何信息价值的数字的影响"。

第一印象也是一种锚定效应的体现，它的重要性不言而喻，很多时候，甚至被低估。这是非常常见的一种社会知觉偏差，第一印象一旦建立起来，它对后来获得信息的理解和组织，便有强烈的定向作用。你有没有过这种经历，当你在一个公司里待了一段时间之后，这段时间可能是几个月甚至是几年，有人和你说：你现在的样子和你给我的第一印象完全不同。看看，改变一个人的第一印象需要多长的时间！

心理学家对第一印象非常关注，他们做了大量的研究。普林斯顿大学的心理学教授亚历山大·托多罗夫，对这些研究做了汇总，将成果发表在了《鹦鹉螺》杂志上，题目就叫作《第一印象很重要》（First Impressions Count）。文章中提到了一个研究，说的是，人们仅凭 0.1 秒的一瞥，就能根据照片判断一个政客的能力是不是胜任。更要命的是，也是这个第一印象，甚至可以在很大程度上左右选举的结果。还有研究发现，在面试的过程中，第一印象不仅可以决定能否应聘成功，还能决定你进入公司之后很长一段时间别人对待你的态度。

好吧，我猜你和我一样，此时也有一个疑问：到底是什么影响了别人对我的第一印象？有一项研究发现，人们会根据外表来判断是否会喜欢某人。是的，那句俏皮话是有道理的：颜值即正义。不过，这个颜值说的不仅仅是我们自己没法改变的长相，还有我们可控的空间。

二、"颜值"即"正义"

想象一条繁华的城市街道。一个穿着休闲的男人，上身是一件绿色的圆领套头衫，下身是一条普通的牛仔裤，无视醒目的红色交通灯，向前走去。这时，如果你在他身后，站在等着绿灯亮起的人群中，你会跟着这个男人一起闯红灯吗？

第二天，同样的时间，同样的位置，同样的红灯。一位男士身穿笔挺的西服套装，打着一条暗红色的领带，无视红色的行人禁行标志，大步流星地向前走去。这时，和你一起等候的人群中有人跟在了他的后面，你呢，有没有心动？

数据显示，第二天人们跟着闯红灯的概率是第一天的 3.5 倍。哦，对了，这两天闯红灯的男人是同一个人。

有一位名叫约翰·莫罗依的研究者做过这样一个实验。在纽约市的公共汽车总站，莫罗依将自己装扮成一名中产阶层男士，假装忘了带钱包，试着向别人借 75 美分买张车票，赶回位于郊区的家。头一个小时他穿着套装但不打领带，第二个小时他穿戴齐整，衬衫领带一应俱全。莫罗依说，"头一个小时，我总共借到了 7 美元 23 美分；第二个小时，由于打了领带的关系，我弄到了 26 美元，其中一位男子甚至还额外给了我买报纸的钱"。

是的，不同的着装的确对他人有着不同的影响力。

有句俗话说：人靠衣装马靠鞍。西方也有谚语说：Clothes make the man。穿衣会改变穿衣者看待世界的基本方式，还能改变他人对穿衣者的看法。你可能听说过这句话，"我穿得隆重是为了表达对你的尊重"；或者还有这句，"没人有义务从你邋遢的外表下分辨出你高贵的心灵"。对于陌生人，如果我们没有合适得体的衣装，甚至无法和别人建立最基本的沟通。销售作为一个"靠嘴吃饭"的职业，不恰当的外表会阻碍你与他人交流。不恰当的衣着可能在别人潜意识中种下不信任的种子，而销售正是建立在信任之上的。

当别人第一眼看到我们的时候，首先注意到的就是我们的衣着。在职场中，销售人员的衣着，既关乎影响力，也是一种自我表达的方式，甚至直接关系着销售人员的业绩表现。有研究表明，穿着讲究、装扮得体的推销员比那些外表不加修饰的推销员的业绩要高出 35%。

那具体该怎么做？我们去买贵一点、好一点的衣服就行了吗？答案是否定的。并不是说衣服贵、品牌高级就是好的穿衣服的方式。怎么穿衣服也是有着很多的心理学特征的。结合相关的研究，有以下 5 点供你参考。

1. 高一点

为了建立影响力，穿衣，应该根据对方的情况来对应，具体的做法是比对方穿得"高"一点。这是什么意思？

沟通策略专家约翰·内芬格（John Neffinger）与马修·科胡特（Matthew Kohut）研究发现，那些能够在第一眼就给人留下深刻印象的人，往往同时展现出了力量和温暖的双重特质。如果你想要迅速且成功地影响他人，单靠力量是不够的。缺乏力量会让人轻视你，不把你的话当回事；但如果只展示力量，又会引起他人的敌意和防备，即使合作也难免戒心重重。真正的秘诀在于，既要展示力量，又要散发温暖。这样，别人会觉得支持你就是在支持他们自己，因为你的成功也意味着实现了他们的目标。

那我们如何通过着装来同时展现力量与温暖呢？具体的办法是，比对方穿得高一点。（笔者是男士，下面就以男士的着装为例进行说明；女性销售的着装可以参考具体的思路进行调整。）

这该怎么理解？

男士在职场中的着装一般分为以下几类：商务套装，就是正式的西服套装；休闲西服；商务夹克；休闲装。

从正式程度上看，商务套装 > 休闲西服 > 商务夹克 > 休闲装。

　　这背后的道理就像是上面提到的过马路和借钱的案例，越正式的穿着越会让别人体会到力量感。根据内芬格和科胡特的研究，对于产生影响力，仅仅有力量还不够，你需要"温暖"的加持。建立相似性是产生温暖感受的极佳方式，所以你可以在正式程度上更靠近客户的穿衣风格。结合这两个限制条件，你可以通过比对方的穿着等级更高来显示力量，同时，又不能高出很多，否则会削弱温暖的感觉，因此高出一个等级是最合适的选择。

　　为了达成良好的沟通效果，着装是销售应该认真对待的一件事情。如同演讲和培训需要针对台下的听众进行调整，如何穿得合适，也需要根据对象来调整。

- 如果我们拜访的对象习惯穿公司的工装，那么，我们最好的穿着是商务夹克。你看在中央电视台《新闻联播》中，各级领导下基层考察时，穿的几乎都是商务夹克。
- 如果对方并不经常穿西装，那么过于正式的商务套装会给对方带来压迫感，而略带轻松感的休闲西服会拉近你和交谈者的距离，同时又不失你的专业性。
- 当遇到穿着休闲西服的客户，正式的商务套装会增强你留在对方心中的专业性。
- 如果你拜访的对象是客户的高层领导，那么最为正式的穿着是必要的。一般情况下，公司高层不是穿休闲西服就是商务套装，此时，一套质地良好的商务套装可以显示出你和他在核心价值观上的相似性，而这种相似性会带给对方一种温暖的感受。

　　那么，当进行陌生拜访的时候，我们应该如何判断对方的穿着呢？

　　这就需要凭借经验和事先的准备了。如果有资源的话，可以从侧面打听客户公司的整体穿着风格，以及不同层级是否有穿着的不同习惯特点。或者，从以往的经验中寻找帮助。平时多观察不同类型的客户的穿衣风格并不断调整自己的着装策略。比如，同样是外企，欧美的风格相对随意，穿休闲西服的较多；而日韩外资企业则比较正式，商务套装往往是标配。实在没法判断的时候，休闲西服是一种通用且不容易出错的选择。

　　领带，往往也是被人们所忽视的一点。事实上，没有人喜欢用一个东西掐着自己的脖子，那种感觉很不舒服。然而，这条领带是一种象征，告诉自己，告诉别人，我们是有规矩的，我们是有原则的，我们不会胡来！在非常正式的场合，一定不要忘记系领带。你可以在自己的背包中备一条和自己公司主题颜色相近的领带，遇到突发情况，比如突然要见客户的一位大领导，可以马上拿出来系上，那种仪式感马上就出来了。

2. 小一点

两只黑猩猩相遇了，当它们想要展示自己的地位时，会尽可能地伸展自己的身体，同时让自己的毛发都竖立起来，以显得更大。这是一种普遍的生物学现象，称为"威胁显示"或"故作威风"。这种行为的主要目的是威慑对手，避免实际的战斗，因为战斗往往对双方而言都有风险。通过显得更大或更具威胁，动物试图让对手感到它们更具攻击性或实力更强，从而使对手退缩。这是一种节省能量和避免伤害的策略。

进化心理学认为，许多现代人类的行为特征都是源自我们祖先的适应性行为。例如，人也会通过比如挺胸、膨胀肌肉或占据更多空间的姿态，体现自己的地位，这在某种程度上类似于动物的威胁显示行为。这些行为可能起源于早期人类社会中的等级和领地争夺，是无意识的、用以展示力量和地位的表现。

合体的服装，甚至稍小的衣服可以使着装者不自觉地挺胸抬头。这种挺拔的姿态会让你看起来更大、更精神，一方面会给自己带来自信感，另一方面，能在他人的心中产生一种力量感和更高的地位感。

修身的穿着还会给人一种干练、自信的印象。干练意味着能力，而自信，体现的则是实现目标的强烈意愿。尤其是西装，请一定选择修身的板型。你对比一下2000年左右和2014年之后贝佐斯的穿着，就知道我在说什么了。之前是隔壁邻居家的中年油腻大叔，之后是成功的企业家，是自信的互联网商业精英。

在开始沟通的前一秒，你精心塑造的第一印象将为你迎来一个良好的开端。

3. 好一点

好一点的意思是，你一定要为自己准备一双好鞋。

销售人员的行走时间一般会多于普通的职场工作者。一双好鞋既可以在生理上对穿着者产生积极的帮助，另一方面，从观察者的角度来看，会产生正向的心理反应。

人体有 206 块骨骼，而两只脚就占了 52 块，超过人体骨骼总数的 25%。如果这些骨骼中的任何一部分出现错位，身体在许多方面都会受到影响。同时，每只脚上还有 33 个关节、107 根韧带、19 块肌肉和 38 根肌腱。这套复杂的系统，支撑着我们的整个身体，提供平衡、瞬间的爆发力和必要的灵活性。

每天，你的脚都在数千次甚至上万次地吸收着你的自重的冲击，有时甚至是几倍于自重的冲击力。同时，足部还有许多神经受体，这些受体时刻向中枢神经系统传递着重要的信息。如果足部出现问题，这些神经受体会收到混乱的信息，从而导致身体出现机制性问题。而且，脚部的问题并不会很快地被自己察觉，身体上的很多疼痛，比如膝盖问题、臀部和腰部疼痛、肩部与颈部的绷紧感，甚至头疼和胃痛，都有可能是足部骨骼错位所引起的并发症（看来，我们经常说到的头痛医脚还是有一定的道理的哦）。

我们走路的动作是通过神经系统控制肌肉收缩和舒张而完成的。如果身体一边的肌肉在应该收缩的时候没有动作，那么身体另一边的肌肉会因为平衡被打破而过度拉伸。或者，肌肉的过度收缩，可能导致原本排列整齐的骨骼产生错位，从而诱发很多问题。而一双制作精良、支撑力良好的鞋子可以在很大程度上缓解上述提到的问题。现在很多鞋，不仅是运动鞋，还有皮鞋的设计，都会参考人体工学特性，在选购的时候请考虑这方面的指标。

鞋，还关系到别人怎么看待你。澳大利亚作家凯瑟琳·艾斯曼（Kathryn Eisman）曾经写过一本书，名字就叫《看鞋识男人》，书中介绍了鞋对男性的重要性，并从心理学的角度分析鞋和男性个性的关系。举个例子，当人们看到蹬着一双皱巴巴的并不十分干净的鞋的男人时，会下意识地认为他做事情很粗心，不重视细节，不关注他人的感受，等等。还有个段子说，日本酒店的工作人员在鞠躬的时候，会重点关注客人的鞋子，从而判断出客人的身份地位。

下面是一些个人主观经验小贴士：

- 拜访客户，最好不要穿休闲鞋和运动鞋。你穿着休闲鞋去拜访客户，客户可能会感觉到，你对他的态度也太随意了。运动鞋，那就更不合适了，客户可能会想，你到我这里，是来干什么的？

- 最好穿皮鞋。选择在设计上照顾到人体工学理念的款式即可。
- 在鞋的颜色的选择上，黑色系和棕色系既易于搭配又有正式感。
- 鞋的颜色最好与裤子的颜色搭配，同时，袜子的颜色最好选择同色系深色的。
- 一定要擦干净。
- 最好交替着穿。销售走路和站立的时间多，鞋子承受的压力大，连轴转会影响鞋的使用寿命。

4. 低调一点

所谓的低调一点的意思是，穿衣服千万不要品牌标识（logo）控。

在还未与客户熟悉之前，你无法知道对方对某个品牌的认知。也许他曾经对某个品牌有过不好的体验。比如，客户曾经买过该品牌的质量较差的产品或者在售后服务的时候有过不愉快的感受，而这样情感的涟漪会直接跨过理性认知而产生负面作用。再比如，如果是比较昂贵的品牌，会分散对方的关注点，让他产生一些关于这个品牌的遐想。比如这是否意味着你所销售的产品价格过高，所以你才有这般收入可以购买如此名贵的衣着，等等。如果此时你再强调公司产品的价格优势，信任度有可能大打折扣。得到 App（应用程序）的创始人罗振宇在 2024 跨年演讲中提到一个案例，说的是有一家叫作越汇食品的公司，它要求销售人员去拜访客户，不能开好车。因为，它担心客户会产生联想，说你开这么好的车，恐怕都是从我身上赚走的吧。

同时，尤其是带着大品牌标识的奢侈品，在很多人的心中都有一种华而不实的感觉。这种赤裸裸的炫耀，往往也会使得以低调为美德的国人心生不悦。与之相对的感受叫谦逊，有研究表明，人们倾向于与那些看起来可靠、谦逊并且专注于他人而非自我展示的人建立信任关系。谦逊被认为可以强化社会联系，促进亲密关系中的"归属感"，并有助于形成合作联盟。在竞争特质中，谦逊可能作为一种"社会润滑剂"，缓解竞争对人际关系可能造成的损害。

5. 稳重一点

所谓的稳重一点的意思是，销售进行客户拜访时，全身衣服的颜色最好不要超过 3 种。过多的颜色会使得穿着者给人以轻浮、不踏实、不稳重的感觉。一般情况下，当客户购买你所提供的产品或者服务的时候，是在使用和感受之前付钱给你的。也就是说，购买本身带有一定的风险，需要购买者对你所销售的产品或者服务有坚定的信念才能做出购买决策。而过多的色彩会削弱你的专家地位。

另外，在颜色选择上，你可以着重考虑一下蓝色。这不是我的个人喜好。苏州大学的研究人员发现，"那些穿蓝色和蓝紫色衣服的人会获得更高的信任评价"。

你可能听说过博恩·崔西（Brian Tracy），或是看过他写的书，抑或听过他在时间管理、个人成功法则、销售方面的理论。崔西曾为 1000 多家公司提供过咨询服务，举办过 5000 多场演讲和研讨会，听众超过了 500 万人。他写了 45 本书，大部分都是畅销书。崔西在他的很多书中都提到过一个重要的建议——注意你的衣着打扮，因为你给别人的第一印象，95% 来自衣着打扮。

你能穿出成功。

◎ 要点总结

1. 销售是一个需要经常和陌生人打交道的职业，如何建立良好的第一印象至关重要。通过恰当的衣着，销售可以快速建立良好的第一印象。

2. 关于穿衣服的 5 条建议：

- **高一点**：影响力取决于力量和温暖的同时存在，在穿着上高出对方一个等级是最合适的选择。

- **小一点**：修身的衣着，可以让你显得更加精神。

- **好一点**：一双干净合脚的好鞋，不仅关系着别人怎么看你，也关系着你自身的健康。

- **低调一点**：不要太凸显衣服的 logo，这可能会影响你与客户之间建立信任关系。

- **稳重一点**：全身衣服的颜色在 3 种及以下，切忌花哨，这会削弱你的专家地位。

实践讨论

1. 为什么人们在同时体现出力量和温暖的时候，会更有影响力？

2. 力量和温暖原则，还可以用在哪里？怎么用？

3. 你认为哪种服装风格最适合你所在行业的销售环境？

4. 你如何平衡个人风格与专业着装的需要？

5. 请在下一次拜访陌生客户之前，按照本节中提到的 5 条建议，刻意准备穿着，体会这次拜访的感受与之前有没有不同，并将自己的感受记录下来。

03 肢体语言
你一动我就懂，我怎么动你怎么想

没错，我们是一种动物。

——罗伯特·萨波斯基

美国神经学者阿兰·赫希和精神病学者查尔斯·沃尔夫曾经深入研究过美国前总统比尔·克林顿在性丑闻事件爆发后向陪审团辩解的视频。他们注意到，克林顿在这段视频中经常触摸自己的鼻子，大约每隔4分钟就会触摸一次，整个视频中至少触摸了26次。频繁触摸鼻子的举动已经说明了克林顿在说谎。

为了证明触摸鼻子的动作并不是克林顿的习惯性动作，这两位学者还研究了克林顿其他讲话的视频。通过研究发现，克林顿在诚实回答的时候，完全不会触摸自己的鼻子，而是表现得十分自信。而当克林顿说谎时，他的基本肢体动作是，眉头不经意间轻轻一皱，然后用手去触摸自己的鼻子。

再看一个案例。德国前总理默克尔有个习惯性的动作，就是双肩下垂，双手自然地放在腹部，两只手的大拇指指尖相抵，食指的指尖接触，这四个手指形成一个倒三角形。这个动作是下意识的吗？不，这是刻意练习的结果，这个动作甚至还有一个名字，就叫默克尔三角。这个动作，是由德国行为研究大师乌尔里希·索罗曼专门为默克尔设计的，向外传达平衡感，向内能让自己内心平静。

人和人面对面时，信息传递有两种途径，一个是语言，一个是肢体语言。你猜，哪一个传递出的信息更多？我们的直觉认为，当然是语言啦，这还用问？而当前研究的结论是，肢体语言传递出的信息更多。这到底是噱头还是被我们所忽视的宝藏？别着急，这部分内容，我们一起详细探讨。

一、销售为什么要学习肢体语言

先说一个我亲身经历的故事。

我在刚开始做销售的时候，有一次，去拜访一位关系不错的老客户，想请他帮忙促成一次提前购买。该客户习惯在月初下订单，而那个月我的业绩眼看要完不成了，就想请这位客户帮个忙，把订单提前到这个月底下，算时间不过几天而已。这对客户来说不是太麻烦的事情，之前也有过类似的操作。

仗着关系还行，我上来就表明了来意，不曾想，却被客户怼了回来。刚开始我怎么也想不通，不应该啊，一个小忙而已，究竟是怎么了？

后来有一次和他聊天，问起此事才得知原因：那天他刚被老板骂，正一肚子火呢。回想起来，那天我已经感觉到了一点端倪，早上去的时候隐约感觉到对方的状态哪里不太对。但是那时我还不具备这些系统的知识，也没有太在意，于是就忽视了。

如果是现在，我的做法将会是：闲谈几句，马上告辞，明日再来。

我猜，你在拜访客户的时候，也一定遇到过下面这些情况或问题：

- 当你尽心尽力地将公司的方案介绍给客户的时候，他却微笑着不说话。
- 由于无法和客户大老板建立频繁的沟通，你需要找到一位和大老板关系比较近的直接下属作为联系人，应该找哪位呢？是技术部的刘部长，还是生产部的张部长，老板到底更青睐哪位呢？
- 客户嘴上跟我们说"没问题，我支持你""差不多了，我就能定"，但是，他的心里真的是这么想的吗？
- 客户有没有对我们说真话？他是为了敷衍我们，还是真心地想和我们合作？
- 他说价格已经到底了，是真的到底了还是在唬我们？

江湖深不可测。开始，你总是很天真，相信美好，相信只要人人都献出一片爱，世界将变成美好的明天。于是，当客户告诉你没问题的时候，你总是兴高采烈地跑回去告诉你的经理："老大，成了，客户告诉我没问题了。"老大详细地一问，然后告诉你说，别高兴太早，再等等看。你心想，老大也太谨慎了吧。几天后，一个消息传到你的耳朵里，竞争对手签了这个合同。你听完，如五雷轰顶一般，跑到客户那里，问他，你不是说没问题了吗？客户说，我也没办法啊，老板后来变卦了啊。其实，在和你说没问题的时候，这个客户早就和竞争对手在商量付款方式的问题了。当时，你怎么没看出来？

为了销售更顺利地推进，销售需要时刻了解客户的真实想法，他是接受我，还是反对我，或者是无所谓？他喜欢我的方案，还是不喜欢？他嘴里所说的支持是真的吗？

所以，除了听客户怎么说，你还需要学会通过肢体语言，看到客户没有说的内容，感受他的内心波动，帮助自己进行判断。

同时，这一套思维判断也会在客户的大脑中汹涌：这家伙的话可信吗？这个功能真的像他说的那么好吗？货期真的能保证？他给出的价格到底是个什么水平？

这就像是《三体》中提到的猜疑链，你在猜疑我的猜疑，我在预判你的预判。好吧，这时，我们都需要点肢体语言的知识。

学习肢体语言，有三个作用：传递信息、解读他人和构建关系。肢体语言是我们传递信息，或者是解读他人的重要的工具。在销售场景中，很多时候，客户可能没有真实表达自己的意思，但是，你可以通过他的肢体语言读出背后的含义。同时，你还可以通过肢体语言和客户建立良好的沟通关系，体现你对他的关注，让客户感受到你的真诚，帮助他更好地实现目标。所以，非言语能力，即运用自己的肢体语言的能力，值得专业销售人员花时间好好打磨。

那肢体语言到底是怎么回事？我们怎么才能在这么庞杂的内容中获取对销售有价值的东西？

二、什么是肢体语言

既然肢体语言这么重要，就会有很多相关的研究。

加利福尼亚大学洛杉矶分校的阿尔伯特·梅拉比安教授（Albert Mehrabian）的研究认为，人和人在交流中，决定最终的效果的，语言的影响力只占 7%，而肢体语言占了惊人的 93%。

语言学家、心理学家维维安·埃文斯（Vyvyan Evans）教授认为："跟人交流时，语言只能起到 30% 的作用，而 70% 的交流用的是非言语的方式，主要是肢体语言。"

著名的美国人类学家雷·博威斯特（Ray Birdwhistell）也在研究中发现，当我们和其他人进行面对面沟通时，35% 的信息通过语言传递，65% 通过肢体语言传递。对方会通过你的肢体语言形成第一印象，然后据此推断你的背景、受教育程度、社会地位等，从而决定接下来与你进行沟通的方式。

且不管具体的数值是多少，核心观点是，交流中肢体语言的重要程度大于语言。

肢体语言、身体语言、非言语方式等，其实说的都是一个意思。下面我们统一使用"肢体语言"这个表述。肢体语言指的是人和人在交流过程中一些非言语的成分，比如身体接触、动作、手势、体态、面部表情、声音、语速和语调等。雷·博威斯特专门创立了一门研究肢体语言的学科叫 Kinesics（身体语言学）。

肢体语言很多很杂，而且交织在一起。解读的时候，需要综合考虑。这就很为难了。你怎么知道他在说一件事情的时候摸鼻子是因为说谎还是因为有压力，或者就是因为鼻子痒呢？死板套用不仅可能闹笑话，搞不好还会造成误会，所以，你需要一些和肢体语言相关的心理学知识打底。

三、肢体语言背后的心理学依据

我们需要知道的基础知识有以下几个：具身认知、支配理论和应激反应。

1. 具身认知

具身认知是心理学中一个新兴且热门的领域，指生理体验和心理状态之间有强烈的联系。举个例子就是，人们在开心的时候会微笑；如果你刻意微笑，也能反过来让心情好起来。大脑影响身体动作，反过来，身体动作也可以影响大脑的感知。

有两种很重要的激素对我们的情绪和行为有影响：睾酮和皮质醇。睾酮让人自信、活力充沛；皮质醇与压力感成正比。科学家发现，积极的肢体语言，能够使睾酮分泌提高 20%，并使皮质醇分泌下降 25%。哈佛大学心理学家艾米·卡迪（Amy Cuddy）指出，"小的调整可能会引发大的变化"。即使是微小的变化，比如改变站立姿态或坐姿，也能对个人的感受和表现产生重大影响。

再看一个有趣的研究。由德国和瑞士科学家联合进行的一项研究发现，肉毒杆菌毒素（Botox）可以减轻抑郁症的影响。在接受肉毒杆菌毒素单次治疗六周后，患者的抑郁症状显著减轻，平均减轻 47.1%，而安慰剂组则减轻 9.2%。嗯，别误会，这不是像吃感冒药可以缓解打喷嚏、流鼻涕的症状，这里的要点在于面部肌肉和情绪之间的关系。面部肌肉组织不仅可以表达情绪状态，还可以调节情绪状态。该研究发现：抑制与负面情绪相关的面部表情可以影响大脑对这些情绪的感知。说白了就是，肉毒杆菌毒素抑制了面部肌肉动作，让人没法皱眉头——这个通常反映不开心的信号，结果大脑就解读成："嗯，现在没有什么令人发愁的事情。"情绪也就随之好转。同时，通过对大脑进行核磁共振成像扫描也发现，当人们无法做出表达负面情绪的表情时，处理负面情绪的脑区没有那么活跃了。

通过积极的肢体语言，我们可以更好地应对压力，产生积极的情绪和自信状态。

2. 支配理论

进化心理学家丹尼丝·卡明斯（Denise Cummins）提出的著名的支配理论认为，人类在进化过程中，为了应对群居生活所带来的冲突，进化出了理解和操纵他人的心理表征。这种心理表征表现为两种策略，一种是支配策略，一种是服从策略。而自然选择更加偏爱那些有助于展现个体支配地位的策略。

在动物界，如果一个动物想要成为群体的首领，就需要和现在的老大"真刀真枪"地干上一架。如果让你判断哪一个会获胜，你大概率会选择那个体型更大的，对吧？人类也一样，甚至更"过分"。一项研究发现，自华盛顿以后的美国总统选举中，个头较高的竞选者赢得最终胜利的概率是 71%。

也就是说，表现出支配型的人可以获得更多的资源。科学家们还做了很多的研究，想要搞清楚哪些具体的肢体语言，会让人看起来是处于支配地位的。

有两种基本的肢体语言，一种是开放型的，一种是封闭型的。开放型的肢体语言，指的是人们在沟通的过程中，整个身体呈现出一种打开的状态，在视觉上，会让人看起来更"大"。这是一种支配型的肢体语言。

比如，面对交谈对象，挺胸抬头，舒展胸膛，后背挺直，打开双臂，挥动双手做手势，张开双腿与肩同宽地站立，声音洪亮且低沉，主动触碰他人，等等。这种开放型的肢体语言，会让你显得更加自信、更有能力，看起来更像是掌控者。如果你通过肢体语言表达出类似于处于支配地位的人的样子，就能获得更多的认可。积极的肢体语言可以带来积极的影响，提升人的自信，而这种自信又会让旁观者感觉你更像一个支配型的人，从而更容易听取你的意见，按照你说的去做。

封闭型的肢体语言也称为锁定型的肢体语言，指的是在沟通的过程中，整个身体呈现出一种蜷缩的状态，在视觉上，会让人看起来更"小"。这是一种服从型的肢体语言。

比如，交叉双手抱在胸前，低头含胸，与交谈者保持较远的距离，交叉双腿站立或者坐着，这会给人一种不开放、不接受、过于封闭的感觉，不利于你对客户展现亲和感。

当我们感到自信时，我们会更自然地采取扩张的、开放的姿态。在销售环境中，表现出开放和积极的肢体语言，可以帮助销售获取客户的信任，并展示出对自己所提供的产品或服务的信心。

3. 应激反应

所谓的应激反应，指的是人在受到有效的刺激之后，所做出的下意识的反应。它就像是一种快捷键，更像是一种"如果……就……"的算法，帮助人类在进化的过程中，更有效地适应环境。你可以把这种反应理解为心理上的膝跳反射。

比如，当我们和陌生人靠得太近的时候，会不自觉地感到难受；当我们还是婴儿的时候，看到蛇也会害怕；走在高处的时候会腿软；有东西冲到眼前会控制不住地闭眼；当你看到一个人的时候，表现得欢欣雀跃，你就能感染到对方，从而让对方更喜欢你。

语言通过意识主动控制，目的性很强，这就给人们留出了很大的操作空间，比如欺骗、掩饰或者善意的谎言。但是，肢体语言很多情况下是无意识呈现的，这是我们解读真实信息的一种途径。

神经学专家保罗·麦克里恩（Paul MacLean）的"三脑理论"（Triune Brain Theory）可以帮助我们更好地理解这一点。

所谓三脑，指的是我们的大脑分为三层：生理脑、情绪脑和思维脑。生理脑控制基本生理功能，情绪脑控制情感，思维脑控制高级认知功能。

重点是情绪脑。它控制着生气、害怕、痛苦、高兴、悲伤、恐惧等一系列与情绪相关的感受。情绪脑将外界的刺激转化为情绪后，再作用于生理脑，产生直接的身体反应。比如，我们看到好吃的东西就会开心，这个"开心"就是情绪脑的功能，然后它会产生信息，传给生理脑，控制相关的神经和肌肉，让我们微笑，或者伸手去拿。

在进化的过程中，生死往往千钧悬于一发，靠主观的判断来不及，这时情绪就发展成为一种行为的快捷方式。这也就是为什么我们在登高的时候会害怕而腿发软，动弹不得；为什么感到恐惧我们就会马上逃离，感到愤怒就会激发战斗的状态；高兴时，激动得连蹦带跳，完全不顾及形象；悲伤时，眼泪止不住地流下来；别人打你，不用你指挥自己的脑袋，就能轻易地躲开。

有句俏皮话说，"嘴上说不要，身体却很诚实"，说的也是这个意思。

好了，交代完了肢体语言背后的心理学相关知识，下面进入实操环节。

四、肢体语言的应用技巧

在具体的销售场景中，有些肢体语言，可以帮助你更有效地传递信息；有些可以帮助你与客户快速建立亲密关系；还有些可以帮助你一窥客户的想法和情绪。

1. 场景一：进门之前

在正式沟通之前，请做好相应的准备。

要点一：绝不能迟到

迟到会给对方留下一个非常不好的印象，会严重地影响以后你和对方的交往。同时，迟到也会让自己感到很局促，导致发挥失常。

最好是比约定时间提前 5 分钟到。提前到场可以让自己很从容，有利于自己的发挥。你的从容也会被客户看在眼里，留下很好的第一印象。而且，提前到场可以观察一下客户公司内部的张贴文件，是不是有谁被奖励了？公司又出台什么新的政策了？公司的文化和标语都是什么？这些都是很好的开场切入话题。

要点二：先去一趟卫生间

先方便一下，免得一会儿聊得开心了中间要上厕所，左右为难。当你和客户相谈甚欢时，想上厕所会打乱你的思维，同时这种矛盾的心理也会表现在你的肢体语言上，可能会造成客户的误读，以为你对他表达的内容有异议呢。而且，当你在交谈中去卫生间时，客户不会只是在那里等你，等你回来，大概率他已经将注意力转到手头的事情上了，这次沟通实质上已经结束了。

去卫生间时，请注意观察卫生间的清洁程度。如果很干净，可以作为一个话题，在拜访决策者的时候，说：刚才我去了一趟卫生间，真干净啊。细节都做得这么好的公司，管理水平一定很高。

同时，卫生间是个封闭的环境，你可以在这里使用高能量姿势提升自己的自信力。有一种高能量姿势，称为神奇女侠姿势。具体的动作是：双脚分开，两手叉腰，挺胸抬头，目视前方。艾米·卡迪研究发现，保持这个姿势两分钟，就可以使自己的睾酮浓度提升，同时降低皮质醇的分泌，这可以对人产生强大的正面影响，甚至可以提升做事情的成功率。所以，在拜访客户之前，你可以通过高能量姿势增强自信，减轻压力，以便更好地发挥。

要点三：把手机调成静音模式

请把手机调成静音模式，要不有电话进来，接不接都不合适。在这里，还有一个小技巧。你可以当着对方的面一边把手机调成静音，一边和对方说："您稍等一下，请让我先将手机调成静音模式。"换位思考一下，如果有人在和你说话时，一边说一边看手机，你是什么感觉？如果有人和你聊天的时候，把手机调成静音模式了，那你又是什么感觉？在你和他沟通的这个时间段内，你是世界上最重要的人，他切断了一切和外界的联系，来听你说话。这会让你感受到满满的被重视和被关注——人们更青睐喜欢自己和关注自己的人。

2. 场景二：握手

一项来自贝克曼研究所的研究成果显示，握手会增强良好互动的积极影响，并能减轻误解带来的负面影响。见到客户的时候，请积极主动地伸出手，发出邀约。

要点一：握手的技巧

腾出右手：在进客户办公室之前，或者在见到客户之前，最好把自己的右手腾出来。因为如果遇到人再着急忙慌地换手拿东西，会显得比较忙乱和局促。

捂热右手：在握手之前，如果是冬天，最好在口袋里把手捂热，或者提前通过左右手摩擦让自己的手热起来。在握手的时候，冰冷的手会给对方带来一种冰冷的感觉，这会投射到对你的认知上。耶鲁大学发表在《科学》杂志上的一项研究称，如果在见到一个陌生人的时候，你拿的是一杯冰水，那么你会对这个陌生人产生一种防范意识；如果是一杯热水，你会更容易信任这个人。这就是我们前面说的具身认知：肢体动作可以影响到大脑的感知。

和同性握手：一般情况下，需要握满手指的关节。如果想要表示热情，那就握满对方的整个手掌。如果想表示非常热情，可以双手握住。

和异性握手：如果是男性去握女性的手，主动握指尖，切不可握满，这是不礼貌的表现；女性伸手去握男性的手，也是主动握指尖就好。但是，如果是女性主动握手，同时，希望表现得强势一些，可以采用和同性握手的方式——虎口对虎口，握满对方的整个手掌。

奥巴马式握手：如果对方比你的级别低，可以使用奥巴马的握手姿势——右手握对方的右手，左手顺势扶对方的手肘。这是一种同时表达力量和温暖的手势。

强势握手：还有一种方式类似于奥巴马的握手姿势，不过这时左手扶的不是对方的手肘，而是肩膀。这种姿势是一种相对比较强势的姿势。

握手力度：握手的力度也很关键。有这样一个研究：实验人员找了112位受试者，请这些受试者和四位他们安排的受过专业训练的志愿者进行握手。结果表明，握手有力的志愿者更多地被评价为外向、开朗和热情；握手无力的，更多地被认为冷漠、内向和不愿意与人沟通。所以，在和客户握手时，请施以合适的力度——有力，但不能让对方产生一种你要捏碎他的感觉。

要点二：握手的拓展

关于握手，还有一个拓展，就是和客户进行身体接触。催产素是一种可以让人平静和愉悦的激素。这个名字可能会让你感到迷惑，其实，女性和男性都可以分泌催产素。在人类的进化过程中，当母亲把孩子抱在怀中的时候，大脑分泌的催产素可以让母亲在和孩子的身体接触中，感受到平静、温馨和美好，同时可以消除紧张、不安、焦虑的感觉。好消息是，神经科学家研究发现，和陌生人握手，催产素分泌会增加 5% 至 10%，如果你觉得和你握手的一方有吸引力的话，甚至可以增加 50%。这会激发你的同理心和利他心。

让我们一起来看看几项具体的研究结果：

- 餐厅服务员，如果触碰了顾客的手臂或者肩膀，就餐的顾客会留下更多小费。
- 如果男伴在提出一起跳舞这个请求时，触碰了女伴的手臂，对方更容易答应请求。
- 调研人员在向一位陌生人收集请愿的签名，答应的概率是 55%；但如果调研人员触碰到了对方的上臂，那么，同意的概率会增大到 81%。
- 在二手车交易场景中，如果销售人员触碰到了潜在的买家，那么买家对该销售人员的评价会远远高于那些没有触碰自己的销售人员。

所以，握手和触碰，是我们和陌生人见面时，快速增进好感的简单方法。

要点三：通过握手解读他人

如果和你握手的人手心向下，就像是手横过来冲着你来的感觉，一般比较强势。他们习惯于用自己的方式来解决问题。在和这种类型的人沟通时，应对的策略很重要。四两拨千斤是个好办法，避免硬碰硬。

如果对方在握手时，还顺势用另一只手扶着你的上臂或者手肘，他是在展示友好，想和你建立一种亲密的关系，对未来有所期待。这时，在沟通中，你可以更加主动地去谈及一些感受类的话题，迅速拉近你们之间的关系。

如果在握手的时候，对方仅仅抓住你的手指部分，轻轻地晃动几下就松开了，这时，他很可能对你不太有兴趣，只是一种社交场合的敷衍。如果对方是一位重要客户，那么，你要注意了，需要下点功夫，以获得他的注意力。

3. 场景三：交换名片

销售过程中，交换名片也是一个高频场景。通过正确得体的名片礼仪，你可以快速在客户心中树立起专业积极的商务形象。

要点一：自己的名片如何放

在前往客户办公室之前，将几张名片拿出来放到自己的上衣内口袋中，如衬衣口袋或西装内口袋。这种方式比使用名片夹显得更高级，给人一种名片珍贵而不随便发放的感觉。

要点二：名片如何递

递交名片时，请使用双手，并确保名片上的文字朝向客户。这样客户接过名片后可以直接阅读，而无须翻转。

要点三：名片如何接

接收名片时，同样使用双手。接过名片后，可以轻声地读出客户的名字和职位。在正式的商务会谈中，可以将客户的名片摆放在自己正前方的桌子上，以便随时查看，避免忘记对方的姓名和职位。名片切勿放在桌子的边缘，以免不慎掉落地上，造成尴尬。离开时，请务必带走对方的名片，并郑重地将其放入衬衣口袋或西服内口袋，表示尊重。表现出对客户的尊重，通常也会获得对方的尊重。

要点四：照顾其他人

在发名片时，如果房间里除了目标客户还有其他人，请确保每个人都得到一张名片。否则，其他人可能会感到被忽视或怠慢。

通过遵循这些名片礼仪，你可以在商务场合中展现出专业的形象，赢得客户的尊重与信任。

4. 场景四：交谈

在握手和交换名片之后，你们开始了正式的交谈。这个过程中，还有很多的细节可以帮助你与客户构建积极的信任关系。

要点一：距离感

无论是站着还是坐着，保持适当的距离都至关重要。通常，一臂之长的距离是比较合适的。如果距离过近，可能会让对方产生压迫感，激发他们的战斗或逃跑反应，从而影响交谈的效果。

不过，偶尔的短时间近距离接触也会带来积极的效果。我们可以主动通过一些缩短距离的方式来拉近和客户的关系。比如，在递资料时主动接近对方；一起走路时偶尔用肩部触碰；稍微延长握手时间；开会时刻意耳语等。这些物理上的看似不经意的趋近，会让对方在不知不觉当中增强亲密感。

要点二：站着谈

站立交谈时，脚尖朝向对方，会让对方感受到你的重视和专注。站立时，请尽量保持我们前面介绍过的开放型的肢体语言，如双腿分开、后背挺直、胸膛舒展，说话的时候伴随适当的手势，避免慌张和倾斜的姿态。这种体态会让你展示出掌控者的风度，表现出你的自信和能力，从而在对方潜意识中建立信任感。

要点三：坐哪里

在会面时，如果你能选择座位，建议选择面对窗户、背对门的位置，将对面的位置留给客户，以示尊重。如果是对等的商务谈判，可以选择背对窗户、面朝门的位置，以保持对话的主动权。在普通会谈中，最佳的坐法是与对方呈90度角，避免面对面带来的对立感，从而减轻潜在的对抗情绪。

要点四：如何坐

坐姿要适中，既不要太靠前，给人一种随时可能离开的感觉；也不要太靠后，显得过于傲慢。通常，坐到椅子或沙发的2/3处为最佳。如果想表达谦逊，可以稍微前倾；若想展现力量和权威感，可以坐得稍靠后一些，轻轻靠在椅背上。

要点五：谈话过程的记录

带一个纸质的笔记本，尤其在与客户领导见面时，建议记录领导的讲话内容。这个动作不仅表现出你对对方的尊重，还能让对方感受到被重视，从而提高对你的接受度。

要点六：其他人

除了目标客户，还有其他人怎么办？比如，在一次交谈中，你的主要沟通对象是一位级别较高的经理，但同时还有一位他的下属在场。这时，我们的策略是重点关注上级，但不要冷落下属。具体的做法是，你在说话的时候，偶尔面带微笑地看看这位下属，用眼神照顾到他。特别是在谈话结束和离开时，要对下属点头微笑示意，以示关注和礼貌。

要点七：交谈结束时

拜访结束时，如果移动过椅子，尽量将椅子放回原位。这个简单且随意的动作可以体现你的职业素养，并给客户一种有始有终的感觉。当客户站起来送你出门时，可以利用这个时机询问一个稍微敏感一些的问题，因为这是客户防备心最弱的时候。

要点八：解读

双方之间的距离是观察关系亲密度的一个重要角度。如果能够自然地近距离沟通，通常意味着关系亲近。相反，如果一方试图缩短物理距离，而另一方有意无意地远离，这表明他们的关系并不亲密。比如，身体前倾通常代表对方对你或你的话题感兴趣。前倾是一种潜在的缩短距离的动作，表示喜好程度在增加。

当你在阐释方案时，对方口头上说"好的，不错"，但是身体上没有任何反应，这通常意味着他对你的内容并不感兴趣，你并未打动他。

与前倾相对的，身体后移或后仰暗含着不同意或焦虑。这是一种本能的远离动作，希望避开不愉快的事物。比如，客户最初端坐着听你讲解，随后慢慢后仰，靠在椅背上，如果伴有头微微上抬、用下巴对着你，这时要注意，他可能不仅对你的内容不感兴趣，觉得你是在浪费他的时间，甚至认为你在胡说八道。

坐姿是个观察人的好角度。比如，客户在和你沟通时，双腿呈"4"字形，就是一条腿横在另一条腿上的样子，这是一种夸张的跷二郎腿的坐法，表明他的心态自信，展现出强烈的领地意识。这时，如果某些提案得到了他的赞许或者认可，可以乘胜追击，多称赞对方的决断力和控制力，尝试促成合作。

从站姿中你也可以读出很多有价值的信息。站着聊天时，脚尖的方向表明了对方的态度。如果你在讲话时，客户的脚尖朝向你，大概率说明你说的内容被客户接受，那么，这部分内容就是你可以深入挖掘的地方。如果客户的脚尖朝向门的方向，这时，要注意了，他可能想离开，可能因为有重要的事情，也可能因为觉得对话没有意义。

在群体聊天中，如果一个人的脚尖经常朝向另一个人，多半那个人是他感兴趣、想接近或关系很好的人。

通过细致观察和解读这些肢体语言，你可以更精准地理解客户的心态和需求，从而更有效地构建信任关系，促进业务合作。

5. 场景五：眼神接触

我们从小就听过一句话：眼睛是心灵的窗户。透过这扇窗户，我们不仅可以看到外面的世界，也可以让外面的世界感知到我们。有研究表明，恰当的眼神交流可以提高面试者的成功率。

在与客户的沟通过程中，眼神交流至关重要。自然从容的眼神交流可以在双方之间建立起良好的沟通氛围。进化心理学的研究发现，支配型的人习惯于看着对方的眼睛，而服从型的人则会避免长时间的眼神接触。眼神的长时间接触可能会诱发战斗或逃跑反应，带来焦虑感。

要点一：视线恐惧症

虽然眼神交流如此重要，但许多人并不清楚如何做好这件事。在交流过程中，看着对方的眼睛吧，感觉很有压力；不看吧，好像对别人不够尊重。于是就这么看一会，飘一会，再看一会，再飘一会，来来去去，弄得很复杂。这种现象被称为眼神交流焦虑症，是一种常见的社交症状，了解这一点可以减轻你的心理负担。

要点二：眼神交流的技巧

一些简单的技巧可以帮助你从容地与对方进行眼神交流，并留下良好的印象。

- 在和对方说话之前，先进行眼神接触。当你想和对方说话之前，先看着他的眼睛，这不仅会让对方有所准备，也显示出你对他的关切和尊重。
- 当别人和你说话时，一定要看着他。想象一下，如果你在说话时，对方不看着你，眼睛四处张望，你是不是会有一种被怠慢的感觉？因此，最好在对方说话时，保持眼神接触，并面带微笑，这样会让你看起来更自信。
- 长时间的眼神接触可能会带来压力感，这时你可以将目光稍微上移一点，看对方的眉心，或者对方的鼻梁。这样对方会感受到你的关切，而你也会感觉更自在。
- 移开眼神时要慢一些，并且不要移得太远，千万不要一会儿看这里一会儿看那里，给人一种心不在焉、滑头滑脑的感觉。尽量将目光停留在离对方头部不远的环境背景中的某个位置上。

要点三：视觉支配比

在心理学上，有个概念叫"视觉支配比"（Visual Dominance Ratio，下称VDR）。这是衡量人们在社交互动中视觉行为的指标，常用于研究人际交往、领导力展示以及权力和地位的非言语表达。VDR 的计算方法是"你说话的时候注视对方的时间百分比"除以"对方说话时你注视对方的时间百分比"。

具体来说，你说话时看着对方，通常被解释为自信和权威。对方说话时你看着对方，可以被理解为对说话者的兴趣或服从。理论上，VDR 值高于 1，意味着一个人在交流中更具主导性，表现得更有权威或自信；而 VDR 值低于 1，则可能表示这个人在交流中更被动或顺从。

比如，在军队中，下级对上级的 VDR 值是 0.61；大一新生在面对已找到好工作的大四学长时，VDR 值是 0.59。通过这个视角，我们可以感知自己在对方心目中的实际地位。在沟通中，如果你想突出你的地位比对方高，你在说话时应多注视对方，而在对方说话时可以不看或者少看他。相反，如果你说话时对方不怎么看你，而他说话时盯着你看，这说明在对方的心目中，他的地位比你高。

要点四：解读

前面提到的眼神交流的要点，既可以帮助你更好地表达自己，也可以作为解读对方心理的工具。比如，当对方说话时，如果眼神飘忽不定，或故意不与你对视，这可能表明他对自己所说的话不太确定。此外，如果他在某句话后清嗓子、咳嗽或做出类似吃完饭擦嘴的轻微动作，这大概率是因为他对自己所说的话缺乏自信，甚至可能在说谎。

要点五：头部动作

除了眼神，头部动作也能传递重要信息。如果客户在听你说话时，面部本来朝向你，但随后慢慢转向别处，又转回来，再次转开，这可能意味着他对你的话题不感兴趣，已经有些不耐烦，只是出于礼貌没有打断你。这时，你需要调整话题，将谈话内容引到他感兴趣的方面，比如和他自身相关的话题。

有时，客户的身体没有明显移动，但头部略微后仰，这是一种潜意识的远离表现。这个情形你可以理解为一种让你调整话题的提示。这种敏感观察能力是销售的重要技能，通过观察客户的反应，灵活调整话题，提升沟通效果。

下巴的角度变化也能透露很多信息。如果在某个特定时刻，下巴微微上抬，这可能表明对方心中有不满或不服。例如，有一次我在客户办公室，正巧技术部长前来请示问题。当老板给出指示后，这位技术部长虽然口头答应，但下巴微微上抬。这种反应在肢体语言研究中叫"仰视反应"，这显示出他对指示心存不满，很可能不会完全执行。

五、观察肢体语言

总体而言，肢体语言虽然细碎，但仍有一些基本的判断依据：

第一个依据是远离和靠近。远离大概率表示无趣、厌倦甚至讨厌；靠近则表示喜欢，愿意获得更多的信息，进行更多的沟通。

第二个依据是蜷缩和打开。蜷缩是一种自我保护的表现，通常出现在面对竞争或打算放弃时；打开则表示自信和对结果积极的预期。

第三个依据是角度。和你之间的角度越大，疏远感越强。

还有一个就是要注意矛盾的肢体语言。有一次，在一个投标现场，我遇到了一位认识的竞争对手。我主动上前打了个招呼，随口问道："怎么样？"对方回答说："没问题。"这时，看他的表情很从容自然，但身体却呈现出一副"蜷缩"的状态。这显示出，他很可能是在装腔作势，心里没底，却想在你的面前表现出志在必得的样子。蜷缩，是冻结反应的表现，总体呈现出的是心态变弱，甚至是害怕。

在复杂的现代商业环境中，解读肢体语言和善于使用肢体语言进行自我表达，都将成为你的竞争优势。但是，肢体语言的使用切忌绝对。很多因素都能影响人的心理，简单地对号入座极有可能产生误导。这时候，我们需要从多方进行判断。肢体语言的观察，是一种提醒，是暗示我们进行多方综合判断。比如，当你观察到对方的"远离"状态时，应该暂停自己的表达，问问对方，自己的表达是不是有不清楚、不正确的地方，自己的理解是不是哪里不到位，核实后，再决定下一步的沟通方向。

六、一个大招

有一个方法能让对方快速地喜欢你，而且被很多的心理学家和销售专家推崇，还有严谨的科学实验论证过。这个方法是模仿对方的肢体语言。

在沟通的过程中，模仿对方的肢体语言，可以快速给对方留下一种可信、亲和的感受。魅力与领导能力专业培训师奥利维亚·卡巴恩（Olivia Cabane）在其畅销书《魅力》中指出，如果人们的外在表现——比如穿衣风格、外貌、肢体语言和语言——相近，会很自然地认为彼此有着类似的社会背景、受教育程度，甚至是价值观，所以更容易拉近距离。

在一项研究中，研究人员在参与者没有意识到的情况下，模仿了对方的动作，比如跷二郎腿，这增大了这些参与者帮助研究人员的概率，他们也更愿意捡起研究人员掉到地上的笔。自己的动作受到模仿，不但令人愉快，还能活化中脑边缘多巴胺系统。仅仅因为别人坐在椅子上的懒散模样和你相同，就可以形成潜意识中的"我群"。

很多研究都发现，人们喜欢那些和自己有相似点的人，甚至包括像语速这样的细节。作为一名专业的销售人员，你可以在沟通中，通过模仿对方的行为建立起相似性，在对方的潜意识中发挥作用，与客户建立更深的关系。平克在《全新销售》一书中提到，"人们经常无意识地模仿其他人，包括交际中的姿势、怪癖和面部表情，这种心理现象，称为变色龙效应。心理学家巴奇和查特朗发现，如果有人模仿了你的手势或者身体姿势，你往往会更喜欢他们"。

在模仿对方的时候有一些需要注意的地方：

- 要模仿，但是不要被对方看出来。模仿对方那些常见的普通的动作、行为和表情，比如对方跷着二郎腿，你也可以跷；对方拿着笔记本，你也拿出来。
- 模仿动作要稍滞后，避免同步，以免对方觉得你在学他或嘲笑他。
- 在沟通中，观察并模仿对方的语速，有助于快速建立同步感。

正如艾米·卡迪所言，"小的调整可能会引发大的变化"。在销售过程中，要善于运用这些细微的调整，去影响客户的决策，推动销售的进展。肢体语言的力量，不仅在于它能够传递出我们想要表达的信息，更在于它能够帮助我们与客户建立深层次的联结，从而实现销售的突破。

◎ 要点总结

1. 肢体语言是我们传递信息、解读他人的重要的工具。

2. 在交流的过程中，肢体语言的重要程度大于语言。

3. 肢体语言背后有很多心理学依据，比如具身认知、支配理论、应激反应等。

4. 在客户拜访过程中，我们可以用肢体语言建立良好的沟通关系。有些关键场景需要我们特别注意，比如进门之前、握手、交换名片、交谈、眼神接触等。

5. 嘴上说不要，身体却很诚实。想要学会听出客户没说的那些话，需要我们有读懂客户肢体语言的能力。

6. 微反应源自本能，是真实的心理反馈。它是指人在面对突发情况和刺激时，不由自主地表现出的微小反应，这个现象源于人的生存本能。

7. 肢体语言的使用切忌绝对。简单地对号入座极有可能产生误导。肢体语言的观察，是一种提醒，是暗示我们进行多方综合判断。

8. 模仿对方的肢体语言，是快速建立好感的大招。

▤ 实践讨论

1. 在进入客户的办公室之前，你会做什么？

2. 找一位自己的好朋友，或者同事，练习一下沟通时模仿对方，请对方给你反馈。

3. 还有哪些肢体语言，可以在沟通的过程中，促进我们和客户的关系？

4. 当对方和你沟通时，对方的眼睛很少看着你，请判断一下，有哪些可能的原因？

5. 请找一个客户，通过 10 ~ 15 分钟的闲谈，观察他肢体语言的变化，并记录下来，试着判断一下他当时的心理状况。

6. 在你的日常客户拜访中，有没有遇到一些客户的肢体语言和他的表述有矛盾的情况，你当时是怎么处理的？这种矛盾是如何出现的？试着分析对方当时的心理活动。

04 构建话题
如何用闲谈升级关系

> 世界上只有一件事比被谈论更糟糕，那就是不被谈论。
>
> ——奥斯卡·王尔德

和客户的沟通，从内容上粗略区分，可以分为正事和闲谈。正事我们之后说，先说点"不正经"的，如何和客户闲谈，或者说聊天。对于销售人员，会聊天太重要了。

请你想象一下，有两位销售，他们卖的东西差不多，一位和你相谈甚欢，另一位除了谈产品还是谈产品，你更倾向于找谁买？是前者，对吗？

再想象一下，你家附近有两家便利店。一家是7-11，另一家还是7-11。左边的一家距离是500米，右边的是480米，你是向左还是向右？我猜，和距离无关，关键是哪家店员更讨你喜欢。也许是左边那家的那个店员，每次见到你都会笑，在有活动时，还会主动告诉你："你喜欢的那款饮料最近有活动，第二瓶半价哦。"

销售中，人们言必称关系；关系好，事情就好办。然而，你每天面对不同的陌生人，哪里有那么多现成的好关系？因此，销售需要从陌生开始，创造关系。这里的秘诀是，进入对方的情感世界。那如何交流情感呢？这个你懂的，最简单易行的方法就是闲谈。

在商务活动中，闲谈的场景有很多。拜访客户，刚见面的时候，一下就切入正题会显得太突兀，总要寒暄一番吧；商务谈判会议的休息间隙，茶水间的闲谈可以缓和气氛；请客户吃饭，总不能一味地再谈正事了吧，闲谈才是主要的话题，正事点到为止。

如果不善于闲谈，或者聊几句就冷场，进入"尬聊"状态，那么，且不说当时的场景多让人难受，日后客户再想到你时，会想起当时别扭的感觉，你想再见他一面都难。不多见面，哪里来的好关系？

好，那就让我们一起开始学习如何正儿八经地闲谈吧。

一、闲谈的基本原则

闲谈有三条基本原则，下面我们分别来介绍一下。

1. 原则一：销售没有"闲"谈

第一条原则就是：作为销售人员，你没有"闲"谈。是的，你没有看错，就是没有。你要问了，刚才还说闲谈有多么重要，不会闲谈会带来多大的损失，现在又说没有闲谈，这是什么意思？销售中的闲谈，不是不做任何控制的乱谈，而是有目的地谈。通过闲谈，销售在和对方建立一种融洽、愉快、良好的关系，这就是我们的目的。如果不注意闲谈的内容和方式，可能适得其反。

客户拜访，本质上是商务活动，其实也是社交活动。你的每次拜访都需要有明确的目标，而你的所有行为和言语，都在围绕这个目标进行。在和客户接触的初期，迅速建立良好的沟通关系是销售必须具备的能力。所以，销售要成为每次谈话的主持人，不是要说得更多，而是要时刻觉知对话的发展脉络，向着更有利于目标的方向发展。

2. 原则二：对话的重点不是你，而是对方

我们经常犯的一个错误是，在交谈的过程中过分地关注自己的感觉。我们认为如果自己感觉愉悦，对方也一定会有同样的感受。事实上，对方在意的不是你说了什么，更不是你当时的感受，而是当时的你让他产生的感受。

闲谈的关注点有四个。

- 你的自我感受：这是最正常的本能反应。我们会体察自己在交流中的感觉，希望自己更舒服自在，更欢欣愉悦。这种需求，会引导我们与客户的交流方式。
- 你对别人的感受：这也是一种自然且无意识的反应。我们会根据谈话中对方的反应，来评判他是什么样的人，我喜不喜欢。
- 别人对你的感受：在销售的场景中，我们会主动关注这一点。对面的这位客户喜欢我吗？我刚才的表现打动他了吗？他会对我有什么评价？
- 别人的自我感受：很少有人会主动关注这一点。人们很难意识到自己对别人产生的影响，尤其是在自我感受方面。在和你沟通时，他会不会感觉开心，会不会有一种自豪感，会不会觉得自己很有见识？这才是最重要的一点。真正影响到别人对你的印象的，是他们在和你交流后，自我感觉如何。让别人的自我感觉更好，是闲谈的关键。

英国维多利亚女王对自己在位期间的其中两任首相有过这样的评论："如果你有机会，跟其中一任首相交谈，你会觉得，天哪，这个人真的是世界上最重要的人。要是你跟另一任首相交谈，你会觉得，天哪，我真是世界上最重要的人。"

第一位首相，关注的是别人对他的感受，让女王觉得首相我很牛；第二位首相，关注别人的自我感受，也就是让女王觉得她自己很牛。从沟通角度看，第二位首相更高明。

一场沟通结束后，普通销售会说，"这次聊得很开心"或者是"这个客户很不错"；好销售会说，"客户觉得我的水平还不错哦"；顶尖销售会说，"客户对他自己有了新的认识"。

3. 原则三：展示你对对方的兴趣

人们喜欢对自己感兴趣的人，所以在闲谈过程中，请充分展示出你对对方的兴趣。当你看到一个人的时候，表现得欢欣雀跃，你就能感染到他，从而让对方更喜欢你。同时，你还可以通过提问，让对方更多地聊聊和自己相关的话题，询问对方对某事的感受，来体现你对对方的关注与兴趣。

虽然我们几乎每天都会与客户进行闲谈，但很多时候都谈错了。

二、闲谈中的常见错误

闲谈时有两个常见错误，一个是把对话变成演讲，一个是太早下论断。

1. 把对话变成演讲

很多人在对话中容易犯的一个错误是：把一场两个人的谈话，变成了一个人的演讲。有时候，看似是两个人的闲谈，实际上却变成了一个人的独白。你是否经历过这样的谈话：

小王："昨天，我看了一个电影，名字是《圣战骑士》。是希斯·莱杰主演的，精彩极了。"

小张："哦，那个人啊，我也看过他主演的电影，是蝙蝠侠系列里的一部。在那部电影中，他扮演一个反面角色。在现实生活中，希斯·莱杰后来自杀了，据说和这部电影有很大的关系。你知道吗，这些演员，有时候入戏太深，很难出来，之后就会做出很多难以想象的举动。你知道吗，还有一个演员，叫什么来着，也是演了一个角色之后，出不来了，然后也自杀了……"

小王："……"

表面上看，小张似乎在与小王分享共同的兴趣，实际上，他抢走了小王表达的欲望和权利。请你把自己带入，体会一下小王当时的心理阴影。本来，小王兴高采烈地打算分享《圣战骑士》带给他的震撼和感受，却被小张"巧妙"地转移了话题，变成了演员与角色的关系问题。小王的感受蓬勃欲出，但就在那一瞬间被挡住了，你想，这种感觉，是不是很憋屈？而小张在无意识中满足了自己的表达欲望，完全忽视了小王的感受。这种负面的对话体验会影响小王对小张的印象，小张很有可能因此被小王从主动交流名单上划掉了。

2. 太早下论断

另一个常见的错误是：太早下论断。销售在和客户沟通的时候，有时会在"搞清楚状况"之前就表达强烈的观点。

分享一个真实的故事。一位销售盯了一个项目很久，其中有一位关键决策者，级别很高。经过多方努力，这位销售终于找到了一个机会请这位大佬吃饭。在聊天过程中，这位销售谈到了家庭和高考的问题，并提到父母对孩子的榜样作用。总体的观点是孩子的高考成绩与父母的教育正相关。殊不知，这位大佬的儿子在那年高考发挥得很不理想，最终上的大学并不尽如人意。然后，你懂的，就没有然后了。

在表达你关于某件事情的观点时，最好可以先从侧面了解一下对方的立场，或者先引出一个话题，看看对方的反应。

我们知道了，独占话题或过早下结论是不好的闲谈，那好的闲谈应该是什么样的？

三、如何有效闲谈

如何才能进行一段良好的闲谈，让对话轻松愉快，并快速构建起和客户之间的良好关系？毕竟天生的"社牛"是少数。好消息是，闲谈这种技能是可以通过练习习得的。

很多人都知道闲谈的重要性，也希望通过闲谈与他人建立良好关系，但往往不知道该聊什么。又或者，好不容易找到一个话题，说两句就没话了，顿时陷入尴尬。那该怎么办呢？

首先，我们要解决的问题是话题的选择。

1. 如何找到一个话题

如何才能找到适合闲谈的话题呢？

最完美的状态是，你是一个博闻强识的人。

如果你知识渊博，见识广泛，读书丰富，几乎任何话题都能接上，还能补充新的信息进来，这当然是最好的情况。这样的人并不是没有，但很少。我曾经的销售导师就是这样的人。他阅历很广，读书又多，和他聊天简直是一种享受，总能学到很多。我猜你周围一定也有这样的人。成为这样的人也是我们销售的终极目标。那如果暂时达不到这种状态，怎么办？

有一句话你肯定听过：种一棵树最好的时间是十年前，其次是现在。我们会在下一节的内容中介绍闲谈中常用的谈资，帮你快速提升聊天技能，打造一片"速成林"。

你还可以事先准备。

在拜访前，了解客户的基本背景，比如曾经居住过的城市、教育背景、是否有孩子、孩子的年龄、个人和家庭的爱好等，然后就这些信息做足功课。

比如，你得知今天要拜访的张总喜欢跑马拉松（简称"跑马"），那么，你需要积累一些和马拉松相关的知识。了解一下为什么现在跑马这么热门，跑马对人的好处，有哪些注意事项，最近有哪些城市举办马拉松，有哪些趣闻，如何才能提高马拉松成绩等。这都是很好的闲谈话题。

比如，在闲谈时，你可以不经意地提到：开车来时听广播里说，每年全国有将近 50 万人次完成全马比赛，真牛啊！我最佩服那些能跑完全马的人了，这需要多大的毅力啊。

这样，你就巧妙地引出了张总最擅长的话题。

如果拜访的是一个完全陌生的人，无法事先准备，怎么办呢？

著名的跨文化研究专家戴愫女士总结了一个通用的法则：

成功男人爱聊事业，普通男人爱聊老庄哲学，中年女人爱聊家庭、孩子，老年女人爱聊养生，老年男人爱聊过去的辉煌，青年女人爱聊时尚，青年男人爱聊理想。

如果没有具体的可以切入的点，那就对号入座吧。

上面是关于找话题的策略，下面，我介绍几个实用的开场技巧。

2. 闲谈的开场

闲谈的开场很关键，这是吸引对方注意力、营造良好的沟通氛围的重要时刻。吸引对方注意力的最佳方法就是把注意力放到对方身上。

当我们谈论自己时，大脑会得到奖励。哈佛大学社会认知和情感神经科学实验室的戴安娜·塔米尔（Diana I. Tamir）和杰森·米切尔（Jason P. Mitchell）的研究发现，在讨论和自己有关的话题时，大脑中的伏隔核和腹侧被盖区会被激活，而这两部分是人类大脑的奖励区域，性和美食都能刺激这两部分区域。

这个结论启发我们，既然谈论自我会让人愉悦，而愉悦的谈话可以构建你和客户的良好关系，那么在沟通中，你可以尽可能地促使客户多谈论他自己。

为此，我为你准备了一个简单实用的工具，叫"一看二赞三问法"。

一看，看什么？

可以看对方的延伸物。人的所属物往往可以反映出他们的性格特点、经历和爱好特长等。比如，一位客户的办公室里摆着高尔夫球袋，除了说明他喜欢打高尔夫球之外，还有什么意思呢？也许是他今天下午约好了人要去打高尔夫球，也许就是摆在那里想让别人知道他有这样一个高级的爱好。那如果你不懂高尔夫球，应该怎么聊呢？这时，最好的方式是：请教。

比如，你可以这样问："您的高尔夫球杆看着很有质感。这个我实在不太懂，正好一直有个问题想请教一下专业人士，我在电视上看到高尔夫球手们换杆的动作特别帅，您是怎么判断什么时候应该用什么杆的呢？"

还可以看对方本身，比如，身材、气质和服饰等。如果对方的身材很好，你可以这样说："张总，您身材保持得真好，肯定经常运动吧？这么忙您是怎么抽出时间来运动的？"

还有一个关注点是看对方的状态。如果对方气色很好，可以作为切入点夸奖："张总，您今天兴致很好，肯定有什么开心事吧？"

二赞，怎么赞？

当你找到合适的特点后，接下来就是给予赞美。

举个例子。比如，你观察到客户的办公室里挂着一幅世界地图，可以说："王总的生意真是越来越大，已经开始全球化了。"

再比如，客户给你沏茶时，你可以说："马工真懂生活，这秋天一到就准备好红茶了。"

再或者，客户穿了一套很不错的西装，你可以说："这件西装剪裁得真合体，真有质感。"

很多人将这种赞美理解为拍马屁和吹捧，甚为不齿，但这是一种心理误区。

俗话说：良言一句三冬暖。诚恳的赞美能给人带来愉悦感。在社交场合，基于观察到的事实，进行略带夸张的赞美，本身就是一种良好的社交礼仪。这种赞美还可以拉近社交距离，对销售而言，这种距离感的减少或者消除，对成交有积极的促进作用。

有研究发现,人们不愿意赞美他人是因为担心对方会感到困扰和不舒服,但实际情况是我们低估了赞美给别人带来的快乐。赞美者在给予赞美后,心情也会变得更好,并表示未来更愿意向陌生人表达赞美。你看,赞美别人是一件利人利己的好事情,所以请大方地给出你的赞美吧。

三问,问什么?

最后,通过一句问话,将话语权交回到客户手中。没有人喜欢听别人滔滔不绝,所以,我们的任务是做好开场后,将话筒递到客户的嘴边。我们的任务是通过问话获取更多信息,而不是自己说得尽兴。比如,在夸奖客户的高尔夫球技巧后,可以问:"您是什么时候开始打高尔夫球的?有什么特别的技巧可以分享吗?"

把"一看二赞三问法"的这三个步骤连起来,给大家举几个实际应用的例子(见表 4-1)。

表 4-1　实例

一看	二赞	三问
客户今天穿的衣服很不错	这件西装剪裁得真合体,真有质感	是定做的吗?
9 月初拜访客户,客户给你沏了红茶	马工真懂生活,这秋天一到就准备好红茶了	这茶真香,是哪里产的?
客户的气色不错	张总,您今天兴致很好	一定是遇到开心事了吧?
书架上的书	喜欢国学的人都有着很深的修养,您喜欢看南怀瑾的书	能帮忙推荐一本吗?

既然你都看到这里了,要不赶快试试,和身边的人用"一看二赞三问法"聊个天?

3. 把握节奏

在沟通中,节奏感的把握非常关键。这里我们要用到的技巧是"乒乓原则"。所谓乒乓原则,不是像比赛中那样想尽各种办法扣杀对方,而是指将对话构建成像打乒乓球一样的你来我往。

具体该怎么做?

让我们先看一个例子:

销售：李总，您办公桌后面的这幅山水画很特别，肯定有讲究吧？

李总：哈哈，你还挺有眼光！这是一位朋友送的，是他亲自从云南带回来的。这幅画的作者是一位在当地很有名的画家，讲究自然意境。

销售：确实，这样的画挂在办公室里不仅显得大气，还很有文化气息。您提到云南，我马上想到的就是普洱，不知道您平时是不是也喜欢喝茶？

李总：嗯，没事的时候也会喝点。易武、班章和布朗山的普洱口感还是有些不同的。班章茶的茶汤厚重，有回甘；易武的呢，口感相对柔和一些。

销售：哇，李总您是行家，没想到这里面的学问这么多。我就听说过，普洱茶的存放方式对口感影响很大，不知道您是怎么存的？

李总：没错，存放确实很讲究。我一般会放在一个恒温、恒湿的小茶柜里，这样能保证茶叶的品质和陈化效果。

销售：您可真是太专业了！我有一个客户也喜欢喝普洱。您看方不方便把您的小茶柜的链接发给我，我想给那位客户发过去，您看可以吗？

在这段对话中，销售开启话题用的就是我上面介绍的"一看二赞三问法"，通过观察和巧妙地提问来开启话题，并且在李总的回答中不断找到新的信息，以此进行陈述和再次提问。话题在自然地延展，节奏不紧不慢，同时让李总觉得谈话内容都是围绕着他感兴趣的点展开，增强了对话的流畅感和参与度。

乒乓原则使用的要点是：陈述，提问，陈述，你来我往地不断循环。先进行一个陈述，然后提出一个开放型问题，接着根据对方的回答再次进行陈述，之后再次提问。首先，你持球，就是你在陈述。接着，你通过提问将乒乓球发给了对方，他的回答就像是将球又还给了你，然后你加上一些信息再陈述，即将球打回给对方。这样，谈话就可以顺利地进行下去。

在实际操作的过程中，有两个注意事项：

第一个注意事项是，谈话有节奏感，避免不停地说或者不停地问。一直在陈述，会让别人感觉无聊；不停地提问，则会带来压迫感。总体的原则是：从容地表现出你对对方的兴趣。

第二个注意事项是，提问时尽量使用开放型问题。如果是封闭型问题（比如：会不会，是不是，能不能，对不对，等等），对方简单地回答你"是"或者"不是"，谈话就会出现卡顿，甚至冷场。

4. 沟通中冷场了怎么办

在交谈中，冷场是难免会遇到的情况。一个话题交到客户那里，对方反应冷淡，只用几个字简单回答。这时，该怎么办呢？别着急，我们有办法。

解救冷场有三个策略，分别是另辟蹊径法、继续深入法和回到正题法。我们逐一来看。

另辟蹊径法

你可以直接开始一个新的话题。在开始之前，加上一些过渡语，比如：

- 我突然想起来……
- 我突然发现……
- 哦，对了……

举个例子。

你可以这样说：

- 张总，我突然想起来，咱们市今年五月份要举办一场国际马拉松赛，还真想去试试呢。
- 张总，我突然发现您和我们公司马总的风格挺相似的呢。

继续深入法

你可以表现出对刚才谈话中某个关键词的兴趣，希望进一步了解。抓住对方之前提到的关键词，深入挖掘。

可以使用的过渡语有：

- 我对您说的……很有兴趣，能不能再多介绍一点关于……的事情？
- 为什么……会是这样的呢？

比如，在一段谈话中，你可以这样问：

- 我对您刚才提到的国企改革的事情很感兴趣，您能不能再多给我讲讲呢？
- 张总，我很好奇，为什么国企要这么改制呢？

回到正题法

这个策略说白了就是结束闲谈，直接切入销售的正题。

切换的过渡语是：

● 关于……不知道您还有没有疑惑的地方？
● 我突然想起来，关于……有个地方我忘了给您介绍了。

比如，你可以这样说：

● 哦，对了，张总，关于我们的产品有个重要的特性，是今年刚刚升级的，我感觉对您的现场特别有帮助，您看我可以给您介绍一下吗？

通过这三个策略，你可以灵活应对冷场，确保谈话顺利进行，继续保持与客户的良好沟通。

5. 如何通过闲谈快速建立良好的关系

通过闲谈你可以快速拉近和客户的距离，关键是如何进入感受层面。想快速和陌生客户建立良好的沟通关系，核心在于进入对方的情感区域。

美国纽约州立大学的社会心理学家亚瑟·阿伦教授是研究个人关系和人际亲密感方面的专家。他的研究发现，在随机分配的小组中，如果两个人的对话停留在事实层面，那当实验结束后，这两个人的关系也就结束了。但如果谈话涉及情感相关话题，这两个人会迅速建立亲密关系，这种关系甚至"延伸到了实验之外……这种关系一直保持着牢固的状态，未因时间的流逝而消失"。在阿伦的研究中，甚至有一对在实验结束后的几个月订婚了。

如果想要快速地建立良好的关系，我们需要快速地切入感受层面的话题。那么，问题来了：如何才能做到这一点？

我们的方法是：层层深入 = 赞美开始→进入事实→深入看法→表达感受。

让我们详细解释一下。

首先，我们说的赞美，就是在闲谈的开场一节中提到的"一看二赞三问法"中的一看和二赞，通过观察找到一个细节，启动赞美模式。

然后，说一些和这个细节相关的具体信息，这是事实层面。

再接着，仔细倾听对方对这些细节的描述，找出对方的看法。

最后，寻找这些看法中的情绪或感受，并表达自己的感受。

这么说还是有些抽象，我们通过一个例子来说明。

有一次，我去拜访一家公司的老总，发现他的办公桌后面的书架上有一套关于麦肯锡方法论的书。

首先，我指着那套书说："张总，怪不得这几年您公司发展得这么快，原来您一直在研究国际上顶尖的管理方法啊。"

张总笑着说："麦肯锡这家公司还是很有水平的，几年前，连我们总公司都请它做过咨询。我们很多的战略都是它帮着制定的。"

我接着张总的话说："这么巧，我们公司也请过它，我听我们老板讲，我们好几个收购案都是麦肯锡提供的建议和协助完成的。那它会深入您分公司这边的管理吗？"

张总说："它主要做的是战略和流程，流程的执行需要到分公司的层面了。"

我说："这些大的咨询公司，在战略方面确实很牛。但是有时候吧，制定的流程要全球统一，这对于它们这种外企，和我们的实际情况会有些出入，到了执行流程的时候，会增加很多麻烦。您这边应该不会这样吧？"

张总说："唉，别提了，上周，我们主管采购的刘副总还跑到我这边说呢，总公司要削减供应商数量，可是我们这边的产品很多都是非标，每个都不一样，这家供应商做的那家做不了，怎么削减啊。"

敲黑板了：这里的关键在于最终的落脚点一定要放在客户表达出的感受上。

到这里，我想你已经明白了，我们的谈话从开始的客套，已经深入到感受的层面，而且我还得知了一个重要的信息，那就是张总要开始整理现有的供应商了——机会来了。

你可以自己先表达某种感受，如果客户也表达出类似或者不同的感受，那么恭喜你，你与这位客户的关系上升到了一个新高度。从赞美，到事实，再到看法和感受，良好的关系就这样不断地递进着。

6. 观点与事实的转换

还有一种闲谈的技巧叫作观点与事实的转换。这个方法其实很简单：对方提供了一个观点，你可以补充相关的事实；对方说了一个事实，你可以提供一个与这个事实相关的观点，也就是进行总结或归纳。最好可以提供一个理论基础，某个研究、某本书等。

比如，对方提到了一个观点：我觉得现在的很多人过于浮躁。这时，你可以这样补充事实：是啊，今天早晨，在等红灯的时候，我起步稍微晚了一点，后面的车就不停地按喇叭。

或者，当对方提到一个事实：我发现我们家小孩，考试之前记得很多东西，一考完试，马上就忘记了。这时，你可以补充一个观点：您说的这个让我想起来曾经看过的一本书，介绍了一个心理学家做的实验，这个啊，是人的一种天性，叫作未完待续原则。就是说一个事情在还没干完的时候，人都会记得很清楚，一旦干完，却很容易忘记。您也别太埋怨孩子，都是这样的。

如果你在拜访结束前进行闲谈，下面这个技巧可以加深客户对你的印象，并让下次拜访更顺利。

7. 种草

种草法，也叫作购物车法。在你的购物 App 上，购物车里是不是放了一些想买却没有下定决心买的东西？过了一段时间，是不是自己咬咬牙就买了？我们在和客户结束沟通之前，也可以在他的"购物车"里放点和你们闲谈的话题相关的东西。

比如，一张球票、一个好的教程、一个新奇的小东西等。

举个例子。你们聊到了客户喜欢打羽毛球，你可以给他提供一些关于如何打好羽毛球的教程。或者，你们提到了某本书，你可以告诉他下次来拜访的时候给他带这本书。

如果是实物，最好当面给。多见面，关系提升的速度更快。

如果是电子类的，比如视频、文章等，在你下次拜访之前 2～3 天发送。稍微有点时间差，不会让对方觉得好像他是为了要这个东西才和你见面的。但也不要拖太久，以免对方忘记。

在销售的世界里，每一次闲谈都不仅仅是交谈，而是开启无限可能的钥匙。钥匙的关键不在于言语的多少，而在于能够触发共鸣的那一刻。

◎ 要点总结

1. 关于闲谈的三条基本原则：销售没有"闲"谈；对话的重点不是你，而是对方；展示你对对方的兴趣。
2. 闲谈中两个很容易犯的错误：把对话变成演讲；还没有搞清楚对方的基本情况就表达强烈的观点，即太早下论断。
3. 进行闲谈的时机，一般是在拜访开始和结束之前。
4. 关于闲谈的 7 个要点：

- 如何找到一个话题。关键在于准备和积累。
- 闲谈的开场。一看二赞三问法。
- 把握节奏。闲谈的过程中，注意节奏，就像打乒乓球，你来我往。
- 沟通中冷场了怎么办。另辟蹊径法、继续深入法和回到正题法。
- 如何通过闲谈快速建立良好的关系。方法是层层深入，从赞美到事实再到看法，最终抵达感受层面。
- 观点与事实的转换。为对方的观点提供事实，为事实提供观点。
- 种草。在对方的"购物车"里放点东西，为下一次顺利拜访奠定基础。

▤ 实践讨论

1. 关于闲谈的 7 个要点，哪个要点对你最有启发？
2. 请找一个真实的客户，试着用层层深入法，和客户进行感受方面的交流。
3. 当我们学习到一个很有价值的知识或者技巧时，如何将其内化为能力？

05 谈资
如何展示你的与众不同

他一直在煞费苦心地寻找让我感兴趣的谈资，好把我留下来。

——毛姆

有一次，在一个技术交流的茶歇中，不知是什么话题引发一位客户谈到了量子力学，客户说起薛定谔的猫眉飞色舞的，其间我插了一句说："是啊，打开箱子的一瞬间，波函数坍缩了，一切也就确定了。"客户惊讶地看着我说："你也喜欢研究量子力学？"我笑笑说："张总，您见笑了，谈不上研究，刚好最近看了一本书，很有意思，如果您感兴趣，下次拜访的时候我把那本书给您带过来。"

销售要为客户提供价值，这个价值有两层含义。第一层，是通过你的产品或者服务提供的价值；第二层，那就是你，你本人。你的价值体现在你的谈资、你的知识、你在和客户交往的过程中带给客户的感受。你的谈资或许可以为别人提供一个新的看问题的视角，或者一个解决问题的方法，甚至就是一个简单的信息传递，听到的人可以用这个谈资去和别人谈。

销售过程不可能也不应该只是围绕所谓的"业务"展开，销售和客户的"闲谈"也是很重要的一环。如果你所了解的某个话题，可以和客户所关注的某个话题建立连接，会收到意想不到的效果。

如果你可以给客户提供很多知识层面的内容，甚至他在遇到事情的时候都喜欢找你分析和讨论，你想，这种价值，是不是更高级一些？这种价值感，就是通过你和客户每次的沟通展现出来的，通过你的谈资传递给客户的。所以，谈什么，很重要。

在谈什么之前，更重要的是，我们要学什么。在计算机领域，有句俗话叫"garbage in，garbage out"，英文首字母缩写为GIGO，说的是如果将错误的、无意义的数据输入计算机系统，计算机自然会输出错误的、无意义的结果。说白了就是"垃圾进，垃圾出"。我们的输入决定了我们的输出。你看什么，学什么，自然就会和别人说什么。为了提升我们的价值，我们需要更高级的谈资。学富五车自然好，但是，我们可能做不到，而且，开始的时候肯定做不到。

那怎么办？

说得简单点就是：刻意积累。

关于积累，你需要一个起点。这个起点就是在沟通中别人大概率会喜欢聊的内容。当你有了这些内容打底，就可以以此为起点，和客户展开顺畅且愉快的沟通了。我们为你总结了6个你平时可以去刻意积累的谈资类型。

一、人们都知道，但是了解不深入的

谈资的收集有个技巧，叫"熟悉的陌生人"。

什么意思呢？就是说，提起这个话题人们都知道，但是涉及细节的地方，知道的人就不多了。这个时候，你去讲这个话题的细节部分，就会很有吸引力。

1. 典故

大部分中国人都很熟悉《论语》，在引用的时候，最好不要用别人都知道的，比如，"三人行，必有我师焉"，"有朋自远方来，不亦乐乎？"要说一点对别人而言稍微生疏一些的。比如："巧言令色，鲜矣仁！"再比如，"质胜文则野，文胜质则史。文质彬彬。然后君子。"

还有一个进阶版的。《论语》中有很多话我们曲解了原来的意思，这些典故也很有趣，多积累一些就是很好的谈资。比如，我们都知道的，孔子说，三思而后行。通常我们理解的是孔子告诫我们做事要慎而又慎。但其实，原意不是这样的。原话是："季文子三思而后行。子闻之，曰：'再，斯可矣。'"

再比如：言必信，行必果。大家都很熟悉。后半句呢？硁硁然小人哉。

这样的例子在我们的典故中还有很多，大家可以多做一些积累，用的时候就可以信手拈来了。

2. 历史

历史是销售人员必须了解和学习的一个方向。这不仅是开阔眼界的极佳路径，还是积累谈资的很好的方向。很多人都喜欢历史，不同的人关注的历史阶段可能不太一样。很多人喜欢唐代的历史，我们总在说大唐盛世；还有人喜欢明史，那个阶段被认为是中国历史的转折点；还有人喜欢清史，故事性很强。总之，历史是一个可以产生很多话题的领域。所以，多看看历史方面的书，也是销售的必修课之一。

学历史有三个不同的角度。

第一个角度，就是我们上面说的断代史。这也是我们在学校学习的基本内容，一个朝代一个朝代地学。当然作为成年人，我们不必求全，对哪个朝代感兴趣，那就多看看，多积累一些其中的故事当作谈资。这是入门的功夫。

另外两个角度是更高阶的功夫。

第二个角度叫作大历史观，这也是现代历史学者更多地使用的一种方式。所谓的大历史观，重点突出的是大，是时间跨度大和空间范围大，当你用这种视角去看待熟悉的历史事件的时候，就会产生新的洞见。从大历史观的角度看，中国的历史就是中原的农耕文明和草原文明不断交织产生的。再比如，如果你将人类的发展历程当作一个历史整体来看，会有意思得多。比如，现代人类从 7 万年前开始走出非洲，如何开始占领全球，如何产生文明，如何产生文化，如何发明文字，如何开始农业革命，如何开始工业革命，等等。

举个例子，在饭桌上，你可以和北京来的朋友聊聊这个：

7 万年前现代人类开始走出东非，1 万到 1.5 万年前，现代人类的足迹开始遍布全球各地。基因科学还发现，今天地球上所有人的"老祖父"，是同一个男人，生活在约 16 万年前的非洲。今天地球上所有人的"老祖母"，是同一个女人，生活在约 20 万年前的非洲。北京猿人，就是在周口店发现头盖骨化石的那个人种，生活的年代是距今约 70 万到 20 万年，而我们现代中国人的祖先 4 万年前才来到中国的土地上。所以，关于中国人的起源，除了我们熟知的"周口店北京人"，还有一种说法是非洲起源说。⊖

第三个角度是对应着看历史，看东西方同时期分别发生了什么事情。

比如，有一次我和客户聊到了儒家思想对中国人个性的塑造，接着就引出了关于轴心时代的话题。所谓轴心时代，是哲学家雅斯贝尔斯提出的一个概念，说的是公元前 800 年到公元前 200 年之间的一段时间。孔子、苏格拉底、释迦牟尼等全世界各个主要文明的伟大的思想奠基者，都是在那个时代出现的。这是巧合吗？其中什么是冥冥中注定的？为什么那个时代的智慧一直到今天还在被人们传颂？这些内容我和客户开开心心地"争论"了一个下午。

我们上学的时候，世界历史和中国历史是分开来讲授的，所以很多人的头脑里这个时间对不上，你用这种方式聊天，对方就会觉得很新颖，很有意思。

科技史也是销售应该积累的一个领域。

如果你是某个领域的销售，那么，这个领域的科技发展史就应该是一门必修课。在此基础上，你可以再进行拓展，和别人聊聊人类的科技史。这里面也有很多很好玩的故事。比如，瓦特是改良而不是发明了蒸汽机，无线电的发明者马可尼和特斯拉之间的故事，特斯拉和爱迪生的电流之争，弗莱明如何在无意间发现了青霉素，等等，可以在聊天中随意带出来，增加趣味。这方面，推荐吴军博士的著作《文明之光》，一套四本。一方面可以从文明或者科技发展的角度，或者叫作大历史观的角度，来看待人类的整个发展史，另一方面他的很多观点很新颖，可以成为销售和客户聊天时的谈资。

3. 地理

地理也是我们日常聊天中涉及比较多的话题之一。可能我们都没有注意到，因为很是稀松平常。就是因为它普通，我们用这个话题作为切入点，才不会有太突兀的感觉。地貌、气候、自然资源等都属于地理的范畴。尤其是地理和一些其他领域结合，就会产生很多的话题。

比如，地理和历史结合产生了地理环境决定论。现在很多的大历史观都会提

⊖ 吴军. 文明之光（精华本）[M]. 北京：人民邮电出版社，2017.

到一个叫作地理决定论的理论，说的是现在世界的格局，就是由地理位置决定的。美国之所以能崛起，是因为美洲大陆相对比较独立，两次世界大战，都很难威胁到它的本土。还有，大家可以了解一下中国的两大走廊，一个是我们熟悉的河西走廊，一个是很多人不太熟悉的辽西走廊。这两大走廊在历史上，曾经多次决定了中国的命运。和这些内容相关的书籍很多，平时多看看，在聊天的时候，自然就能发挥出来。

如果是要到外地出差，在出差之前，在网上好好看看当地的地理、气候等方面的内容，也可以就自己不太清楚的地方向当地的客户请教，都是很好的话题切入点。

这种聊天会让客户很有获得感，感觉和你在一起，不仅仅是客户和供应商，更有朋友之间互动的感觉。

4. 经济学

说熟悉，是因为经济学研究的是发生在每个人身边的事情，和我们每个人密切相关；说陌生，是因为经济学中对这些事情给出了很多有意思的解释，还有对应的专业术语。

同时，销售本来就是一项经济活动，在我看来，买与卖就是经济生活最基本的组成部分，所以更应该好好研究研究。

一些和经济相关的知识和内容，是和客户沟通聊天当中很好的谈资。我们不用去读那些大部头的经济学著作，开始的时候，了解一些基本的原理和相关的故事性强的内容就可以了。可以选择上网听一些经济学的音频课程，每天也就是十几分钟的时间，可以积累很多谈资。

尤其是现在，结合了心理学知识的行为经济学非常的流行。比如，2002 年的诺贝尔经济学奖，就颁发给了心理学家丹尼尔·卡尼曼。行为经济学领域，比如孕妇效应、锚定效应、损失厌恶效应、多看效应等，多有趣。称之为效应，是因为它们不是某个人的错误，而是很多人在很多情况下都会犯的错误。比如，所谓的孕妇效应，说的是平时你并没有发现有多少人怀孕，但是当你自己成为孕妇，或者你太太怀孕了，你会突然发现大街上的孕妇特别多。就像你买了一辆蓝色的车，然后就会发现马路上怎么有那么多蓝色的车。

5. 姓氏的起源

销售会拜访很多客户，我们遇到的，姓张、王、刘、赵、马等大姓的人比较多，但是，还会遇到一些相对比较少见的姓氏。中国历史悠久，姓氏在历史里面的故事很多，这就可以成为我们和别人聊天的一个有意思的切入点。用姓氏作为切入点还有一个好处就是，和谁都能聊，这是关于对方的话题，所以，这也体现了我们对对方的一种关注。想让对方喜欢我们的一个简单的办法就是，我们先表现出对对方的兴趣来。对客户姓氏的了解，就是这样的一个很好的表达关注的方式。

举个例子。有一位客户姓盖，去之前我做了一些功课。字典里是这么说的："盖（蓋）gě，古地名，在今中国山东省沂水县西北。姓。"字典中的意思很明显，盖做姓氏讲的时候就读 gě。所以，在见到客户的时候，我直接对客户说："盖（gě）总，您好。"对方一愣，然后对我说："很少有人知道正确的读法。"接着就关于这个姓的发音和历史，和我聊了半天。我提到说自己在网上看到了一篇相关文章，还说了一些这个姓氏在历史上的演进的故事，接着就找客户要了微信，说随后将这篇文章转给他。这样要对方的微信是不是就很自然、很容易了？

二、生活中占比高的

日常生活中出现概率比较大、人们关注度比较高的事情也可以作为谈资积累的方向。比如，运动、养生、旅游和宠物，等等。

现代人对自己的身体都越来越关注了，看看每年各地的马拉松比赛人山人海的场景就知道了，运动和健身是一个很好的和青年人沟通的话题。平时可以多关注一些微信公众号，多看一些知识类的纪录片，这些内容对自己也很有益处。

科学养生也是一个很好的话题。比如，为什么应该少吃糖？寿命和基因的关系是什么？压力导致身体状况变差的生理学依据是什么？这些科学养生的内容，而不是所谓的鸡汤，也是一个很好的谈资。

旅游是现代人休闲娱乐的一项主要选择。以自己所在的城市为中心，方圆 500 千米都有哪些好玩的地方啊，怎么去方便啊，当地有什么好吃的啊，如何住宿啊，等等，在和客户聊天的时候，如果可以根据这些内容提出一些很好的建议，你会更受欢迎。

还有一个热门的话题是宠物。全球知名咨询机构德勤发布的《中国宠物食品行业白皮书——乘"它"经济之风扶摇直上》显示，中国养宠物的家庭占比为20%～25%（2017—2021年），美国同期的比例高达70%；宠物猫狗的数量已接近2亿只；消费主力是80后和90后。

之前听一个销售的同行分享了这样一个例子。客户方的采购人员是名女性，特别不好接触。销售人员跟她接触了两次，都无功而返。后来，偶然间，他关注到对方的微信头像是一只小狗。这位销售人员就在百度上搜索了下这个品种的狗的相关信息，然后，他假装自己也打算养一条同样品种的狗，找这位采购人员寻求建议。让销售人员没想到的是，这次的交流比之前那两次好太多了。后来，这个销售人员就每隔几天，向对方请教一个小问题。有时，也会从网上找一些好的文章发给那个采购人员。

三、一生中用时多的

除了上班，吃饭和睡觉就是时间占比最大的事情了。

吃饭本来就是一个我们经常和客户打交道的场景。作为销售，你需要熟悉各地不同的吃饭的习俗。比如，在山东，吃饭的时候如何安排座次，就是一个很讲究的事情，坐错了的后果是很严重的。再比如，我们去吃什么菜系，不同菜系都有很多名菜，这些名菜都有什么典故，怎么才算是正宗的，这里面也很有学问。这些，都是销售日常可以刻意积累的谈资。我们说，中国有八大菜系，都有哪八大啊？不好记吧，怎么记呢？八大菜系的分布，不是靠海就是靠江。先说海，我们从南往北说，广东的粤菜、福建的闽菜、浙江的浙菜、江苏的苏菜，然后就是山东的鲁菜。沿着长江从东到西：苏菜说过了，接下来是安徽的徽菜、湖南的湘菜，还有就是四川的川菜。一共八个。如果你和客户这么说，客户是不是会高看你一眼呢？

如果，你还可以说出每个菜系都有哪些特色菜，还能说出来这些菜好吃在哪里，有哪些典故，天哪，和你一起吃饭简直就是一种享受。

说完吃饭，再来说说睡觉，我们每天要花1/3的时间在睡觉上。而且，由于现在的工作压力很大，人们或多或少都有一些睡眠方面的问题。《中国睡眠研究报告 2024》指出，2023 年居民睡眠指数为 62.61，较 2022 年降低了 5.16，较 2021 年降低了 2.17，表明居民的睡眠状况有所下降，保障居民拥有良好的睡眠质量和睡眠环境，仍任重而道远。同时，相比 2021 年和 2022 年，2023 年被调查者在主观睡眠质量、睡眠潜伏期、睡眠紊乱、使用睡眠药物、白天功能紊乱等方面的得分均较高；失眠后感到乏力、没精神、做事效率低的比例高于 2021 年和 2022 年。

你可以积累一些和睡眠相关的知识，像是有什么因素会影响睡眠，成年人应该每天睡多久，怎么才能快速入睡，有哪些好的小贴士可以帮助睡眠，等等，这些内容我们平时可以多关注，发现好的文章就积累下来，作为聊天的谈资。

我自己很喜欢和别人聊的一个话题是职场人士应该如何午休。

研究表明，午睡可以帮助人们改善认知，提升记忆力，而且对身心健康也有益处。有一个在希腊进行的大规模研究，持续了 6 年之久，参与者超过了 23 000 人，结论很有说服力。研究显示，午睡的人死于心脏病的可能性比不午睡的人低了 37%，效果甚至可以等同于每天锻炼。但是，我们很多人不喜欢午休。有时候，偶尔睡一到两个小时起来，不但没有感觉很轻快，反而觉得头昏脑涨的。为了解决这个问题，有人发明了一种精确的午休办法——咖啡午休法，大家感兴趣的话可以尝试一下。我自己亲测有效。

具体的操作是这样的：

● 先喝杯咖啡，其中咖啡因的含量应该是 200 毫克（星巴克美式咖啡，大杯的量是 400 毫升，其中咖啡因的含量差不多就是 200 毫克）；

● 手机定时 25 分钟；

● 开始睡；

● 25 分钟一到马上起来。

这有什么好处呢？或者说原理是什么呢？我们都知道喝咖啡是可以提神的，但是，如果要小睡一会儿的话，就要提前喝。因为，咖啡因进入我们人体之后，不是马上起作用，它进入血液循环需要 25 分钟。我们干了一杯咖啡之后，马上睡觉，25 分钟之后醒来，这时咖啡因正好开始发挥功效，得到的是双重的提神醒脑，认知能力翻番！还有人担心喝咖啡对身体有害。英国科学家最新的调查研究发现，喝咖啡不但没有害处，好处还不少。成年人每天喝 2～3 杯咖啡，可将患冠心病、心力衰竭、心律失常等的风险降低 10%～15%。

四、流行的话题

每天读新闻，稍微严肃一点的，不是那些八卦消息，让我们对世界有基本的了解和认知。每天抽出 30 分钟左右的时间，看看世界上都发生了哪些大事，从专业的角度是怎么分析的，这些内容在客户拜访中也会很有帮助。比如当前的经济环境为什么会是这个样子，宏观经济的走势，中美博弈背后的底层逻辑有什么变化等话题。找到一些比较权威的网站、杂志等，长期关注即可。

体育赛事也是比较流行的话题。足球和篮球是最受关注的两大运动，受众市场很大。关注一下最近的 NBA（美国职业篮球联赛）比赛，最新的足球联赛，人气最旺的球星是谁，这些话题在聊天中谈到的概率也比较大。

新科技发展，也很有可能是客户感兴趣的内容。这些年由于科技的发展给人们的震撼很大，越来越多的人开始对科技类的内容感兴趣。比如，元宇宙说的是什么，5G 会改变哪些领域，生成式人工智能会如何改变我们的工作等。

五、对别人有帮助的

这种类型的话题包括生活小窍门、手机使用技巧、科技新产品和职场工具等。比如：

- 如何用 ×× 手机将相册中的照片做成小视频，如何快速截屏；
- 某品牌的降噪耳机，可以主动降噪，在飞机上帮助你进入一个安静的世界；
- 如何选择骨传导耳机，运动的时候不容易掉落；
- ×× 语音录入软件，可以帮助我们将开会时的发言转为文字，做会议记录很方便；
- 使用 ×× 软件做协同工作，大家一起准备文件的时候，效率很高；
- ×× 思维导图工具，有大量的应用模版，帮助大家梳理思路、记发言稿，等等。

这些好用的东西和技巧可以推荐给客户，和他分享。

六、本来话题性就比较强的人和领域

在聊话题性比较强的人或者事的时候，要注意别一上来就表明立场。当你不清楚对方的立场时，一上来如果你很明确地给出自己的立场，可能会给自己无端地增加聊天的难度。聊这类话题的方式是说事实而不是观点。如果你想带入一个观点，可以这么说："网上有一篇评论说……，还挺有意思的。"

可以持续关注科技型的大公司。国际上比较知名的企业，像是特斯拉、Google（谷歌）、苹果、OpenAI（美国一家人工智能研究公司）等，国内比较知名的有华为、小米、阿里、百度、京东等。

比如，特斯拉的新闻我们可以持续关注，因为它本来就是一家很有话题性的企业。

根据 2024 年 2 月《中国汽车报》公布的全球汽车类上市企业数据，全球市值最高的汽车公司特斯拉（46 445.27 亿元），市值是第二名丰田（28 325.89 亿元）的1.6 倍还多。而特斯拉，成立于 2003 年，到 2024 年刚刚 20 年出头。反观丰田，成立于 1937 年，成立时间比特斯拉早了 60 多年。这样的反差是如何形成的？这里就有强烈的故事性和话题性。

再比如，特斯拉不但造车，还在搞人形机器人，每一次发布会都有新的进展，很有看头。在 2024 年 6 月的特斯拉股东大会上，马斯克更是放出豪言，仅人形机器人 Optimus 的市场价值就将达到 25 万亿美元。

还有两个很有话题性的领域，一个是宇宙学，一个是量子力学。

宇宙学是我们人类能接触到的最宏大的视角，而量子力学是最微观的视角。从这两个视角看问题，会有截然不同的感受。

1972 年，美国总统理查德·尼克松和苏联部长会议主席阿列克谢·柯西金在莫斯科签署了一项协议，启动阿波罗—联盟测试计划。三年后，在 1975 年 7 月，双方宇航员在阿波罗指挥舱和联盟号太空舱之间的对接演习中进行了有史以来第一次太空会晤。他们打开舱门后的唯一要求是什么？美国人只说俄语，而俄罗斯人只说英语。

1990 年 2 月 14 日，旅行者 1 号飞向太阳系边缘，它是人类历史上飞得最远的探测器。就在那一天，科学家命令它回过头拍摄了一张照片，在这张照片中，地球是个不起眼的蓝色小点。

天文学家、科普作家卡尔·萨根看到这张照片后，写下了一段话，可以深刻地诠释这种宇宙视角能给我们的心灵带来多大的震撼：

"在这个小点上，每个你爱的人、每个你认识的人、每个你曾经听过的人，以及每个曾经存在的人，都在那里过完一生。

"这里集合了一切的欢喜与苦难，数千个经济学说，每个猎人和搜寻者、每个英雄和懦夫、每个文明的创造者与毁灭者、每个国王与农夫、每对相恋中的年轻爱侣、每个充满希望的孩子、每对父母、每个发明家和探险家，每个教授道德的老师、每个贪污政客、每个超级巨星、每个至高无上的领袖、每个人类历史上的圣人与罪人，都住在这里，一粒悬浮在阳光下的微尘。

"一直有人说天文学是令人谦卑，同时也是一种塑造性格的学问。对我来说，希望没有比这张从远处拍摄我们微小世界的照片更好的示范，去展示人类的自负和愚蠢。"

在这最宏大的视角下，我们学会了更加地谦卑，更加地从容。

与之相对的，最微观的视角来自量子力学。我们不是要从理论的角度去研究这个学科，从科普和故事的角度，量子力学中也有很多好玩的段子和故事。

比如，遇事不决，量子力学，这是什么意思？为什么电子积累会显示出干涉条纹？为什么人类一观察波函数就坍缩了？

你可以尝试着记住科普书中的例子，尤其是打比方或者类比的例子。比如说，在说薛定谔的猫的时候，你可以用这样一个类比：

王阳明在《传习录》中有这样一段话：你未看此花时，此花与汝心同归于寂；你来看此花时，则此花颜色一时明白起来。这个类比，就可以很好地解释，薛定谔的猫，如何在观测下，有了活着或者死了的具体状态。

千里之行，始于足下。谈资就像是肌肉，需要练习和积累才能获得。所以，请大家从今天开始积累自己的谈资吧。

◎ 要点总结

1. 所谓的谈资，就是新时代的你和别人交流的工具。未来，我们在交流中，更多地是展现自己的见识和谈吐，而非名车、名表。

2. 作为销售，你的价值不仅体现在你所提供的产品或者服务上，还体现在你的谈资，你的知识，你在和客户交往的过程中带给客户的感受。你的谈资或许可以为别人提供一个新的看问题的视角，或者一个解决问题的方法，甚至就是一个简单的信息传递，听到的人可以用这个谈资去和别人谈。

3. 我们的输入决定了我们的输出。你看什么，学什么，自然就会和别人说什么。

4. 6个可以积累谈资的类型：

- 第一类：人们都知道，但是了解不深入的
- 第二类：生活中占比高的
- 第三类：一生中用时多的
- 第四类：流行的话题
- 第五类：对别人有帮助的
- 第六类：本来话题性就比较强的人和领域

5. 种一棵树最好的时间是十年前，其次是现在。千里之行，始于足下。谈资就像是肌肉，需要练习和积累才能获得。

冒 实践讨论

1. 在聊天中，你最擅长的是哪个领域的话题，有没有因为这个话题和客户建立良好关系的例子？

2. 请从上面提到的积累谈资的类型中，选一个自己最喜欢的，然后选出这个领域内的3本书、2个网站、2个公众号，开始积累谈资吧。

3. 在积累谈资的时候，有什么好的工具可以帮助你？

第二章
CHAPTER 2

打造影响力 | 客户访谈

在正式开启这一章之前，请允许我先讲一个故事。

有两个人在河边溜达，突然发现河里有个孩子在挣扎，于是他们马上跳下去把这个孩子救了上来。刚把这个孩子安顿好，发现河里又漂过来一个孩子，他们俩赶快又跳下去救。结果是孩子一个接一个地漂过来，搞得他们精疲力竭。这时，其中的一位说，我要去上游看看，到底是谁在那里不停地往河里丢孩子。

到上游去，你才能真正解决问题。客户访谈，就是在不断抵达客户心理的上游。

客户访谈是销售人员几乎每天都在做的事情，但是很多人一直在"下游"心力交瘁地"捞孩子"。想要建立影响力，赢得客户，你得去往上游，看看客户那些未曾明确表达出的需求。

在沟通的世界里，我们每天都在上演精心编排的戏剧。每一次与客户的对话，都是一场试图理解与被理解的表演。但多少次，我们都陷入自己的脚本，忘记了观众——我们的客户——其实一直在向我们发送信号。本章就是关于如何读懂这些信号，如何不仅仅听到客户的话语，而是听懂他们的故事，感受他们的情感，洞察他们的需求的。

在接下来的五节内容中，我将和你一起探讨如何构建高效的访谈，如何通过倾听来建立销售影响力，如何通过提问来理解客户从而提高赢单率，如何让自己的请求顺利地被客户接受，以及如何从容地面对各种异议。你将学到的不仅是策略和技巧，而是如何通过每一次深入的交流，建立起无可替代的信任和尊重。

来，开始吧，让我们一起前往上游，与客户进行一场真正意义上的心灵触碰。

06 六步访谈法
如何实现每一次拜访的目标

有的人想赢得争论，有的人想赢，他们不是同一拨人。

——纳西姆·塔勒布

我认识一位销售工程师，称其为小李吧。彼时，小李入行 5 年有余，30 岁出头，高高的个头，看起来倒也干练。他的业绩一直不温不火，裁员没他，升职加薪也没他。平日，客户没少跑，该交的各种报告没耽误，该参加的培训也参加，似乎没有明显的毛病，但总好像差了点什么。

有一次偶遇小李的领导老王，我问他，为什么小李这几年好像没有什么太大进步？看似很辛苦，客户却总是做不起来，这到底是为什么？老王笑笑，说，我给你讲一个事情吧。

有一次，老王和小李去拜访一个客户。这个客户每年会从小李所在的公司购买两三百万元的产品。拜访中，客户的一位高级管理人员老张提到，小李公司的竞争对手提供了一种新的解决方案，不仅价格好，而且使用方便。老张的意思是，看看小李的公司是否也可以提供类似的产品，并在价格上与竞争对手看齐，否则就会影响到小李公司的市场占有率了。

由于之前客户关系维护得不错，在老王和小李回去后不久，客户老张就将竞争对手的宣传资料发给了小李。收到邮件后，小李认真地研究了一个晚上。第二天一早，小李洋洋洒洒回了一封长邮件，列出了若干条竞争对手产品不符合客户需求的理由。

收到邮件后，客户只回了一段话：我无法说服你，我也不做过多的解释，如果感兴趣我们可以当面讨论，如果没兴趣也无所谓。

老王说，小李的分析句句在理，看似没有问题。可是，这封邮件，每一句都好像在贬低客户的智商，话里话外透露着：这么幼稚的问题你怎么看不出呢？！

没过多久，这个客户使用竞争对手的产品越来越多。小李的公司逐渐失去了这个客户。

后来，老王告诉小李说，你赢得了辩论，却也就此失去了客户。

小李年轻气盛，又是研究生毕业，在销售中技术水平较高，有些客户正是因为这个选择了小李和他公司的产品。在这些客户的眼中，小李的技术水平给予了他们很多支持。这样的反馈多了，小李愈加坚信自己的技术实力是决定性因素。他认为，只要自己技术好，客户就会买账，就会感觉到他的好，就会找他来买东西。逐渐地，这种反应变成了小李下意识的行为准则，总是在不假思索的情况下，对客户进行技术层面的指导。

有一些技术型的销售，喜欢用自己技术上的信息优势，在气势上压制客户，还美其名曰自己是客户的顾问。还有一些刚有所成的销售，基于一些小成就，很快变得飘飘然，没有全面系统地看待技术问题，更没有关注行业特点和商务问题。当他们轻易下了结论而没有和客户达成一致时，辩论就会产生，控制不当就会引起客户的不悦，甚至失去机会。

故事讲完了，我想说的是，目标。小李的目标是说服客户，从上面的例子可以看出来，这显然是有问题的。那客户访谈的目标到底应该是什么？

一、客户访谈的四个目标

进行访谈有四个主要目标：获取信息、传递信息、达成共识和赢得客户。来，我们一个个地看。

1. 获取信息

决策基于信息，所以访谈的一个重要的目标就是获取对决策有帮助的信息。

那哪些信息可以帮助我们进行有效的决策呢？比如：

- 有效地探索，理解和验证客户的需求；
- 客户对其当前供应商和当前状况（主要是市场和客户）的满意程度；
- 有关潜在竞争对手的信息等。

不同行业、不同产品需要的相关信息有所不同，我们没法提供一个标准答案，但是可以给你一个找到标准答案的方法。你可以在公司主导一次头脑风暴，组织大家一起将需要了解的客户信息搜集整理出来，然后进行汇编，形成一个工具。可以按照销售阶段，为每个阶段设计10个必须要问的问题，将答案收集在销售机会列表中。

还有两个需要注意的要点。

第一个注意要点是事先准备。永远要事先准备。每次拜访客户之前，搞清楚都要获取哪些信息，去之前把目标写在本子上，回来之后，把答案记录下来。现在很多公司都有自己的客户关系管理系统（Customer Relationship Management，CRM），填写、收集、整理和分析都很方便。

第二，你还得足够敏锐。在进行客户拜访时，客户可能会无意中表达出一些对你有帮助的重要信息。如果没有足够的敏锐度，可能会错过。比如，在聊天中，客户说从6月份开始就要忙了。结合你对客户的了解，你就能意识到：哦，这个大项目可能6月份要进场，那么5月底之前无论如何都要签合同了。

通过事先准备和足够敏锐，你可以在客户访谈中更有效地获取有价值的信息，从而做出更好的决策。

2. 传递信息

你的决策基于信息，客户也是。要让客户做出有利于你的决策，关键在于提供什么样的信息。公司为了让销售更好地做到这一点，会提炼出很多产品相关的卖点，甚至做成指南要求销售全文背诵。然而，当销售将这些准备好的素材一股脑儿地呈现给客户时，结果往往是客户什么也没记住。想要解决这个问题，你可以向艾森豪威尔学习。

詹姆斯·休姆斯（James C. Humes），是美国著名演讲家和历史学家，被誉为

"白宫枪手"，曾为艾森豪威尔、尼克松等五位美国总统撰写过演讲稿。在为艾森豪威尔写演讲稿时，休姆斯被问到最多的一个问题是："你的 Q.E.D. 是什么？"

这个 Q.E.D. 是拉丁语 " quod erat demonstrandum " 的缩写，直译过来是"证明完毕"，在这里表示"底线信息"。这就像是在说：听众们，如果你们忘了我说的所有话，至少记住这一点。

在和客户沟通的过程中，最致命的不是你忘了说什么，而是你说了很多，对方压根儿不知道或者没记住你真正想说什么。所以，在客户拜访之前，请先设计好你的 Q.E.D.：

- 你要传递给客户的信息是什么？
- 如果你想要对方知道某些信息，那些信息是什么？
- 如果用一句话表示，这句话是什么？
- 如果是一个词，这个词是什么？
- 如果你想要让对方有一个行动，这个行动是什么？

通过提前设计 Q.E.D.，你可以确保客户在访谈中抓住最核心的信息，从而更有效地传递你的关键信息，帮助客户做出有利于你的决策。

3. 达成共识

客户访谈的本质是沟通。沟通有两重含义："沟"是过程，"通"是人和人达成共识。想要达成共识，首先要知道对方想要什么。

我们不习惯直接问对方想要什么，就算问了，对方也不一定会直接说；就算直接说了，也不一定说实话；就算说实话了，他自己可能不是真的知道自己想要什么。那怎么办？

这需要我们有换位思考能力，也称为同理心或者共情力。共情力是销售沟通的基本原则，我们会在后续内容中详细介绍。

达成共识有三种情景。

第一种，让别人按照你说的去做。

想要让对方按照我们的想法去做，这是最常见的目标，也是最容易出错的地方。因为，在这个目标的驱动下，很多销售会和客户辩论，就像之前提到的小李。

我们都见过一些销售，很有能力也很懂技术，但一旦开始讨论问题，总是以辩论的姿态出现，总想赢过对方。

这个状态下的销售，就像是站在山头上守卫的士兵，对方的疑问是一波又一波企图攻占山头的敌军。销售洋洋自得，感觉自己对客户提出的每一个问题，都有很好的应对，就好像是挫败了敌人一次次的进攻。这种行为，不是在建立共识，而是在交手。销售希望的是，先找到对方的漏洞，再打倒对方。殊不知，此时，销售已经站在了客户的对立面上。而最后，真正的输家只能是销售自己。

真正的共识不是通过辩论达成的，而是通过建立信任，在更高的维度上达成。

第二种，你按照别人说的去做。

表面上看，我们似乎输了，但如果经过分析，发现对方的建议比我们原先的构想更好，这何尝不是一种胜利？有的人狂热地执着于自己的想法或者观点，一副为了"真理"可以献身的样子。这不是销售，而是行为艺术了。

第三种，彼此妥协。

你说100，我说80，最后90成交，这，未尝不可（多健康啊）。妥协不是软弱，而是智慧。始终给面子，始终留余地，始终能找到台阶下，这就是妥协。视角应随着情景的变化而调整，善于妥协、达成共识，这是真智慧。

妥协并非某一方完全让步，而是大家都退一步，然后找到一个更高层次的共同立场。比如，小孩子争吵玩什么游戏，一个要玩电子游戏，一个要拼乐高积木，一个要踢足球，那怎么办？如果大家都理解彼此更高层次的共同立场——一起玩，那么问题就容易解决。一起玩比玩什么更重要。达成共识，需要找到那个更高层次的立场，并允许自己改变原有的立场。

4. 赢得客户

所谓赢得客户，指的是通过这次沟通，我们与客户的关系可以变得更好，就像是往银行账户中存钱，而不是取钱，这样我们与客户的关系就会越来越稳固。

《黑天鹅》的作者塔勒布说："有的人想赢得争论，有的人想赢，他们不是同一拨人。"在一次销售访谈中，你赢得辩论的时候，也就是你失去别人的时候。正如富勒制刷公司创始人阿尔弗雷德·富勒所说："永不争论。赢了论点，就是丢了买卖。"千万不要把赢得辩论误以为赢，更不要误以为说服了客户、达成了共识。

表面上，好像销售人员摆事实讲道理就可以成功地说服客户，从而达成共识。实际上，这种方式根本无法起到说服作用，只会将客户越推越远。在辩论过程中，表面上销售是在不断地组织理由证明自己多好多好，多么适合客户；但实质上，销售与客户站在了对立面，是在不断地协调资源进行对抗而已。

与客户辩论是不理智的行为。销售在与客户辩论时，其实无意当中打开了对方防御机制的开关。防御的号角在客户的神经系统中传递，大脑在组织调动所有的运算能力进行抵抗。在这种情形下，不管是否合理，所有的外部声音都会被大脑定义为"需要反对"。于是，思考的结果，就是找到了很多反对的理由。再看这个过程，实际上是我们促使对方在寻找反对我们的理由。这个开关一旦打开，在一定的时间内，你所说的一切都与客观事实无关了。主观上，你变成了敌人，成了必须反击的对象。因此，在与客户沟通的过程中，对客户提出的意见或反馈，切勿直接反驳，以免陷入辩论，最终失去客户。

基于以上访谈的四个目标，我们可以给访谈下个定义了：访谈是基于不同场景，采用不同方式，获取信息、传递信息、达成共识和赢得客户的过程。

二、一次典型的访谈过程

说完了访谈的目标，接下来，我们用一个流程图，梳理一下完整的访谈过程，具体包括哪些任务。一个好的访谈可以分为六个步骤（见图 6-1）：准备、开场、探索目标、达成共识、结尾和复盘。

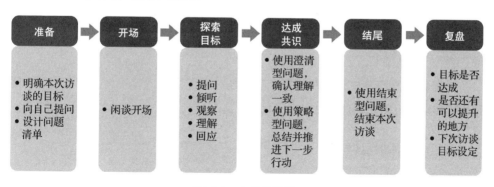

图 6-1　六步访谈法

第一步：准备

准备什么？就是我们上面提到的四个目标——你需要明确这次访谈的具体目标。

比如，如果这次的主要目标是挖掘客户需求，那么在这个目标未实现之前，千万不要着急跳到提供解决方案上去。如果没有事先确定目标，我们很可能会下意识地一直往前冲，刚了解一点皮毛就急着下结论。

最好事先设计好问题清单。急中生智是童话，现实中越着急越想上厕所。事先准备是大多数事情能做成、能做好的原因。忽视事先准备，也是很多老销售进入平台期、不再进步的原因。我们需要给自己准备一个问题清单，写在笔记本上，不断地打磨、迭代升级。

比如，在拜访前，你可以用以下问题清单提醒自己：

● 这次拜访，我的主要目标是什么？我为什么要达成这个目标？如何衡量我的这个目标是否达成？

● 需要邀请谁和我一起去拜访这个客户？在拜访之前，我需要将哪些信息分享给这个人？我们事先是否讨论过每个人的分工和具体内容？

● 通过哪些问题可以得到此次拜访需要的信息？这些问题具体应该如何问？什么样的表达方式是客户更容易接受的？

● 我想传递给客户的底线信息是什么？我应该准备的资料有哪些？我想通过这些资料说明的问题，客户可以意识到吗？

● 如果出于一些特殊的原因，见不到预约的人，是否还有其他人可以见？对这个人，我的拜访目标是什么？

第二步：开场

根据具体的情况进行一些闲谈，暖暖场。在前面的内容中，我们已经详细地介绍了如何进行闲谈，这里可以派上用场。

第三步：探索目标

热身完毕，进入正题。可以以提问，即第一步中准备好的问题，作为切入点。提问是一个大话题，我会专门拿出一节来详细阐释。

这里先简单介绍一下。销售访谈中的问题有八种类型，可以帮助你进行信息挖掘。这八种类型分别是：开放型问题、封闭型问题、澄清型问题、探索型问题、假设型问题、程度型问题、策略型问题和结束型问题。

同样的事情，使用不同的问题类型，会收到不同的效果。

举个例子，你先感受一下。想了解售后服务相关的问题，我们用不同的问题类型，侧重点会很不同：

- 澄清型问题：您刚才提到快速响应，我的理解是需要供应商在 8 个小时之内到现场，您看是这样的吗？
- 探索型问题：您认为一个好的售后服务，应该是什么样子的？
- 假设型问题：假如我们可以为您单独设置一个备件库，是不是可以解决您前面提到的问题？
- 程度型问题：从 1 到 10，您认为当前的服务商可以达到多少分？

问完了，你还需要会倾听。

好的倾听不仅可以从客户的话语中找出关键的信息，还能让你和对方的关系更深入。关于如何进行有效的倾听，我也会在后续内容中详细介绍。

在倾听的同时，进行观察。观察客户的肢体语言、表情、微表情等。还记得我们之前提到的内容吗？在人与人之间进行沟通时，有超过 65% 的信息是通过肢体语言传递的。

问了、听了、观察了，关键时刻来了——你需要理解客户。

这些信息汇总到你的大脑中，你需要整合起来并进行分析。这里的关键在于多问几个"为什么"：

- 为什么客户会提这个问题？
- 为什么客户会需要这个功能？
- 为什么客户对这个这么感兴趣？
- 为什么客户要告诉我这件事？

这些"为什么"的答案，就是客户的需求、痛点和关注点。搞清楚这些，就能帮助你找到价值主张，更好地构建解决方案。

在思考和理解的过程中，别忘了回应。给客户积极的回应，有三种方式：

1. 语言回应：使用"嗯""是的""没错""好的"等表示关注和认可的语言，鼓励客户多说。

2. 肢体语言回应：通过身体前倾、点头、持续的眼神接触、微笑等给予客户积极的反馈。

3. 做笔记：这是我个人最喜欢、最推荐的一种回应方式。尤其是在正式访谈中，做笔记是对客户的一种认可和激励，能鼓励客户更多地表达。

第四步：达成共识

你们就某个问题或某件事经过一番沟通之后，可以通过澄清型问题达成共识。

比如，你可以这样说："刚才听您提到的……，我的理解是……，您看我理解得对吗？"

为了推动事情往前走，你还需要使用策略型问题进行总结并就下一步行动与客户达成一致。

比如，你可以对客户说："刚才在沟通的过程中，您提到对我们的使用情况有一些顾虑。您看，我是否可以邀请您一起去我们的一个客户那里参观呢？"

第五步：结尾

选择一个恰当的时机，通过结束型问题结束本次拜访。

比如，你可以这样说："在结束之前，您看还需要我们再对哪些问题详细地解释一下？"

别着急，虽然和客户面对面的访谈结束了，但是一个高效的访谈还没有真正结束。下面，还有关键的一步。

第六步：复盘

在复盘的过程中，你可以问自己以下几个问题：

● 本次的目标达成了吗？

● 这次拜访过程中，有哪些地方自己感觉还能提升？

● 下一次客户访谈的目标是什么？

好的，以上就是六步访谈法的详细内容。我们来总结一下：

1. 准备：明确访谈目标，设计问题清单，做好充分准备。

2. 开场：通过闲谈暖场，为正式访谈做铺垫。

3. 探索目标：提出预先准备的问题，倾听客户的回答，观察肢体语言，理解客户需求，做出积极回应。

4. 达成共识：通过澄清型问题确认理解一致，用策略型问题推动下一步行动。

5. 结尾：通过结束型问题，适时结束访谈。

6. 复盘：回顾访谈过程，总结经验，为下一次访谈做好准备。

流程虽好，在使用中，还有一些需要特别关注的地方。

三、访谈过程中的误区

在销售访谈的过程中，我们经常会遇到以下误区：

误区一：陈述过多而提问太少

我们总认为，如果将足够有力的信息传达给客户，客户就会自己做出判断。这个想法是错误的。如果那样的话，我们对客户如何加工信息是完全未知的，就像没有进行辩护，却等着法官给个判决一样。我们需要用提问的方式，和客户一起，将问题清晰化，然后再让客户得出一个答案。

误区二：一次提很多问题

有时候，我们会一次性问好几个问题。这不仅会让客户疑惑，还会让你忘记客户究竟回答了哪个，没回答哪个。好的做法是一次问一个问题，讨论完一个再问下一个。

误区三：不使用澄清型问题

关于问题类型，我会在下面的内容中详细介绍，这里大家只需要了解个大概。

所谓的澄清型问题，说白了，就是问问客户，我们想的，和客户心里想的，到底是不是一个意思。这种类型的问题，也是和客户达成共识的一种非常有效的方法。

举个例子。比如，研究变频器的人说到负载，很快想到的是电机及电机拖动的机械设备。而研究电机的人提到负载，脑中浮现的是减速机后面连接的东西，如皮带、轨道、小车等，并不包含电机。

误区四：不使用策略型问题推进项目

策略型问题用于总结并提出下一步行动计划。我们可以使用策略型问题将关系或行动向前推进一步。要敢于向客户提请求，学会用提问的方式提请求。

比如，在拜访即将结束时，可以使用策略型问题提出下一步行动计划，为下一次沟通做好铺垫："我们经理很重视您，我可否安排一次您和他的会谈呢？"

误区五：拜访之前不准备

准备是任何事做成功的前提。销售领域有个说法是，销售的业绩水平在刚开始工作的 18 个月会上升，之后开始下降。原因是，开始时，销售认为自己不是很懂，在每次客户拜访前会进行充分准备。而在 18 个月后，能力提升了，知识增加了，盲目认为自己已经很懂了，就不再准备，导致拜访质量下降，最终体现在业绩下滑上。

《孙子兵法》中有句话："故善战者，立于不败之地，而不失敌之败也。是故胜兵先胜，而后求战；败兵先战，而后求胜。"

孙子的意思是，打仗要立于不败之地，不是说这个人有多牛，而是说要打那些基本上不会败的仗。如何才能不败？事先对信息的充分把握和积极主动的准备极为关键。这句话强调的是：在正式作战之前就要做足准备，而不是一边打一边想。曾国藩说的"结硬寨，打呆仗"也是这个意思。

误区六：拜访之后不复盘

复盘是我们进步的保障。复盘就是找到我们可以提高的地方，然后想办法提高它。复盘是将经验转化为能力的一种方式，是向自己学习的最佳实践。复盘不仅是一种个人能力提升的方法，还是一种团队学习的机制，是打造学习型组织要修炼的核心。

我为你提供一个简单的复盘工具（见表 6-1），希望能给你带来一些启发。

表 6-1　精细化销售复盘表

精细化销售复盘表				
本次主题	时间		参与人员	
具体描述				

目标描述	具体结果	关键发现	行动方案		
			继续做	开始做	停止做

　　真正的成功在于你赢得了客户的心，而不是赢得了辩论。我们的目标不仅是传递信息，更是通过理解和共情，与客户达成共识，建立起长久而稳固的合作关系。

⊚ **要点总结**

1. 访谈是基于不同场景，采用不同方式，获取信息、传递信息、达成共识和赢得客户的过程。

2. 一个好的访谈可以分为六个步骤：准备、开场、探索目标、达成共识、结尾和复盘。

3. 在访谈的过程中，要避免的六个误区是：

- 陈述过多而提问太少
- 一次提很多问题
- 不使用澄清型问题
- 不使用策略型问题推进项目
- 拜访之前不准备
- 拜访之后不复盘

实践讨论

1. 你觉得六步访谈法中，哪一步最重要？为什么？

2. 请使用六步访谈法进行一次完整的访谈，完成后，进行复盘。

3. 为什么有人说，好的技术能力对销售来说是一把双刃剑？

4. 想要赢和想要赢得辩论，本质的区别是什么？

07 倾听
为什么说客户什么都说了，只是你没听

专心倾听别人的谈话，我从来不会一无所获。

——林登·约翰逊

如果把所有的沟通技能摆在你的面前，让你选择一个开始学习和实践，我建议你选择倾听。倾听，好学、好用，疗效好、见效快。即便如此，倾听的价值还是被许多人大大地低估了。

一、内向还是外向，哪种销售业绩更好

不管是电影、电视还是其他媒介，对销售的呈现总是能说会道、口吐莲花，所谓有三寸不烂之舌。于是就有了这种刻板印象：外向型的销售能力更强，业绩更好。但是，研究表明，这是个错觉。

美国顶尖的年轻心理学家、宾夕法尼亚大学沃顿商学院的管理学教授亚当·格兰特（Adam Grant）的研究指出：学术界最新的 35 次研究发现，外向性格和销售业绩的关联度仅为 0.07。

0.07 是个什么概念？这意味着，外向性格对销售业绩的影响几乎可以忽略不计。研究分析，外向型销售往往更关注自己的观点，而不是客户的需求。他们过于专注于说服，而非倾听和分析客户的需求。外向性格越强的人，越倾向于成为关注的中心，而这对客户关系的建立反而产生了一种负面影响。

这项研究还有一个洞见：最有效的销售人员不是外向型的，更不是内向型的，而是介乎二者之间的"中向型"性格。

外向型销售的问题在于说得太多而听得太少，倾听的意愿较低。而内向型销售则面临更多的挑战，例如可能因为过于担心人际交往而减少客户拜访，缺乏开拓新客户和新领域的欲望，甚至可能因为社交能力的不足错失潜在的销售机会，增大陌生拜访的难度。内向型的问题在于，可以倾听的机会太少。

中向型性格的销售更容易适应各种复杂的商务场景。心理学家汉斯·艾森克（Hans Eysenck）在 1947 年创造了"中向型性格"（ambivert）这一概念，他认为这种性格类型可以在特别敏感的反应和强势的态度之间实现很好的平衡。中向型性格的人知道何时该发言，何时该倾听，何时该反思，何时该回应，何时该推进，何时该退后一步。

中向型销售可以做得更好，是因为，一方面他们有倾听的意愿，另一方面他们有能力创造倾听的条件。

那究竟是什么让倾听具备如此的魔力，能让拥有它的销售脱颖而出？

二、是对方说服了他自己，而不是你

谈及销售时，人们经常会提到一个词：说服。没错，销售高手都是说服高手。但我猜，大多数人对"说服"的理解存在偏差。

"说服，说服，不说怎么能服？"这个，对，也不对。对的地方在于，想要得到"服"，确实需要"说"；不对的地方是，人们普遍认为这个"说"的主语是销售，这恰恰是误会产生的地方。实际上，是对方自己的"说"，导致了他自己的"服"。

倾听的价值在于，作为倾听者，你像是一面镜子，给了对方一个回看自己思路的机会。

人们在面对变革的时候，通常的心理状态是，既想要改变又不想改变。想要改变的一面是，他们看到了改变后可能带来的好处；不想改变的一面是，他们担心失去当前珍视的东西，并且忧虑改变后可能无法达到预期效果。此时，倾听的价值就充分展现出来了：它帮助对方将这些理由明确地表达出来，从而更方便对方进行逻辑分析。

高级的说服方式，不是你给对方一个动机，而是帮助对方找到自己的动机，产生主动改变的意愿。倾听激发了表达，当对方能够清晰地阐述不同的观点时，思路也会变得清晰。你在帮助对方重新思考，同时，你也在重新思考，你们双方都得到了一次提升。

倾听，能让人感到自己被重视、被理解。一旦对方有了这种感受，他们就会努力表现出更好的一面，并推动谈话向好的方向发展。在进行访谈时，目标不是让你显得聪明，而是让对方感觉自己很聪明。具体的方法其实很简单：倾听 + 真诚地提问。想要改变别人，不是让别人听你说，而是你听别人说。实际上，对方是被他自己说服的，而不是你。

三、听得越多，关系越好

我们可以通过倾听和客户建立良好的关系。

倾听可以改变人与人之间的关系。当你通过真诚地关注展示出对对方的好奇心，通过换位思考展示出同理心，通过理解对方的表达甚至放弃自己原本的部分观点展示出勇气时，就是你们关系改变的开始。

很多人都认为倾听是一件简单的事，但回想一下我们和他人的沟通场景，你就会发现，真正的倾听是一件稀有的宝物。谁拥有它，谁就拥有了建立良好关系的权力。还记得我们在构建话题那一节中提到的，小王和小张关于电影《圣战骑士》的对话吗？小王开启了话题，想要表达自己的感受，而小张却将话题引到自己想要表达的内容上。这种对话非但无法增进关系，反而成了减分项。

在交谈中，我们提起一个话题，对方很快找到这个话题和自己的关联，然后将话题引导到自己身上。这时，我们只好无奈地听着他喋喋不休，无法表达自己的想法，甚至可能忘记了自己当时想说什么。有时，我们是无奈的一方，而有时也会不自觉地成为那个只顾着自己表达的"自私鬼"。这种行为，往往不是出于主观意愿，而是本能使然。所以，想要通过倾听构建关系，你得抑制住自己的倾诉本能。

销售，被认为是"靠嘴吃饭的人"。因为擅长，所以习惯；因为误解，所以说服；因为本能，所以倾诉。但，我们是否考虑过客户的感受？

人们都渴望被关注，而在交谈中，这种关注体现在倾听上。对销售人员而言，倾听不仅意味着对客户的尊重和关注，更是获取信息的关键途径。更多的倾听，站在客户的角度上，就是一种更好的体验。回想我们自己的经历，在商场或者超市中，被促销员或售货员追着念叨产品时，有多少次就因为这样的烦扰而放弃了购买。

脑科学也在积极探索倾听和构建良好关系之间的联系。我们在倾听时，往往会注视着对方的眼睛，而这会让对方感到放松与愉悦。埃默里大学催产素研究实验室主任拉里·扬（Larry Young）说："看着别人的眼睛的目的之一，便是让他们感受到与你取得了积极的联系。如果你擅长眼神交流，那么你可能会促使别人分泌催产素，这将让他们觉得你更有可能是他们中的一分子。"扬进一步解释说："如果谈话内容能让彼此产生共鸣，表明是同一个群体的伙伴，那么我猜这应该是会引发催产素的分泌的。催产素确实能让人产生平静和放松的感觉。"

与陌生人沟通时，大脑的自我保护机制会让人产生一种距离感。而当你通过倾听展示出同理心、通过注视传递出好奇心时，对方会不自觉地分泌催产素。于是，你们的沟通就从开始的保守和抗拒，逐渐转变成了和谐和共振，不知不觉中，你们达成了共识。

四、听得越多，收获越多

通过倾听，不仅能建立更好的关系，还能获得帮助你决策的重要信息。倾听能够让对方说得更多，使我们的沟通建立在更翔实的客观事实基础上，这是顶尖销售的秘密武器。

信息，不仅是客户用来消除不确定性的工具，也是销售人员用来消除不确定性的关键。

信息论先驱克劳德·香农认为，信息能够减少或消除系统的不确定性，可以用不确定性的变化程度来度量信息。他在不确定性与信息之间建立联系，给出了信息的计量单位——比特。也就是说，信息量越少，不确定性就越大。为了消除不确定性，就需要引入足够的信息。比如，你如何才能拿下这个项目，这是一个不确定的问题。按照信息论，我们需要引入足够的信息。这些信息包括，这个项目的决策流程是什么，谁是主要的决策人，他的决策权重是多少，我们怎么才能影响他，他的性格特点是什么，他都关注什么，他喜欢的和恐惧的是什么，我们的竞争对手是谁，和决策人的关系怎么样，为什么要启动这个项目，最终谁能在这个项目中得到最大的利益，等等。这些信息的引入，会消除这个问题——如何才能拿下这个项目——的不确定性。这些信息，将会引导我们一步步走向确定。销售，其实就是从不确定到尽可能确定的过程，也就是从不知道怎么才能"拿下"这个项目，到最终和客户签合同。

这些信息，都来自你的倾听。

但是（好吧，你知道的，这里往往会有个"但是"），人们总是会高估自己的倾听能力。有一个极具讽刺意味的例子：在被员工评为最差倾听者的经理当中，居然有 94% 的人给自己的评价是好的甚至是非常好的倾听者。他们并没有撒谎，而是真心这么认为的。

销售也会这样。

在实际的客户拜访中，客户往往会透露很多有助于你决策的重要信息，但你可能没听到。

怎么会？如果客户说了，我一定能听到啊，我的耳朵又没问题。是的，我们的耳朵恪尽职守，但是大脑未必如此。请试着回忆一下，你在销售拜访中，是不是也经历过以下的场景：当客户说到某个话题时，你突然想到了另一个话题，你觉得这个话题可能会说服客户完成交易。于是，你心心念念地想着你的话题，客户后面所说的一切，你就没有再听了。也许这时客户已经透露了一些有价值的信息，你完美错过了。或者，你急于表达，本来客户想要说的一些事情，你一打断，结果客户可能就忘了，然后就再也没提。是我们自己造成了信息的缺失。

为什么会这样？

别急着责怪自己，这是由我们大脑这个硬件决定的。在沟通中，我们很容易走神。人的语速，大约是每分钟 225 个英文单词，但是，可以听到并且理解的单词量有多少呢？是 225 的 2 倍还多，可以达到 500 个。也就说，当别人在说话的时候，我们的大脑还有足够的"带宽"进行思考。这时，大脑开始给自己"加戏"了。我们会不自觉地构建出想说的话，或者任由刚才的内容引发的其他的想法驰骋（这是不是让你想起了学生时代？）。

一方面在听对方说话，另一方面却想着他刚才提到的那个场景我也见过，一会儿等他停下来的时候我要告诉他上一次我的经历。结果，这场对话变成了两个人毫无关联的自说自话。正如著名的美国商业顾问、畅销书和长销书《高效能人士的七个习惯》的作者史蒂芬·柯维（Stephen Richards Covey）所说："大多数人都不是为了理解而倾听。我们为了回应而听。"于是，这场对话就变成了两个人之间其实毫无关联的说话。

那好，问题来了，怎么做？

五、打造你的倾听力

提升倾听能力并不难，你需要的只是练习一些特定的技巧。很多研究者一直关注倾听，他们总结出了一些经过检验的具体方法。以下 6 个技巧你可以组合起来使用，以达到最佳效果。

1. SOFTEN

首先，说个最简单的，那就是你的动作会让对方识别出你是否在认真地听。关于倾听时动作的模型叫作 SOFTEN，这是由六个与倾听相关的关键动作的英文首字母组成的：

- 微笑或全神贯注（Smile or Serious）：你的微笑是一种鼓励，会让对方放松。在感到舒适的状态下，对方会说得更多。此外，全神贯注也很重要，走神会被对方迅速察觉。那他会怎么做？那就不说了嘛。
- 开放型姿势（Open posture）：开放型的肢体语言会让你显得更加自信，这也会刺激对方想要多说，想要在你面前展现他自己。同时你的开放也是一种赞同的反应，这同样是一种鼓励。
- 身体前倾（Forward lean）：倾听这个词，真的很绝妙。这个词本身就教给了我们应该如何去做：身体微微前倾。这不仅会让你在对方眼中显得很专注，还会帮助你自己更加集中注意力。
- 时间（Time）：给对方时间，不要着急打断。让说话者在没有干扰的情况下畅所欲言。

- 眼神接触（Eye contact）：保持柔和的眼神接触，不要盯着对方看，以免给他们压力。适度的眼神接触可以帮助对方感到愉快和被关注。
- 点头（Nod）：点头是一种积极的回应，可以配合简单的语言回应，如"是的""没错"。避免连续不断地说"对啊，对啊"，这样会显得你在抢夺话语权。

通过这一波倾听动作的输出，你会在对方心中留下这样的印象：你在这里，你理解我，你欣赏我，我可以信任你。

2. 去采访

来，请说出你的故事。你可以将自己想象成一名记者，将对方视为你的采访对象。要克服柯维所说的回应式的对话，你需要将自己想象为一名为了挖掘故事而进行文章写作的记者，或者是一个访谈节目的主持人。你需要对对面的那个人，即你的客户，产生浓厚的兴趣。

你的目标是写出关于采访对象的故事，而背后的精彩，完全在于你的挖掘。你需要做的就是不断引导对方说出他的故事，讲出更多的细节和感受。此时，你就像一个访谈节目主持人，坐在沙发的一端，听对方娓娓道来。时不时引导一下方向，时不时问问细节，让谈话更加通畅。

每个人都有自己的精彩。你的采访对象，能坐在这个位置上，成为公司的关键决策人，他成功的秘诀是什么呢？他在进行判断时，背后的价值假设是什么？他从哪里来？为什么会选择这个城市和这家公司？

只有当你对对方产生浓厚的兴趣时，所有的问题才会围绕着对方展开，而不会陷入柯维所说的"为了回应而听"。在听的过程中，通过提出合理、适当和礼貌的问题，继续发掘客户的精彩故事、个性化的价值观以及他的生活和成长经历。这些对话，将产生神奇的力量，你和交谈者的那一瞬间的感觉，如同齿轮啮合一般。

这种对话的过程，对你和交谈者来说，都是一种享受，甚至在很久之后，仍留在记忆里。记得有一天，曾经有那么一场对话，说不上来好在哪里，但就是留在了记忆里。而你，与这场对话紧密地联系在了一起，成为客户记忆中的一个积极的开关。如果你想再次拜访，OK，没有问题，大门随时为你敞开。

3. 去上学

在与客户交谈之前，你可以假设自己能够从这次对话中学到一些东西。著名心理学家 M. 斯科特·派克曾经说过：真正的倾听需要把自己放在一边。这不是表面上的闭嘴不说话，而是需要你将自己的观点先放到一边。当你开始真正接受对方的观点时，你会发现，对方也会变得更加开放，更有可能卸下自己原本戴着用来防备的面具，将真实的自己呈现给你。为了做到这一点，你需要事先在内心假定，今天的交谈，你一定可以从对方身上学到东西。

每次去拜访客户，就像是去学校一样，你知道今天在教室里会学到新的知识。这种心理暗示会让你在交谈过程中更加专注，把更多的注意力放在对方身上，并由衷地体会和理解对方。所以你需要将心思定下来，预先给自己一个暗示：今天我可以在谈话中学到一些东西，我可以了解到一些对销售工作有价值的信息，我要找到它们。这种心态将帮助你在与客户的对话中保持专注，更加深入地理解对方的观点和需求。

4. 听感受

倾听对话者的内容固然重要，但通过倾听体会对话者背后的情绪和感受更为重要。情感层面的沟通能够迅速拉近你们之间的距离。销售是一个与人打交道的职业，在与人交往的过程中，最容易混淆的是事实和感受。现代思维训练往往过于强调事实的重要性，而忽视了对话者的感受。事实是客观世界的存在，而感受是人类社会赖以构建的基础。

亚里士多德说，说服有三个角度：

Ethos（人品诉求）：直译为精神特质、道德意识，指的是演说者的背景、声望、成就、所受教育和经历。

Logos（理性诉求）：即逻辑性，涉及对事实的描述和推论。

Pathos（情感诉求）：是演说者通过与听众建立一种联结，以获得听众情感上的共鸣。这就是我们所说的感受。

亚里士多德认为，三者中最有力的方式是第三个，即 Pathos——情感和感受。我们常以为逻辑是说服自己和别人的最强大的工具，但实际上，这个世界更多的是建立在感性的基础上。就像经济学总是无法解释许多黑天鹅事件，因为经济学的初始假设是人是理性的。当我们想与对方建立良好的谈话氛围或更加亲密的关系时，情感是最好的切入点。

请仔细地在对方的话语中寻找关于感受的表达，一旦出现这种内容，你可以通过提问展现自己的同理心。比如，当对方谈到他曾经面对的艰难和选择的时候，你可以这样说：

- 那当时对你而言岂不是很难？
- 你是怎么熬过来的？
- 真不简单啊！换作是我，也许都要直接交辞职报告了。
- 这种安排是不是让你的压力更大了？

当你识别出了对方的感受，并且展现出同理心时，你们之间就建立起了一种微妙的情感联系，这将冲破横亘在你们之间的陌生感和防备心，进而建立起信任和理解的桥梁。

5. 听话外音

很多时候，人们的表达不会很直白。这既可能是出于文化的原因，也可能是一种自我保护的方式。因此，听出那些未说出口的话就显得尤为重要。许多线索都被隐藏起来，需要我们学会领会别人的暗示。

比如，当你与一个采购人员沟通时，主要话题应该是产品和服务的价格、货期、交付方式等。如果采购人员对价格选择闭口不谈，这就需要引起你的注意。你需要在心里打个问号，思考这背后的原因，然后主动引出这个话题，看看对方的反应。

当客户提到一些稍微有些不符合常理的事情时，这可能是在给你暗示，这里可能有未说出口的信息。此时，你需要集中注意力，思考以下问题：客户为什么这么说？他这么说的合理之处在哪里？他的逻辑是什么？如果按照他说的去做，对我们有什么帮助？

另外，我们在肢体语言部分提到过，如果对方在说完某句话后清了清嗓子、咳嗽，或者做了类似吃完饭擦嘴的动作，这些轻微的肢体语言，可能意味着对方对自己所说的内容并不坚定，甚至可能是在说谎。

6. 练听力

是的，我们需要刻意地提高自己的听力水平。虽然大多数人没有听力障碍，但我们每天都在嘈杂的环境中度过。类似于光污染，声音在污染着我们的生活，侵蚀着我们的听觉系统。

著名的声音顾问朱利安·特雷热（Julian Treasure）提供了一种练习方法：每天找出三分钟，让自己彻底安静下来。找一个安静的地方，或者戴上罩耳式的耳机，什么都不听，体会彻底的宁静。他说，这相当于对我们的听觉系统进行了一次重置和调整。

还有一个方法是学着在嘈杂的环境中分辨声音。比如，在咖啡馆中，你能听到多少种声音？有多少人在交谈？咖啡机的声音听得到吗？外面是否有汽车喇叭的声音？背景音乐是什么？谁的手机在响？通过刻意练习，你可以提高自己的听力敏感度。

总结一下，能说会道的外向型销售不是业绩最好的，倾听的能力被人们大大低估了。

你在听，对方在说服他自己；

你在听，对方在主动和你构建关系；

你在听，对方在告诉你帮助你做决策的信息。

想要打造倾听力，你需要练习 6 个技巧，分别是：SOFTEN、去采访、去上学、听感受、听话外音和练听力。

最后，我想跟你分享一个故事。

贝蒂·比贡贝是一位乌干达议会的女性议员。她接受了一项极具挑战的任务：去和一位让人闻风丧胆的军阀谈判。这个军阀的名字叫约瑟夫·科尼，他领导的"圣灵抵抗军"曾经绑架过 3 万多名儿童，直接导致 10 多万人死亡和 200 万乌干达人失去家园。他们藏在丛林深处，旁人难以寻觅踪影。

在丛林中长途跋涉对贝蒂来说并不是最大的挑战。她从小在乌干达北部长大，每天步行 4 英里（约 6.4 千米）上学，一天只吃一顿饭。这些经历，塑造了她坚韧不拔的性格。经过不懈的努力，贝蒂终于找到了抵抗军并获得了和科尼见面的许可。

我们不知道他们当时聊了什么，只知道，之后科尼甚至称贝蒂为"妈妈"，而且同意离开丛林，开始和政府进行正式的和平谈判。尽管和平谈判最终没有成功，贝蒂的努力仍然被视为一项巨大的成就，为此她获得了"乌干达年度女性"的称号。

亚当·格兰特在采访她的时候问到，你是如何成功地与科尼取得联系的？

贝蒂回答说：沟通的关键不是劝说，甚至不是哄骗，而是倾听。

在复杂和困难的情况下，传统的权力和影响力可能不如一个简单的人类行为——倾听——来得有力。

◎ 要点总结

1. 中向型销售的优势在于，他们既有倾听的意愿，又有能力创造倾听的条件。
2. 倾听有三个重要的作用：说服他人、建立良好的关系和获取有价值的信息。
3. 6 个提升倾听能力的技巧：

- SOFTEN。倾听时的动作：微笑或者全神贯注（Smile or Serious）；开放型姿势（Open posture）；身体前倾（Forward lean）；时间（Time）；眼神接触（Eye contact）；点头（Nod）。
- 去采访。将自己想象成一名记者，将对方想象为你的采访对象。
- 去上学。在交谈之前，假设自己通过这次交谈，可以学到东西。
- 听感受。更关注交谈者的感受，而非事实。
- 听话外音。学会听出话外音。
- 练听力。两种练习听力的方法：在安静中重置听力系统和在嘈杂中锻炼分辨声音的能力。

⊟ 实践讨论

1. 倾听的 6 个技巧中，你自己最常用的是哪一个？效果如何？
2. 在一场对话中，你倾听的时间和说话的时间，哪个更多，占比是多少？
3. 请在今天的沟通中，将自己说话的时间，降到 30% 以下，让别人说得更多。试试看，有什么不同。

08 提问
成功的销售会谈中，谁说得更多

人类最高级的智慧就是向自己或向别人提问。

——苏格拉底

哈斯韦特公司⊖通过大量数据研究发现，成功的销售会谈中，买方比卖方说得更多。这似乎与我们的直觉不符。我们常常认为销售成功是因为销售人员不停地说，某个观点打动了客户，最终成交。但事实是，如果客户比销售人员说得多，销售的成功率反而更大。

为什么会这样？心理学中有个概念叫作确认偏误，指的是相比于被告知的内容，人们更在意自己得出的结论和自己说过的话；人们重视自己努力获取的信息，而不重视免费得到的东西。确认偏误是一种常见的认知错误，这解释了为什么在成功的销售会谈中，买方比卖方说得更多。不是销售说服了客户，而是客户自己得出了结论，自己说服了自己。

那好，如何才能让客户说得更多呢？

上一节我们阐释了一个方法——倾听，这一节再来一个——提问。哈斯韦特还有一个研究发现：最成功的销售人员就是那些提问题最多的人。

⊖ 哈斯韦特公司（Huthwaite International）是一个全球性的研究和咨询公司，由尼尔·雷克汉姆（Neil Rackham）在 1974 年创立。雷克汉姆是著名的销售策略和训练专家，他的研究成果和方法对销售领域产生了深远的影响，尤其以他发明的基于提问的 SPIN 销售方法闻名，这一方法通过对成千上万次销售调用的分析得出，旨在提升销售人员的交流技巧，提高销售效率。

答案简单并不意味着操作容易。在用好提问成为销售高手的征途中，你需要先越过一个小障碍，那就是深刻理解提问和陈述到底有什么不同。

一、提问和陈述到底有什么不同

与提问相对的表达是陈述，这是销售最习惯的与客户沟通的方式，也是为什么在公众的眼中，销售都是一些侃侃而谈甚至满嘴跑火车的家伙。我们往往错误地以为，客户不购买，是因为有些事情客户不知道，是因为信息不对称。结果就是我们总希望通过"说"来使客户"服"。具体来看，陈述与提问有五个区别（见图 8-1）。

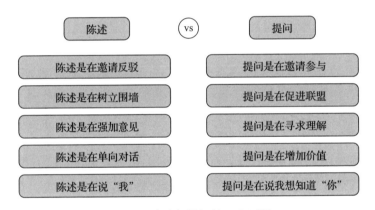

图 8-1　陈述与提问的五个区别

1. 陈述是在邀请反驳，提问是在邀请参与

我们可以反驳一个确定的观点，但是我们无法反驳一个问题。当我们在沟通中听到与自己认知不符的陈述时，不管嘴上说还是没说，心里是不是都在念叨：真的假的啊？这个不对吧？他怎么知道的？

比如，当我们说"苹果手机就是好"，对方可能会立即想到反例：真的好吗？我朋友怎么说电池连半天都撑不住呢。好吧，是我们触发了别人从另一个方向找反对意见的开关。

然而，如果我们改用提问的方式，如"你觉得苹果手机最吸引你的地方是什么？"对方会更倾向于思考苹果手机的优点，从而与我们一起寻找答案。提问，是在邀请对方和你一起找出这个问题的答案。

2. 陈述是在树立围墙，提问是在促进联盟

陈述往往是在树立一堵围墙，将我们和谈话者隔开。陈述，只是在表达自己的观点，这种方式并没有将对方纳入其中，只是自己的展示，无意中就在自己和对方之间树起了围墙。

提问是想要和对方一起找出问题的答案，这种方式其实是一种巧妙的邀请，邀请对方一起努力，邀请对方成为解决这个问题的团队中的一员。这个举动，虽然不是正式的邀约，但在心理上，有着一种联盟的暗示。提问的过程像一个纽带，将双方连接到一起。

陈述就像是唱歌，而提问就像是两个人在跳舞。

3. 陈述是在强加意见，提问是在寻求理解

陈述的内容是基于自己的理解。比如我说，今天天气不错。这是我的理解，我在将这个理解告诉你。此时，对方或许因为自己的提案刚刚被老板否决，明媚的阳光在他看来只是刺眼，你的陈述就像是在挑衅。

而提问呢？可以先了解对方，而后在理解对方的基础上，再去得到对方对我们的理解。还是刚才那句话，如果换成：你今天感觉如何？对方说，今天真棒。然后你再说，是啊，我也觉得今天天气好极了。这就是一种先去理解别人，再尝试让对方理解你的方式。

4. 陈述是在单向对话，提问是在增加价值

对话的本质是一种信息的交互。陈述是信息的单向传递——我这里有一个信息给你。我说×××产品很好用，这是一个单向的通道，直接将这个信息传给对方。给出信息的目的是让对方接受，而此时，对方的选择可能是接受，也可能是不接受。

提问，是在邀请对方增加信息，对方的回答就是信息增量。你问：吃了吗？对方回答：吃过了。这样，就将一个信息变成了两个，而新增加的信息是对方提供的。信息增量越多，越有价值。提问，就是邀请客户一起创造价值的手段。

5. 陈述是在说"我"，提问是在说我想知道"你"

陈述是站在自己的立场上，我认为世界是什么样子的，我认为你是怎么想的，一切的出发点都是自己。这是一种以卖方为中心的思维方式。

提问是一种站在尊重买方的基础上的表达方式。您觉得这个怎么样？您是怎么看待这个功能的？您是不是这样认为的？这些表达都是以买方为中心的，一方面不对买方妄加判断，另一方面，体现了对买家的尊重，认为买家的认知或者答案才是重要的，因此我们才会去问。

提问，不仅是一种以买方为中心的思维方式，同时，还会让买方意识到，卖方是站在他的立场上去考虑问题的。

相比于陈述，提问有这么大的价值，怪不得最成功的销售是那些最喜欢提问的。提问能力，是提升销售能力的重要环节，是销售必须打磨的核心能力。

那到了客户那里，我们就敞开了提问就好，这不就能提高我们的赢单率了吗？也没那么简单。

不是所有的提问都是好提问：

- 好的提问能挖掘出客户的需求，并且通过提问让客户明确自己的需求是什么，同时和销售达成共识；
- 好的提问可以让客户意识到这个需求是一个痛点，这个问题严重到非要解决不可；
- 好的提问可以帮助我们和客户一起构建出解决方案，然后推动项目不断前进；
- 好的提问能激励客户产生想法，自己得出结论，自己说服自己。

那好，问题又来了，到底什么样的提问才算是好的提问？

二、销售中的八种问题类型

好的提问是基于场景的。就像是冷兵器时代两军对垒，近战使用刀剑，防御对方骑兵用长矛，远距离攻击使用弩和箭。前提是，你得有这样一个武器库。提问中的问题类型，就是你的武器库。先要有，再练熟，这样才能帮助你在不同的场景中选择最有效的问题类型。

1. 开放型问题

这是我们最常见的、最常说的一类问题。不能简单地用"是"或者"不是"来回答的问题，统称为开放型问题。

开放型问题的价值在于鼓励对方发言，打造交流的氛围，比如，为什么，是什么，谁，在哪里，什么时间，怎么样，等等。这些问题的答案能带给你大量的信息，是我们探索客户当前状况的主要的问题形式。

比如：

- 当您选择这类产品时，最看重的因素是什么？
- 您觉得我们这个方案能给您带来的最大的好处是什么？
- 您预计什么时间能确定最终的选择呢？
- 这套设备会安装在哪里？

开放型问题是一种鼓励对话的问题。其中，"为什么"是开放型问题中的一大类，非常的经典。在问为什么的时候，要注意方式、方法和语气，别把提问搞成审问。通过问为什么，你可以发现问题的本质。

开放型问题是根据你的需要设计的，也就是说，在提问之前，先想好你究竟要得到哪些方面的信息，提前做功课，找出核心和关键问题，但也不要过度提问，令客户厌烦。要问开放型问题，但是不要过于开放，否则谈话可能会偏离我们的目标。

比如，"您觉得传感器怎么样？"这个问题就过于开放，也许客户不会聚焦到你想要的答案上。可以试试这样问：您觉得这种类型的传感器的哪些功能最适合您的工艺要求呢？

2. 封闭型问题

在客户拜访中，为了获取更多的信息，让客户充分表达，我们用的多是开放型问题。但是，与之相对的封闭型问题在某些时候也能起到立竿见影的效果。

所谓的封闭型问题，就是那些可以用"是"或"否"、"A"或"B"来回答的问题。你问得非常具体，所以对方也只能正面地、具体地、直接地回答。很多影视作品中都有庭审的场景。律师提了一个问题，对方顾左右而言他，说了一堆话，这时法官会要求说："请用是或者否来回答。"

比如：

- 我们今天要做什么样的决定？是提高客户保有率，还是交叉销售更多的产品？
- 您最看重的是性价比还是品牌？
- 您是要在下周五之前交货吗？
- 您是本周三下午还是周四上午方便呢？
- 您需要的是一台 15 千瓦的电机，我的理解正确吗？

具体来说，什么时候使用封闭型问题的效果最好？

有一种场景叫作"大猩猩式的斗殴"。想象一下，两只雄性猩猩在丛林里"比划"：它们绕着对方转圈圈，一边转，一边还不忘在地上抓些土，往空中扬起。这不过是大猩猩中夸张版"吓唬对方"的策略。但你知道吗？这场大戏通常都是雷声大、雨点小——转啊转，到头来也只是场空洞的表演，真正的"战斗"根本就没开始。

职场有时也会上演类似的一幕：当谈话变成了一场"大猩猩式的斗殴"，也就是人们只是在原地打转，忙着慷慨陈词，却不见实质进展。在这种情况下，封闭型问题就像是刹车片，迫使对方不再绕圈子，而是给出一个直截了当的答案。比如，我们在和客户开会，就某个话题展开讨论，经过了很长时间，也没有实质性的结论。那么这时候就适合提出封闭型问题，让客户聚焦在下一步的行动上。

封闭型问题可以帮助对话双方重新聚焦在关键决策上。尤其是在面对复杂或多元的议题时，封闭型问题有助于简化问题，使对方专注于最重要的几个方面。可以在讨论开始陷入僵局或需要快速决策时使用，而在刚开始探索话题时要尽量避免。在得到封闭型问题的答案后，可以通过澄清型问题进一步探讨或确认细节。

3. 澄清型问题

"张总，您刚才提到的质保期的问题，我理解的是，如果将现在的 18 个月延长到 24 个月，就能满足您的需求，您看我理解得对吗？"这个问题就是澄清型问题。通过自己的陈述，来检测自己是否对客户的表达理解正确。

澄清型问题经常采用这种句式：

- 您确切的意思是……吗？
- 刚才听您提到的……，我的理解是……，您看我理解得对吗？
- 我理解您的意思是这样的，我举个例子，就像……，您看是这样的吗？

澄清型问题主要是基于客户的回答，你在此基础上，确认自己的想法是否和客户的一致。换句话说，就是检测自己的理解是否准确反映了客户的意思。通过这种问题，你可以确认自己的理解是否正确，同时，努力在某个问题上与客户达成一致。

澄清型问题看起来很简单，但你大概率仍会低估它的重要性。人类交流主要依赖于语言和文字，之所以有效，源于大家对同一个概念有大致相似的理解。比如，有人对你说"狗"，你大脑中浮现出了对狗的联想，毛茸茸的、伸着舌头、喘着气、围着你转的那种动物。这就完成了一次信息的传递。但同时，这里还隐含着一个问题：你联想到的狗，和对方想要表达的狗，是一回事吗？这其中会有差异，而且随着文化不断发展，差异会越来越大。因为语言和文字本身也在不断地发展变化，字就是那些字，词还是那些词，但是意思越来越丰富，甚至还有变化。比如，30年前，人们在说"苹果"的时候，大概率想的就是苹果；现在呢，不少人的第一反应是手机。

"书不尽言，言不尽意"，说的就是这种符号表达中的不准确性。你我对同一个概念的经验不同，大脑中的神经元连接也不同，虽然说的是一个词，但是表达的意思可能不尽相同。用英国科学家波义耳的话说就是："使用语言就像用脏抹布擦桌子。"

澄清型问题还有一个隐藏的作用，试想这样一个对话：

张总："等到下个阶段的时候我们再详细谈。"

销售："张总，我理解您的意思是等我们的样机出来了，经过了您这边技术人员的测试，然后我们再沟通产能的问题，您看我理解得对吗？"

张总："对，样机是最关键的，回去好好弄。"

销售："好的，张总，我们抓紧时间落实，预计下周三的时候，样机就能出来。"

通过这样一个对话，销售和客户之间完成了一次握手，双方在某个问题上达成了共识。你和客户达成的共识越多，最终达成交易的可能性就越大。这就像是过河，每次达成共识就像是在河道中放下一块垫脚石，每块石头放稳了，你踩上去，再放下一块，就这样一步步过了河。

简单地说，澄清型问题有两个作用，第一个是消除你和客户之间在表达上的可能的误解；第二个就是和客户达成一次共识。

4. 探索型问题

探索型问题旨在基于客户的回答，进一步挖掘和发现客户潜在的问题。
比如：

- 您提到的这个功能，为什么对您的系统这么重要呢？
- 还有哪些因素会产生影响呢？
- 您还有哪些问题需要我们更详细地阐述的？

探索型问题可以捕捉到客户感兴趣的潜在问题。通过不断探索问题的根源，最终你能够揭示出客户的深层需求。这类问题如同钻头，不断深入，直到我们发现石油冒出来。探索型问题不满足于表面的回答，而是进一步深入探讨，以揭示隐藏在答案背后的更深层次的内容。这类问题以客户为中心，关注客户的具体需求和情况，而非一般性或泛泛的话题。通过提问，引导客户思考和表达他们可能之前没有考虑过的方面，从而拓展对话的深度和广度。

想要用好探索型问题，你需要在与客户会面前，提前准备。这些问题应该基于你对客户公司的研究、以往的沟通记录，以及你对该行业的了解。在提问时，注意语气和态度，展现出真正的兴趣和关怀，使客户感受到你是在努力理解他们的需求，而不是仅仅在销售。在客户回答问题后，总结并反馈他们的要点，利用澄清型问题达成局部共识，确保你正确理解了他们的需求，并且表明你在认真倾听。

5. 假设型问题

试想一个场景。当你与客户沟通时，客户紧咬着价格问题不放。在当时的场景中，你无法确切地给出一个行或者不行的答案，而且你还有其他的顾虑。比如，如果你答应了客户在价格上的要求，客户再提出要账期怎么办？或者还要增加功能，怎么办？

这时，你可以尝试使用假设型问题。比如，你可以这样问：

- 假设我们已经在价格上达成一致了，下一项需要讨论的议题是什么？
- 假设我们先不考虑价格问题，您还有其他什么要求吗？
- 如果价格不是问题，您最关心的问题是什么呢？

假设型问题不仅可以帮你解围，更关键的是，通过设置一个假设的条件或情境，探索客户在不同情况下的需求和优先级。这种提问方式有助于绕过客户可能面临的现实限制（如预算、时间等），更深入地了解客户真正关心的问题和需求。

假设型问题还是一种有效地让客户感知到价值的问题。你通过假设引入新的场景，从而引发客户思考。创建一个虚拟的、假设的场景，使客户能够在没有实际限制的情况下自由地表达自己的想法和需求。这类问题可以激发客户的想象力，促使他们思考在不同情况下的需求和解决方案。通过假设型问题，你可以揭示客户的核心需求和首要关切点，这些在常规对话中可能不容易显现。它为客户提供了一个更开放的讨论空间，鼓励他们分享更多信息和想法。

比如：

- 如果您可以通过我们的解决方案实现任何一个业务目标，那这个目标是什么？您认为这将给您的公司带来怎样的价值？
- 假如我们有能力满足您所有的需求，您最先需要我们做的事情是什么呢？

使用假设型问题，你可能会得到一些意想不到的信息。如果我们长期纠结在某个问题上没有进展，这时可以先假设这个问题不存在，看看还有什么其他要素需要关注。假设型问题可以让我们更加全面地了解客户的需求。尤其是在客户过于拘泥于某些限制条件时，使用假设型问题可以打开新的讨论方向。在提问的时候，确保客户理解这是一个假设性的提问，目的是更好地理解他们的需求。用客户对假设型问题的回答来补充你对他们需求的理解，并在提供解决方案时加以利用。

在 B2B 销售中，客户的决策往往受到多种因素的影响，包括预算限制、组织目标、市场压力等。假设型问题可以帮助销售人员绕过这些表面的限制，深入挖掘客户真正的需求和优先级。这对于提供更加贴合客户需求的解决方案以及建立长期的客户关系非常有帮助。

6. 程度型问题

还有一类问题，是将问题从定性的角度变成定量的角度，让我们更清晰地感知一件事情对客户的影响到底有多大。这种问题叫作程度型问题。

比如：

- 请您打个分，0～100 分，您认为售后服务对您工作的重要程度是多少分？
- 如果满分是 100 分，现在的供应商，您认为可以给他们打多少分呢？

如果客户回答是 80 分，我们接下来该如何提问？

你可以接着这么问：那么，是在哪些事情上，您觉得他们还有提升的空间呢？

如果客户告诉了你一个答案，恭喜你，这就是你构建解决方案的方向。

一个有意思的问题是，如果你问了上面那个问题，客户说打 100 分，你该怎么说？

你可以再通过一个程度型问题进行提问：那如果您希望他们做到 120 分，他们应该从哪些方面再提高一些呢？通过这种方式，你可以鼓励客户提供更多的信息。

程度型问题通过引导客户从定量的角度来评估和表达他们的看法、感受或需求的重要性，使得你对客户的需求和优先级有一个更清晰、客观的理解。这种问题降低了客户表达复杂情感或看法的难度，使得他们可以用一个简单的数字来概括。程度型问题还可以揭示客户决策背后的逻辑，比如为什么他们更重视某个方面。

在具体使用时，你需要确保客户明白评分的标准。例如，0～10 分中的 10 分代表什么。在客户给出分数后，适当地进一步询问为什么选择这个分数，以获取更多背景信息和具体原因。除了询问重要性或满意度，还可以用程度型问题来评估潜在的改善空间、优先级或客户的购买意愿等。而且，在不同时间点重复使用程度型问题，还可以帮助跟踪和比较客户态度的变化，评估服务或产品改进的效果。

7. 策略型问题

策略型问题是为了实现特定的销售或咨询目标而设计的，旨在推动项目进度或实施具体行动。这类问题通常在对客户需求有了深入全面的理解后提出,建立在了解客户需求和之前沟通的基础之上。

比如:

- 既然您提到,这个项目中,采购经理的意见也很重要,您看是否可以邀请采购经理一起来开个会呢?
- 刚才我们在沟通的过程中,您提到对我们的使用情况有一些顾虑,您看,我是否可以邀请您一起去我们的一个客户那里参观呢?
- 针对您提出的这些需求,我们是否可以在下周讨论并确定一个详细的实施时间表?
- 在我们提供的初步方案基础上,您认为还需要哪些调整,以更好地符合您的预期?

你可以使用策略型问题进行总结,推动整个项目的进度,并提出更进一步的要求或者是下一步的行动计划。

通过明确的提议或建议,策略型问题有助于将客户从决策阶段引向行动阶段。它可以帮助你清晰界定接下来的行动步骤,为客户提供明确的方向和选择。而且,这类问题鼓励客户参与到解决方案的实施过程中,从而增强他们的参与感和责任感。

在使用策略型问题的时候,要考虑到客户的实际能力和资源,确保所提出的行动对客户来说是可行的。同时,要确保提出的行动计划是具体和明确的,避免模糊不清。设计的问题应鼓励客户成为解决方案的一部分,而不仅仅是一个旁观者。策略型问题提出一个新的方向,希望采取一些新的行动,一般是在深入了解了客户的深层次需求之后,提出新的行动计划。

8. 结束型问题

一般而言,一次销售访谈什么时候结束是由客户决定的。客户有时会看看表,有时会收起桌上的东西,或者更直接地对你说:"今天先这样吧,我下面还有个会。"

还有的时候,冗长的访谈除了浪费你的时间,起不到任何作用。

再比如,在和一些级别比较高的客户访谈时,你主动结束访谈,会在客户心中留下积极的印象:"嗯,这个小伙子很有时间观念,很懂事。"所以,销售也要学会如何主动结束一次访谈。关键在于，你该如何优雅而有效地结束对话或某个话题讨论。如果你直接说："张总，今天我们就到这儿吧。"是不是会有一种喧宾夺主的感觉，既不礼貌，也不妥帖。这时，你可以使用结束型问题。

比如：

- 您看，我们今天已经占用了您不少时间，您认为下一步我们应该如何继续推进这个项目？
- 在结束之前，您看还需要我们再对哪些问题详细地解释一下？
- 我们今天讨论了很多内容，您觉得还有哪些问题需要我们再进一步澄清或讨论的吗？

这类问题表明了一个话题或访谈即将结束，帮助对话有序地向结尾过渡。通过提出结束型问题，你将结束对话的决定权交给了客户，增强了他们的参与感和控制感。同时，这种问题为客户提供了最后表达未解决疑问或附加要求的机会，这会让客户感到他们的意见得到了重视，提升他们的满意度。妥当的结束不仅总结了当前会谈，也为未来的沟通打下了良好的基础。

再深入一层看，这类问题的好处是，你控制了访谈的过程，但是客户获得了控制感。

总结一下。从问题本身的特点来看，可以将问题分为两大类：开放型问题和封闭型问题。从问题的作用来看，可以将问题分为六类：澄清型问题、探索型问题、假设型问题、程度型问题、策略型问题和结束型问题。

没有单一一种问题类型可以实现你的所有目标，理解不同类型的问题是为了灵活组合使用。就像一个工具套装，在不同的场景下使用不同的工具，才能让你游刃有余，应对自如。

在提问时，还有一些关键点需要特别注意。

三、如何用好提问

提问不仅仅是工具，更是一种思维模式。提问是一种探索未知和寻求新知识的方法。通过提问，你不仅能了解事物的表面，还能深入探究原因以及过程和结果之间的联系。提问能够激发你和客户共同思考。当你提出问题时，不仅是在寻求答案，也是在促使自己或对方深入思考，这有助于开拓视角和更深层次的理解。尤其是在解决问题的过程中，正确的提问方式可以帮助你更清楚地定义问题、识别核心问题，从而找到更有效的解决方案。

要在销售中用好提问，下面的四个要点值得你关注。

1. 先向自己提问

比起向客户提问，向自己提问是我们更应该掌握和做的事情。向自己提问可以帮助你更好地了解现状和目标，为行动做好准备。

成功的销售人员，会在与买方访谈的过程中，用事先策划好的问题清单来提醒自己。在上文提到的六步访谈法中，第一步访谈之前的"准备"，最核心的一点就是通过向自己提问来梳理思路、确定目标，做足准备。

作为销售人员，准备好向客户提问的问题清单固然重要，但拜访前提醒自己的问题清单更为关键。只有自己先搞明白了，才能弄清楚客户的情况。自己糊里糊涂地去拜访，得到的结果也会是糊里糊涂的。问自己的问题清单，会让每次拜访都有明确的目标感，这就是顶尖销售高效的秘密。

在向自己提问时，别只是想，你可以把答案写下来。别小看写答案这个动作，这会让你的思维更顺畅、更结构化、更有深度。我们的思绪就像是写在海边沙滩上的字，刚有一个想法，就被涌上来的潮水冲刷得无影无踪。这就是为什么有时候我们感觉自己想了很多，但是好像没有什么可以拿得出来的结果。写下来的过程就像是爬梯子，你的每一次思考都会形成一级梯子，你可以踩着这一级向上攀登。当你发现自己写不出来的时候，其实就是还没想清楚。这就像是说话，那些讲话混乱的人，往往思维也是混乱的。写的过程，就是厘清思路的过程。

我想请你翻回到六步访谈法那一节，回顾访谈前准备的问题清单，并且在下次拜访客户之前，用清单上的问题问问自己，记得把答案写下来。

2. 不要过度索取

要提问，但不要过度。在提问之前，先做好基本功课。在销售的提问过程中，

"是什么"（What）、"是谁"（Who）、"什么时间"（When）、"哪一个"（Which）、"在哪里"（Where）这类问题应该少问。这些内容你可以提前做功课，在拜访之前就了解清楚。

等等，我想你们会问，你不是一直说要多提问，现在怎么又不让多问了？

虽然要多提问，但上面的那些问题被认为仅对卖方有利，对买方没有什么价值。对买方来说，这些都是已知信息，没有信息增量，没有价值。过多这样的问题会让买方感觉被索取，从而产生负面感受。在销售和客户的互动中，情绪价值是客户体验的一部分。被索取的感受不好，给予能让对方产生获得感。

以下三个方法可以帮助你消除买方被过度提问时产生的负面感受：

第一个方法是基于买方的判断和陈述进行提问，使整个提问过程保持连贯和顺畅。

> 销售：请问您的设备采用什么样的控制模式？
> 客户：我们一般使用的都是模拟量控制。
> 销售：您提到的模拟量的控制是哪一种的呢？

第二个方法是在提问中加入你对客户相关的观察，给买方带来更多的视角。

> 销售：请问您的设备采用什么样的控制模式？
> 客户：我们一般使用的都是模拟量控制。
> 销售：您提到的模拟量的控制是哪一种的呢？我在现场看到了很多压力变送器，它们是模拟量信号的吗？

第三个方法最为推荐。你可以在提问中加入第三方遇到的类似的状况，或者增加新的行业或者产品信息，为买方增加信息，增强买方的获得感。

> 销售：请问您的设备采用什么样的控制模式？
> 客户：我们一般使用的都是模拟量控制。
> 销售：您提到的模拟量的控制是哪一种的呢？是 4～20mA，还是0～10V？我们的很多客户喜欢使用 0～10V 的，他们认为电压信号的稳定性更好一点。您这边是这样的吗？

3. 多问"为什么"

为什么销售应该多问"为什么"?

总体来说,因为这样的问题能深入挖掘客户的真实需求和动机。提问"为什么",可以帮助销售人员深入了解客户为何感兴趣或有何顾虑,从而提供更加贴合其需求的解决方案;识别客户面临的核心问题,而不仅仅停留在表面现象;显示出对客户真实需求的关心,增强客户关系;通过准确了解需求,更有效地定位产品或服务的优势。

说到"为什么",很容易联想到的另一种问题是"怎么办"。总有人在讨论"为什么"和"怎么办"哪个更重要,其实这是问错了问题。当然,这两个都重要,关键是顺序。

先搞清楚"为什么",再去研究"怎么办"。问"为什么",你是在试图理解客户;问"怎么办",你是在理解客户的基础上找解决方案。问"为什么",你是在问什么是对的事情,你关心的重点是做选择;问"怎么办",你是在问如何做,你关心的重点在于如何将事情做对。

先找到对的事,再把事情做对。

4. 多使用澄清型问题

重要的事情说三遍。关于澄清型问题,请允许我再唠叨一遍。澄清型问题是我个人最喜欢的问题类型。在每个阶段或者问题的结尾,通过澄清型问题进行确认,一方面你可以确认自己的理解是否正确;另一方面,这个过程就像是你和客户在语言上进行了一次握手,达成了一致。当你通过自己的理解表述客户说过的内容的时候,你其实是在为你们的对话增加新的信息,这又进一步推动了沟通的发展。

最后,说两个著名的问题。

1905 年,爱因斯坦发表了狭义相对论。狭义相对论中的"相对",说的是在所有的匀速直线运动或者静止的坐标系中,物理定律都是一样的。之后,爱因斯坦问了自己一个问题:为什么非得是匀速直线运动呢?加速运动不行吗?经过 10 年的思考,爱因斯坦找到了答案:是的,不是非得是匀速直线运动,在所有的坐标系下，物理定律都一样。这就是广义相对论的基本原理。

1983 年，乔布斯想要为苹果寻找下一任总裁。在他的构想中，这位新总裁既要有大企业高管经验，又要非常精通市场营销，还要能和华尔街的银行家打成一片。同时满足这三个条件的，就是当时百事公司旗下百事可乐部门的总裁约翰·斯卡利（John Sculley）。可是一开始斯卡利并不太想离开百事，毕竟那里是他成就辉煌的地方，而且当时整个百事发展势头强劲。经过乔布斯的数次努力，斯卡利还是无法下定决心。就在这个关键时刻，乔布斯沉默良久，然后他抬起头，看着斯卡利的眼睛，说出了那个著名的问题：“你是愿意卖一辈子糖水，还是希望能有一个机会来改变世界？”

向自己提问吧，你也能找到你的广义相对论；向别人提问吧，你也能收获你的斯卡利。

◎ 要点总结

1. 有研究发现，成功的销售会谈中，买方说得更多。成功的销售人员是那些提问最多的销售人员。
2. 提问和陈述有五个区别，反映了提问为什么那么有力量。

   - 陈述是在邀请反驳，提问是在邀请参与
   - 陈述是在树立围墙，提问是在促进联盟
   - 陈述是在强加意见，提问是在寻求理解
   - 陈述是在单向对话，提问是在增加价值
   - 陈述是在说“我”，提问是在说我想知道“你”

3. 常见的八种问题类型分别是：开放型问题、封闭型问题、澄清型问题、探索型问题、假设型问题、程度型问题、策略型问题和结束型问题。
4. 在使用提问这项技能的时候，应该注意的要点是：

   - 要点一：先向自己提问
   - 要点二：不要过度索取
   - 要点三：多问“为什么”

● 要点四：多使用澄清型问题

实践讨论

1. 提问的八种问题类型是什么？哪一种是你的最爱？哪一种你用得最少，为什么？

2. 你最喜欢问客户的问题是什么？为什么这个问题对你这么重要？

3. 找一个真实的客户，在拜访之前，设计好自己这次拜访打算提问的问题。完成拜访之后进行总结，看看提了哪些问题，得到什么答案，是不是令自己满意。如果不满意，应该怎么修改问题的问法，然后找机会再次练习。

4. 在销售对话中，如何平衡提问和倾听？

5. 如何利用提问建立和加深与客户的关系？

09 带着解决方案沟通
如何让客户更容易接受你的请求

> 处于困境当中的人，往往只关心自己的问题，但是，解决问题的途径通常在于，你如何解决别人的问题。
>
> ——苏世民

小王到 A 市出差，想要拜访 XYZ 公司的张总。小王给张总打了电话，他是这么说的："张总，这次出差到这里来，特别想见您一面，您看这两天您有时间吗？不多打扰，占用您 30 分钟左右的时间。"结果呢，你知道的，张总很忙，没约上。

小李也到 A 市出差，也想要拜访张总，也给张总打了一个电话。小李是这么说的："张总，这次出差到这里来，特别想和您见一面，知道您的日程安排得很满，不敢再占用您的工作时间了，您看能不能挑一个早晨，我和您一起在您公司附近吃顿早餐？您公司旁边有一家很好的酒店，我每次出差来都住那里，它的早餐很不错。……不方便啊，那您明天有什么安排，有需要用车的地方吗？我开车送您一段，路上我们聊聊？"结果呢，你也知道，小李约到了张总。

小王和小李的区别是什么？

你可能会说，他们的话术不同。的确，他们的表达方式很不同，但是如果再深入一层，你可能会想到一个问题：是什么让他们的表达方式如此不同？答案是思维方式。

一、为别人解决问题是一种思维习惯

乍一看，小李似乎很有套路，能说会道。其实，很多形式看似套路，本质上都是在做一件事，那就是帮助客户清除障碍，给客户一个可以和我们持续接触下去的理由。

一说到为客户解决问题，很多销售会把这个问题想得很大，比如客户现在的产量是 100 吨，怎么改进一下就能提高到 200 吨。实际上，解决问题不仅仅是指这些宏大的内容，还有那些小而具体的事情。

先说解决问题思维方式的大视角：从"挣客户的钱"到"帮客户赚到钱"。

在传统的销售观念中，销售人员的主要目标是实现公司销售额和利润的最大化，即"挣客户的钱"。这种模式下，销售人员更专注于短期的交易完成，而不是客户的持续成功。然而，随着市场发展和客户需求的升级，单纯的交易型销售已不能满足客户的深层次需求。客户更看重与供应商建立长期的合作关系，共同成长。

在这种背景下，"帮客户赚到钱"的理念应运而生。这种理念认为，销售人员应该深入理解客户的业务流程、痛点以及业务目标，提供真正有价值的解决方案或产品，帮助客户提升效率、减少成本或创造新的收入来源。当客户因为销售人员的助力而成功时，销售人员不仅会赢得客户的信任和亲睐，还会为自己的公司创造更多的增值机会和收入。这需要销售人员转变思维方式，从短视的交易导向转变为长远的合作导向，通过为客户创造价值来实现自身价值。这不仅是一种销售策略上的转变，更是一种商业理念的升华，是以客户成功为己任的服务精神。

说完了大视角，再看小视角。

在每一个具体的场景中，销售人员也可以用这种解决问题的思维方式与客户沟通。比如，在客户拜访过程中，我们会提出很多请求，如约时间拜访、请客户吃饭、邀请客户参加产品推广会等。为什么我们经常会被客户拒绝？很大程度上是因为我们只想着如何解决自己的问题，而没有考虑如何解决客户的问题。

解决方案思维方式，是带着解决方案的请求，是通过为别人解决问题而解决自己的问题，是通过体现自己的价值而创造价值的思维方式。我们帮助客户不断清除障碍，给客户一个可以和我们持续接触下去的理由，客户才更容易接受我们的请求。

再看小王和小李的区别。小王提出了一个请求，这个请求给张总制造了一个困难——要在本来就忙碌的日程中挤出时间给他。我们试着推测一下，张总可能是这样想的：我该从哪里挤出这个时间？上午有个会，不行。下午要讨论方案，也不行，哪有时间啊。如果没有特别重要的事情，我为什么要给自己制造这种麻烦，本来的安排可能要被打乱了。与其这样，不如直接拒绝了好。

小李也给张总制造了一个麻烦，但是同时还给出了解决方案。张总连上面那段"内心戏"都省了：看看是早饭的时间好，还是路上的时间好；省得打车了，听起来不错。

我们在之前的内容中引用过纳西姆·塔勒布的话：有的人想赢得争论，有的人想赢，他们不是同一拨人。想要赢得争论的人，他给出的是语言，是四溅的唾沫星子，是心机，是只关注自己。想要赢的人，他给出的是行动，是关注你的疑惑、困难、痛点和障碍，是为别人解决问题。

作为销售人员，你需要把客户的困难当成你的目标，通过你的努力找出解决方案。更重要地，你还得意识到，每个请求都可能会给别人制造困难。为了让别人答应你的请求，带着解决方案的请求，才更容易被接受。从某种意义上说，这也是一种礼貌、体面和能力的表现。这种思维方式会让你在与客户的每一次沟通中，都展示出你的职业素养。

我们再看几个销售中常见的场景，看看具有解决问题思维方式的销售，会如何与客户沟通。

比如，当我们在请客户吃晚饭的时候，要想到，客户可能很顾家，不想出席，或者客户开车来的公司，车怎么办？我们给客户打电话的时候，可以这样说："张总，今天想来拜访您，白天您这边安排得很紧凑，您看是不是可以晚上一起吃一顿便饭？在离您家不远的地方有个新开的饭馆，朋友给我推荐说很不错，方便的话请嫂子和孩子一起，这样嫂子也不用做饭了。您先把车开回去，省得晚回去车位紧张，我在您小区门口接您。"

或者，如果客户不愿意晚上出来吃饭，约中午吃饭客户又担心被同事看到，怎么办？你可以这样说："张总，知道您习惯晚上在家吃饭，我们中午吃个便饭可好？我知道一个地方，离您公司 3 千米左右，我在您公司马路对面拐角的停车场等您，等我到了将定位发给您。"

著名天文学家、天体物理学家、科普作家卡尔·萨根有句话：超乎寻常的论断需要超乎寻常的证据（Extraordinary claims require extraordinary evidence）。请允许我套用他的这句话来表达我的理念：超乎寻常的请求需要超乎寻常的解决方案。

二、敢于提请求

千万别因为担心麻烦客户而不敢提请求。销售高手并不是不麻烦客户，而是敢于积极提出请求。只不过，在提出每个请求之后，他都会为客户提供一个解决方案，客户听完这个方案，觉得很有道理，实现起来很方便，便会满足他的请求。在提出请求的同时，请给出解决问题的方案。你提的请求越难，你给出的解决方案就越要让对方感到难以拒绝。

上案例。

苏芒曾任时尚集团总裁、《时尚芭莎》总编辑，在中国时尚圈名气很大。2003年，她发起"芭莎明星慈善夜"活动，开创了具备明星、时尚、慈善、媒体四重影响力的大型慈善拍卖晚会模式，助力慈善事业。想要请来大明星，这可不是一件简单的事情。先将主观意愿放到一边，就说档期，这些大腕们的档期都排得很满。

苏芒是怎么做的？

她先联系这些明星的经纪人，搞清楚他们的具体时间安排，然后想办法帮助这些明星腾出时间。为了请到某位明星，她亲自前往片场，用自己的人脉和资源，请导演给这位明星准假，然后再向这位明星发出邀请。得到 App 的创始人罗振宇在介绍这个案例时，给出了特别有启发的评价："你之所以敢对他人提出一个很高的目标，是因为你为他准备了一个很好的方案。"

销售也经常会遇到类似的情况。比如，你想请一位技术工程师和自己的客户做一次技术交流。工程师 A 是你们公司中最懂这个客户应用的。可是，工程师 A 没有档期，已经将时间安排给了销售 B。

这时，你该怎么办？

你可以先找到工程师 C，确保工程师 C 在你需要的时间段有档期，而且 C 足以胜任和销售 B 进行技术交流。

然后，你再给销售 B 打电话，这时你是带着解决方案去和销售 B 沟通的，这样，你的请求被应允的可能性会更大。

当销售 B 同意之后，你再给工程师 A 打电话，邀请他和你一起去做技术交流，这样，就帮助工程师 A 扫清了障碍。

你的请求会给别人带来麻烦。想要让别人更容易答应你的请求，你就需要理解别人的困难，并且为这个困难设计好解决方案。

三、解决方案的基本逻辑

给客户提供的解决方案的基本逻辑是：把简单留给别人，把复杂留给自己。

上案例。

罗振宇经常遇到有人请他为新书写推荐语的情况。不同的人有不同的做法，不同的做法产生不同的结果。

有的人，直接把书寄给罗振宇；有的人，还会附上一份书的节略版本；还有的人，会给罗振宇拟好一段推荐语，让罗振宇在上面修改；更有甚者，拟好三段推荐语，让罗振宇从中挑选一段。

如果罗振宇想帮忙，你猜他会帮助谁？

当我们感慨命运不济、世间不公的时候，是不是也先想想看，自己还能再做点什么。

再来。

故事的主人公是一家人工智能机器人公司的销售小张。

小张找到了一个很好的销售机会。一家大客户对他公司的产品表露出了意向。小张投入了巨大的精力，准备了一份详尽的方案：客户只需要购买他公司的机器人和某家公司的语音系统，再建立一个约 30 人的技术支持团队。小张信心满满地向客户展示了这一方案，同时承诺将提供各种支持，包括协助招聘团队成员，帮忙联系那家语音系统公司，还将帮助客户完成硬件、软件及各种系统设备的部署。

小张对此势在必得，可是客户的反应并不如小张预期的热烈。日子一天天过去，客户那边却迟迟没有动静。小张开始焦虑起来，不明白问题出在了哪里。

我想请你在这里停下来几分钟，合上书，思考两个问题：到底卡在哪里了？

如果你是小张，还能做些什么？

向一位经验丰富的前辈求教后，小张恍然大悟。

原来，尽管小张的方案周到、细致，但对客户来说，这个领域还是太陌生，这个方案还是过于复杂和烦琐。这就像是，你要去国外旅游，这个国家的语言、风俗什么的对你来说是完全陌生的。但是你有个朋友说，来吧，放心，有问题你就打我电话。这时，你敢去吗？你需要的不是一个有支持的"自驾游"，你需要一个"旅行团"。

客户不仅需要购买机器人和语音系统，还要自建一个技术团队，而这个技术领域对客户而言是完全陌生的，能不能管好这些人还是个问题——所有这些对客户来说都是巨大的挑战。

弄清楚了这一点，小张决定彻底改变策略。他重新设计了一套方案，提供了一个"交钥匙"服务。

怎么个交钥匙法？机器人，由小张的公司提供；语音系统由小张的公司直接采购；软硬件系统部署，小张的公司负责实施；维护支持，直接外包给一家专业的公司；他甚至为客户提供了项目上线后的人工质检服务。

这次，小张的方案得到了客户的迅速回应。不仅如此，客户对这种省时、省心、高效的服务赞不绝口。合同很快就签订了，小张和他的团队也因此赢得了公司内部的广泛赞誉。

还有。

说一个我亲历的案例。我曾经做过一个项目，涉及公司多种产品和功能。你知道的，这种技术含量比较高的工业品，产品手册都非常厚，而且根据不同的需求设计了不同的手册，有选型样本、技术指南、编程指南等，甚至针对某个复杂的功能还有专门独立的手册。有时候我自己查找某个参数都得花半天时间，更别说客户了。

于是，我为这个项目设计了一个速查手册，将和项目相关的产品列出来，提供电气接线图、安装尺寸、通信设置、操作方式、相关参数设置等信息。将客户项目上可能要用的内容都整理到这个速查手册上，无关的东西一概没有。我还为这个速查手册设计了检索功能，就像是一个锦囊——遇到什么样的问题了，请翻到多少页。

有句话说："衡量一个产品是否优秀，判断一个人的水平高低，就是看 TA 能不能把复杂留给自己，把简单留给别人。"这就是解决方案思维方式，是带着解决方案的请求，是通过为别人解决问题而解决自己的问题，是通过体现自己价值而创造价值的思维方式。

作为一名销售，尤其是在刚起步时，会遇到各种各样的困难，打电话约不上人，到了门口进不去，搞不清楚客户一直拖着是什么意思，等等。有些销售会因此而放弃，彻底离开这个行业。有的销售转而寻找办法，这时有些所谓的话术和技巧很容易被他们奉为圭臬。

通过这节内容，我想和你分享的是，与这些话术和技巧相比，更重要的是打磨自己的思维方式或者叫认知水平。思维方式对了，方法和"套路"自然会浮现。就像有句话说："学生准备好了，老师自然就会出现。"思维方式提升了，方法自然就能被你发现。

⊙ 要点总结

1. 好销售是在帮助客户清除障碍。
2. 把客户的困难当成你眼中的目标，通过你的努力帮助客户解决问题。
3. 沟通的时候，为对方可能出现的问题提出解决方案，帮助对方清理向前迈出一步的障碍。
4. 带着解决方案提请求。
5. 衡量一个产品是否优秀，判断一个人的水平高低，就是看 TA 能不能把复杂留给自己，把简单留给别人。

⊟ 实践讨论

1. 为什么说带着解决方案沟通是一种思维方式？
2. 在接下来的一天里，如果想请别人答应你的一个请求，请附上解决方案，并记录下别人的反应。
3. 如何才能把带着解决方案沟通培养成自己的一种习惯？

10 异议处理
当你面对批评时，该如何处理

批评可能不受欢迎，但它是必要的。它与人体的疼痛具有相同的功能；它提请人们注意事物不健康的发展状态。

——温斯顿·丘吉尔

如果你是一位刚入行的销售，很多前辈可能都会给你一个建议：做好被拒绝的准备。大导演斯皮尔伯格监制的电视剧《兄弟连》中有一句话："伞兵生来就是被包围的。"套用一下这句话：销售生来就是被拒绝的。我们吃的就是这碗饭。这里，我将来自客户的拒绝、批评、质疑、指责和反对等，统称为异议。

异议很常见，绕不过，也没必要绕，关键是如何面对。

一、异议应对模型

我为你提供一个异议应对模型（见图 10-1），从三个方面帮助你更好地应对来自客户的异议，分别是：心理建设、肢体语言和语言表达。

1. 心理建设

如果你去搜索，会找到很多销售应对异议的

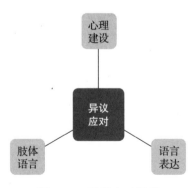

图 10-1　异议应对模型

技巧，都挺好。问题是，当面对异议的时候，我们很容易上头，情绪会战胜理智分析。

打败魔法的，还得是魔法。想要更好地处理异议，第一步要做的是在面对异议时做好情绪管理。做到这一点有两个方法。第一个方法有点像脱敏，或者说是"吐啊吐的就习惯了"。老销售都会告诉你，别着急，遇到得多了就好了。挺好，但是有点慢。

我推荐第二个方法：认知行为疗法。

认知行为疗法的创始人是阿伦·贝克（Aaron Beck），他的"认知三角"理论可以帮助我们很好地理解认知和行为的关系。他说，人的想法、情绪和行为，是一个互相激发、互相影响、互相加强的三角形，认知的重构，能改变我们的情绪和反应模式。

一个负面刺激，比如质疑，会直接诱发你的负面情绪。这时你可能会产生一个负面想法，而这个负面想法又会带出一个负面的行动。认知行为疗法的关键在于通过认知重建，来改变负面想法的出现。

举个例子。

老话说，嫌货人才是买货人。当客户提出不同意见的时候，很多新手销售会感到紧张，担心这是拒绝的信号。实际上，这是个误会。这的确是个信号，但它表示客户此时需要更多信息。

购买，本质上是个决策。当客户接近最终决策时，他会因为害怕犯错而担忧。这是人之常情，但这种担忧会影响客户的决定和行为。因此，一种外在表现就是挑三拣四，不断提出质疑，产生异议。

销售人员要意识到，这个信号的含义，不是拒绝，而是接近最终决策。

下一次再遇到客户异议时，你可以这样告诉自己："客户此时提出异议，实际上是在说'虽然你已经告诉了我很多证据，但是还不够。我担心会做出错误的决策，我还需要更多的证据才能做出决策'。"

再比如，我们刚开始做销售的时候，被拒绝后，很容易就认为是自己不行，开始自怨自艾。这时，你需要构建一个新的认知：销售生来就是被拒绝的。你说，这不是鸡汤吗？别着急，给你几个数据：

- 推销电话的转化率只有2%，换句话说，推销电话的被拒绝率是98%；

- 60%的客户在说"是"之前，会说"不"四次。48%的销售人员在第一次被拒绝后，不会进行任何后续尝试；44%的销售人员尝试一次后续操作后就放弃了；
- 销售人员在接触潜在客户之前，平均要打18次以上的推销电话；
- 在B2B市场上，50次推销电话中只有一次是成功的；
- 63%的客户需要听取供应商的承诺三到五次后才能建立对它的信任；
- 82%的B2B产品（或服务）购买者认为销售人员没有做好准备；
- 陌生电子邮件的转化率通常为1%。

但愿这些数据没吓倒你，我想要表达的意思是，被拒绝是大概率事件，轻易被接受才应该引起你的注意。

当你有了这些认知打底，再遇到异议时，就不会那么容易上头了吧。

2. 肢体语言

在肢体语言那一节，我们了解了一个事实，那就是肢体语言传递的信息，远多于语言。

在处理异议时，采用肢体语言应对的基本原则是：直面异议，不要回避。人的肢体语言有两个大的类型，一种是靠近，一种是远离。靠近代表喜欢，远离代表厌倦和害怕。你直面异议，客户在潜意识中，会认为他的异议对你而言无关紧要，不会伤害到你。与此相反，如果你表现出"退缩"的状态，那他会感觉自己的异议很有道理，甚至会加深对你的怀疑。

具体的肢体语言策略是：向前。

如果你是站着和客户沟通的，你可以微微向前半步；

如果你是坐着的，可以上身前倾；

如果你是在进行演示或者演讲，你可以往提出异议的人所在的方向，前进几步。

比如，如果你正在向一位潜在的客户介绍产品，此时他提出了异议。这时，你可以略微向对方靠近，从容且和缓地进行沟通。这表明，你并不担心和害怕这个异议，这会让客户更安心，更愿意从更多角度理解自己的异议。

阿尔伯特·梅拉比安教授的研究认为，你只需使用肢体语言，就可以下意识地化解 55% 的异议。

3. 语言表达

首先，我们要区别对待具体的异议。客户的异议一般有两种类型，一种是客户的误解，一种是我们确实没法满足客户需求。

先看第一种，如何处理误解。误解，说的是我们可以处理某个问题，但是客户认为不可以。处理误解这类异议可以分为三步走。

第一步：承认买方所关注问题的合理性。

首先，你要承认客户意识到问题的合理性。也就是说，就算是有误解，这个误解的产生是合理的。客户和你看到、听到、想到的内容是不同的，想法不同才是大概率事件，如果想法相同，反而是不正常的。

重点是，我们承认的不是想法本身，而是客户有这个想法的合理性。就像那句话说的："我虽然不同意你的观点，但是我誓死捍卫你说出你的观点的权利。"

例如，你可以这样说："我理解您对新设备是否能满足特定生产需求的担心。面对新技术，持保留态度是很自然的。"

第二步：证实你的能力，解释你通过什么方式提供这种能力。

你需要向客户解释清楚，你可以通过什么方式提供这种能力，具体的细节是什么，可能造成误会的地方在哪里。给客户提供更多的、有价值的、可以帮助客户进行判断的新信息。有了这些新信息，客户才能在此基础上重新思考，再次判断，刷新原有观点。

比如："这款自动化设备采用了最新的人工智能技术，能够根据不同的生产线进行调整和优化。我们的模型经过了大量的训练，尤其是在汽车制造和食品加工行业，它的适应性和高效性是建立在海量的数据基础上的。"

第三步：展示证据。

仅有解释还不够，想获得客户的信任，还需要你主动展示证据。证据最好和客户遇到的问题类似，是你曾经成功实施过的方案。你需要用证据来证明你所说的是事实。没有证据或者证据不充分，就叫作鸡汤文。比如：只要你努力了，明天就会更好！证据呢？所以，我们前面说到的任何事情都需要证据。

证据可以是样本、业绩清单、照片、其他客户背书、测试报告、视频、现场演示、样机、工厂参观等。证据必须客观存在，比如，其他客户的成功案例。如果有时间、有条件，你可以用讲故事的方式，介绍客户的成功案例。你可以这么说："请允许我为您展示一下我们在 A 公司的案例研究。A 公司在引入我们的设备后，生产效率提高了 30%，并且设备运行非常稳定。这里有一份它的业绩报告和我们设备的性能测试报告。另外，如果您有兴趣进一步了解，我们可以安排您参观它的工厂，亲自看看设备是如何运转的。"

再举个我自己的经历做例子。

曾经有客户这样质疑说："你们公司还有变频器？你们不是做机械产品的吗，怎么还做电力设备了？"

我回答说："张工您真懂行，我们公司确实是做阀门起家的，现在它仍是我们的主要业务之一。我们的三个事业部分别做变频器、制冷与供热设备和液压设备。变频器现在也是主要业务之一。早些年，我们的变频器做得比较专，主要在食品和制冷设备行业使用，这几年开始大力在中国投资，逐渐在各个行业推广开来。张工，是我们来晚了。不过这几年我们在提升制冷设备行业方面做得还不错，尤其是在南方。去年年会上，还听我们南方分公司的同事介绍，专门开发了一款防摇摆功能的变频器。您看我这里刚好有个视频，我可以给您看看吗？"

这时，我一边掏出手机找视频，一边说："一看您就是机械领域的专家，连我们公司的历史都这么清楚。"

说完了关于误解的异议，让我们再来看看第二种异议：客户提出的需求，你确实无法满足。

这时该如何处理？

基本的思路也是分为三步走。

第一步：承认你暂时无法满足客户的这个需求。

能做就是能做，不能做就老实说不能做。不要害怕因为说了不能做而失去什么，不能做的活本来就不是你的生意。如果通过一些办法，费了半天劲，给客户一个虚假的承诺，最后却无法兑现，就会失去客户的信任。比如，你可以这样说："我非常理解您对这项高级数据分析功能的需求。遗憾的是，目前我们的软件还不支持这项功能。我们一直在努力拓展功能范围，但我必须诚实地告诉您，目前我们还不能提供这项服务。"

第二步：增大你确有能力的价值。

很多情况下，客户的所有想法和要求也不是一家合作伙伴就可以满足的，甚至没有一家能全部满足。最终，客户要选择的是最合适的，而不一定是最好的。当你无法实现某个功能时，需要强调还有其他对客户很有价值的功能。这个新的功能也能增强客户的信心。比如："尽管我们目前不能提供这项特定的数据分析功能，但我们的软件在其他方面非常强大。例如，它拥有出色的用户界面设计、可靠的数据安全性，以及灵活的定制能力。这些都是我们客户非常欣赏的特点。"

第三步：展示证据。

和上面的情况一样，需要提供证据说明。你可以这么说："如果您同意，请让我展示一些我们现有客户的案例。您看，B 公司使用我们的软件来管理它的客户关系和内部流程，它对我们软件的易用性和稳定性非常满意。这是它的反馈和我们软件的性能报告。"

再分享一个我自己遇到的案例。

我在跑一个项目的时候，遇到了一个强大的友商 AAA 公司。它在这个行业做了好多年，产品的开发针对性很强，有很多适应性功能。当时，我所服务的公司也可以实现这种功能，但操作起来有些复杂，需要的专业知识更多。

比如，我们可以在产品内部进行编程，而 AAA 公司，将各种功能程序打包，内置在设备中，客户只需要像填表格一样填写个性化的数字就好了（有点像现在流行的无代码编程）。

当时，有一位行业内资深客户问我："我听说你们的产品没有这个功能，对吧？"

我直接回答说："这个我们确实没有，AAA 在这方面做得很好。但我们能做到的是，我们的工程师会根据您的要求，将程序编写好，然后帮助现场安装和调试。这样做在灵活度上更有优势。对您来说，目的是实现具体的功能，至于如何实现，交给厂家就可以。我们最终交付给您的，是按照您要求运转的设备。哦，对了，相比较而言，我们的尺寸还小一点，在现场安装的时候，接线更方便。"

在说上面内容的时候，我随手打开了电脑，找出了我们的产品样本。随后，我指着产品样本上的图片对客户说："您看，这是我们的尺寸图，长、宽、高，都比 AAA 的少 2～3 厘米。"

通过这种方式，你不仅承认了自己的局限性，还强调了你能够提供的价值，并通过具体证据来支持你的说法，这有助于维持真诚和透明的客户关系。

到这里你可能也看出来了，不论客户的异议源自误解还是我们自身，方法都是三步走：先承认，再增加，后证实。

二、异议防范

防患于未然——异议应对很重要，异议防范更重要。防范，防谁？

你可能没有意识到的一点是，很多异议来源于卖方自己。啊？来自我们自己，这怎么可能，解释还解释不过来呢，难道还自己给自己挖坑？是的，现实是，很多销售都会这样做，包括我自己。

有一次我在给客户列举很多我们的优点的时候，提到了 3C3 涂层⊖。我说我们的产品配有符合 3C3 标准涂层的电路板，客户直接回应："我们不需要这么高的等级，要 3C2 的就行。这样吧，你降成 3C2 的，然后给我降点价吧。"

得，我自己给自己挖了一个坑。

这个坑，来源于销售过多地陈述自己产品的特性。在客户心中，每个功能都意味着成本，那些对他没有用的功能，就是多余的成本，能砍掉最好。

异议经常源自销售过早地提出解决方案。很多销售经常犯的错误是，在让客户意识到他自己问题的严重性之前，过早地提出解决方案。此时，客户会质疑解决方案的价值，认为："我为什么需要这个功能呢？你们是不是想多卖钱？"

要解决这个问题其实不难，方法就是我们之前介绍过的提问。通过更多地提问，你可以了解到客户的需求，找到客户的问题，然后基于这些问题再去构建和描述解决方案。千万不要像背书一样，一开始就把所有的卖点和功能都说一遍，这样往往起不到好的效果，反而会让客户增加顾虑，提供产生异议的机会。

⊖ 这是一个行业术语，类似于家电上贴着的能耗等级。不必太纠结这个术语到底说的是什么，知道它是一个标准、分了几级就行，不影响理解。

三、处理客户投诉和批评

还有一类常见的异议，就是投诉和批评。

这里也要区别对待，一类是善意的，一类是"恶意"的。

1. 以善意面对善意

处理善意的异议的基本原则是：解决问题，而不要消除批评。最重要的是，千万别辩解，尽管这是我们的下意识反应。

我们听到对方的表述和我们的想法不同，满脑子想的都是如何解释给他听。这时，我们的脑子里正在忙碌地组织各种论点、论据和论证，打算等对方停下来之后，马上说给他听。于是，对方随后说的话，我们听了，但没有听进去。本质上，这是一种更关注自己的思维方式，我们总是希望通过改变别人来改变事情的发展态势。但是，这种尝试每每都是失败的，回忆一下你想让你的孩子多吃点蔬菜有多难就知道了。

接受投诉或客户的批评、抱怨时，我们的目标不是消除它们，而是要去解决问题。此时克制自己的辩解欲望最为关键。你的辩解，会被客户理解为你是在不遗余力地证明他是错的——你解释得越多，客户的感受越差。没有人喜欢被别人证明自己是错的，哪怕他真的错了。

那具体该怎么办？分为两步走。

第一步，先让客户的情绪稳定下来，否则你说什么他都不会听。在这个过程中，你需要给他一种良好的体验。建立这种良好体验的最佳方式就是我们之前介绍过的倾听——认真且带着关注去听。

第二步，发现问题和解决问题。比如，你作为公司的管理人员，面对客户的投诉、批评、抱怨时，可以这样问："您希望他多做一些什么会更好呢？"（注意语气，不要说成反问句，要说成设问句。）客户在投诉或者批评的时候，心中其实已经有了解决方法和诉求。这时，你不必着急说出自己的方法，让客户说，说不定，他的方法比你想的更有效。

分享一个我自己的案例。

有一次，我作为销售经理去拜访一位合作伙伴，一去，就收到了他的抱怨和投诉。

合作伙伴说："如果还是小C负责我们，那我们就不做你们公司的代理商了。"

刚听完我非常诧异，马上问："哎呀，不好意思，这个情况我真的不知道，他怎么了？"

合作伙伴说："他有什么事就知道说是公司规定，我们有什么困难找他协调，都协调不了。"

然后，我使用了上面的句式："您希望他多做一些什么会更好呢？"

合作伙伴接下来就是一通输出，总结下来就是说：他应该站在我们的立场上，帮我们解决一些非常着急的售后服务问题，而不是仅仅告诉我们，这是公司的规定。公司有规定，我们能理解，但是你好歹也帮我们争取一下吧，或者告诉我们还有没有其他的解决办法。

你看，这样我就知道问题的症结所在了，接下来解决问题就容易多了。

2. 面对"恶意"，占领制高点

再说第二类，所谓"恶意"的批评。注意，这里的"恶意"，是带引号的恶意。你是否面对过这样的场景：在销售的过程中，支持我们竞争对手的客户内部的人，抓住一个点，对我们展开"猛烈攻击"；或者确实是我们犯了错，客户抓住不放。

那面对这种情景我们该怎么处理呢？

让我们看一个案例。

2010年，苹果发布了iPhone 4。刚一上市，很多人发现手机经常收不到信号，这就是著名的"天线门"事件。

那时，乔布斯还在，我们来看看乔帮主（中国粉丝对乔布斯的昵称）是怎么处理的。

乔布斯召开了一场新闻发布会，他表达了三个意思：我们不是完美的。手机也不是完美的。我们总是尽我们所能让用户满意。

结果呢？新闻发布会后，舆论的基调变了。很多人在讨论乔布斯的发言对不对，赞同的一大片，当然反对的也有一大片。还有人说别的品牌的手机也有这样或那样的问题，还举出了实际的例子。此后，没人再把iPhone 4归为残次品，iPhone保住了其在消费者心中高端品牌的定位。

特朗普和乔布斯在面对指责和批评的时候，都用了同一种高级武器，叫占领制高点。

这种方法分为三步：

第一步，面对指责和批评；

第二步，这个指责你无法解释清楚，无论怎么解释都是减分；

第三步，离开这个层次，将话题拨到更高的层次上去。

什么是更高的层次？

比如，面对缺陷，更高的层次是我们一直在路上；面对失败，更高的层次是这是一次实验、一次积极主动的失败；面对当前，更高的层次是未来；面对有限，更高的层次是无限。

在 iPhone 4 由信号不好引发的危机公关中，乔布斯占领的制高点是：没有人是完美的，但是我们努力为大家做到更好。人非圣贤，孰能无过。此话一出，别人再不好揪着这个问题不放了。在发布会上，乔布斯一上来说的两句话"我们不是完美的。手机也不是完美的"，本质上是承认了当前的问题，但是，承认的方式很高级。后面一句话"我们总是尽我们所能让用户满意"，是在强调自己的另一个能力：为用户服务的精神。所以，请大家看我们的表现，我们重视你，我们关注未来。

最后，说一点我个人主观的思考。

《孟子·离娄上》中曰："行有不得者，皆反求诸己，其身正而天下归之。"意思是说，没得到想要的结果，先别着急说别人，看看自己有没有没做好的地方，自己做好了，该来的就来了。巴菲特的好伙伴查理·芒格也有一句类似的表达：想要得到一个东西，最好的方法就是成为配得上这个东西的人。配得上，东西自然就得到了。

往深一层看，异议需要的不是"处理"，而是"同理"："因为那些看似异议的东西，其实是伪装的提议"。为什么我们没有听到这个提议？因为我们通常的做法是，一看到"伪装"，马上就想着如何去反驳。面对异议，我们缺少了一点同理心。想要发现这些来自亲爱的客户的"提议"，我们得改变：先改变倾听的方式，再改变回应的方式。

客户之所以有异议，大概率是因为我们没有做好，这是一个提升自我的机会。换个词，如果我们不用异议、抱怨、投诉这类负面的词，而用反馈这个中性词，那是不是更能有所启发？

处理异议需要技巧，更需要理解。基于理解的异议处理可以帮助你化解冲突，构建关系，甚至可以提示你下一步行动的关键方向。客户的抱怨也好，批评也罢，本质上，都是在给我们指出自我改善和提升的方向，这多好啊。

◎ 要点总结

1. 异议应对模型，分为三个方面：心理建设、肢体语言和语言表达。
2. 嫌货人才是买货人。
3. 用肢体语言应对异议的基本原则：直面异议，不要回避。
4. 客户的异议一般有两种类型，一种是客户的误解，一种是我们确实没法满足客户需求。
5. 处理异议的三步走：先承认，再增加，后证实。
6. 异议应对很重要，异议防范更重要。很多异议来源于卖方自己，来源于销售过多地阐述产品的功能和卖点，或者是过早地提出解决方案。
7. 要解决问题，而不要消除批评。
8. 那些看似异议的东西，其实是伪装的提议。

冒 实践讨论

1. 面对异议的时候，你的第一反应是什么？你有什么方法在情绪和反应之间建立一个缓冲？
2. 在面对异议的时候，请使用三步走。完成之后，试着将当时的场景写下来，回顾自己的表达和客户反应，寻找可以提升的地方。
3. 为什么在面对异议时，人们下意识的反应是先反驳？

第 三 章
CHAPTER 3

强化影响力｜突出重点

屈臣氏中国人力资源副总监郭宏德说："以我们多年的用人经验，说话不得要领的人，做事也会迷糊；而说话简洁的人，做事肯定也干练。"

把重要的事情说明白，是真本事。

对销售而言，这一点尤为重要。把事情说清楚，有两个重要的抓手，一个是点，一个是线。

销售的点是卖点。每种产品或服务都有自己的特点，也叫作差异化。卖点很重要，如何表述卖点更重要。想要打动客户，你需要表达卖点的方法论。我会为你提供两种卖点表述方法，你可以根据面对的客户类型、具体场景，灵活选择。

关于线，有两个含义：一个是故事线，一个是逻辑线。

故事比数据更能引起人们的注意，被大家记住。当你听完一个精彩的演讲，其中的数据和分析你可能不会记得，但是很多年之后你都还能回忆起其中的某个故事。把卖点放在故事里，用故事线强化你的影响力。

当你站在客户面前，沟通时条理清晰且简洁明快、重点突出且详略得当，客户会将这种表现投射到你做事情的能力上，信任感便油然而生。信任，是成交的前提。要做到这一点，你需要抓住逻辑线。

来，工具准备好了，我们一起开始操练。

11 卖点表达之 FABE
客户真正在意的到底是什么

如果你想使生意进行到一定深度的话，那就应该放弃优点陈述而改用利益陈述。

——尼尔·雷克汉姆

很多人对销售人员都有刻板印象，认为他们擅长忽悠。这种先入为主的印象给我们的销售活动额外增加了难度。通常，客户一开始对销售都有一种提防心理。想要成交，必须先打破这种认知。

在你和客户发生交易之前，客户心中会有以下几个疑虑：

1. 我为什么要听你讲？

2. 这是什么？

3. 那又怎么样？

4. 对我有什么好处？

5. 谁这样说的？

6. 还有谁买过？

为了消除客户的这些疑虑，你需要一种方法来快速证明自己。

一、FABE 是什么

这一节，我们介绍一种卖点表述方法，叫 FABE 表达法。这个方法，可以帮助你将关注点从自己的产品卖点从容地转移到客户身上，让客户感受到这些特性带来的具体价值，从而打消疑虑，提升购买欲望。FABE 就像一个武器库，客户需求就是目标。你可以先分析客户的需求，然后从武器库中选择最适合的"兵器"来应对。

FABE 模型涉及四个核心要素：特性（Feature）、优势（Advantage）、利益（Benefit）和证据（Evidence）。

1. 特性

特性指的是产品的技术规格、质量、可以实现的具体参数、产品本身的属性，等等。

举几个例子：

- 上一代手机的主要功能是打电话；这一代手机成为移动互联网的终端入口，主要功能是连接网络。
- 星巴克说，我们的主要功能不是卖咖啡，而是提供城市的第三空间。
- 特斯拉宣称 Model S Plaid 百公里加速时间是 2.1 秒，这款车曾被誉为地表最快的量产车；主打安全的某品牌汽车，某一款车上有 22 个安全气囊；主打舒适的奔驰，在高端车型里装有空气悬挂系统等。

不同的公司推出不同的产品，会有各自特定的技术参数，这些参数就是产品的卖点。在工业品领域，特性更是各个厂家不遗余力介绍的重点。

以某公司的变频器产品为例，在这款变频器的宣传手册或销售人员的介绍中，经常提到的如 3C3 涂层、300 米电缆长度、中文操作面板、50℃环境温度下不降容、全球联保、尺寸小、能效 98% 等，都是具体的特性。

销售人员在介绍特性时，有几点需要注意：

第一，要客观，是就是，不是就不是。特性是客观存在的，可以被量化或清晰描述，非常容易被证实或证伪。谎言会导致更多的谎言，一旦某个环节崩塌，之前构建的大厦就会轰然倒塌，满盘皆输。

第二，作为销售，要多看产品样本，直到把样本翻烂为止。有不清楚的地方，就找技术同事请教，千万别模棱两可。多和有经验的销售前辈沟通，请教他们是怎么给客户介绍某个特性的，对于此特性客户经常会问什么问题等。

第三，根据客户的需求选择卖点。不停地找，不停地试，直到找到为止。很多客户不知道自己真正需要什么，需求是在诊断的过程中发现的，这就是为什么你必须成为产品专家。

第四，寻找特性有三个方向：产品的功能、购买产品或服务的流程以及企业与客户的关系。

第一个方向是产品的功能。这个很容易想到，不必多说。

第二个方向是流程，指购买产品或服务的流程。比如，以前我们买东西，要去淘宝或京东挑选；现在呢，刷着抖音就能下单。传统汽车通过4S店销售，现在的新能源汽车很多通过厂家直营店销售。传统汽车4S店一般分布在城市边缘的汽车城，各个品牌扎堆。特斯拉呢，会将自己的直营店放在城市中心的大卖场中，放在苹果零售店的旁边。

还有，京东物流十分快捷，上午买，下午就送到，这就是它的一个强有力的卖点。

第三个方向是关系，指企业和客户之间超越简单交易的互动。比如，会员优惠、VIP、定制化服务、粉丝团等都是构建在关系基础上的特性。

还是用特斯拉来举例。传统汽车厂家和消费者之间，还隔着一个4S店，消费者购车之后，主要是和4S店进行互动。而且，很多消费者在汽车过了保修期之后，还会寻找有能力的汽修店做定期保养，几乎和厂家完全隔离开来。这造成传统汽车厂家对消费者的使用习惯、满意程度、未来需求知之甚少。而特斯拉在关系这个方向上，颠覆了传统的做法。你可以把特斯拉汽车看成一个大号的手机，它也可以进行软件的升级。这就在消费者和特斯拉公司之间，建立了一条强悍的纽带。还有人工智能的加持，特斯拉比你更了解你的驾驶习惯。

还有一些公司，会为更高端的客户提供更周全的服务，比如，亚马逊的Prime会员制、京东的PLUS会员、中国移动的全球通客户等，这也是关系上的特性。

这个时代，卖点早已超越了产品本身，需要在各个维度上尽可能地打造优势和差异化。

2. 优势

优势指的是产品的特性或卖点能带来的具体好处。也就是说，你说某个特性好，那到底好在哪里？这里需要用主观的语言来描述上面的客观事实，解释这些特性会带来哪些优势。

比如，接着上面的例子说：22 个安全气囊，在遇到突发事件的时候，气囊会将全车无缝包裹起来，乘客就像是在一个大的充气气球中，得到全面的保护。之前变频器的例子中，3C3 涂层、300 米电缆长度和中文操作面板是产品的特性。具有这些特性的产品，你可以这样表达它的优势：

- 按照 3C3 等级进行涂层的产品，在有腐蚀气体和湿气较重的环境下不易短路，可以满足您在恶劣条件下使用的需求。
- 因为支持 300 米电缆长度，所以您可以不用在输出端额外配置电抗器。
- 因为它有中文操作面板，所以您的项目现场人员可以很快学会操作。

这里需要注意的是，如果想要这个优势更有说服力，就需要进行比较。但是要注意，比较的不是优势，而是特性。

具体做法是在特性部分与竞争对手比较，然后再表达这些特性的优势。比如，你可以说：我们的产品可以在 −40℃到 50℃的环境温度下运行，而友商的温度范围普遍在 −30℃到 45℃。然后再解释这么大的环境温度范围带来的优势。

另一个需要注意的要点是，优势是一个主观意味较浓的维度，因此不要把话说得太满，以免引起客户的反感。例如，"我们的产品是全世界最好的"这样的说法最好避免。好与不好是主观判断，这样的比较只会给自己制造麻烦。

3. 利益

这是 FABE 模型中最重要的一环，它直接关系到客户的决策：客户并不在乎你卖的是什么，客户真正关心的是这个东西能给他带来哪些利益。

利益，也就是好处，是客户能得到什么，而不是你能给什么。这有很大的不同。你能提供的东西，客户不一定需要。因此，在这方面一定要关注客户的反馈，确保他接受你提出的利益点。这是真正站在客户的角度思考问题。

我们继续用汽车举例子，看看如何表达利益：现在路上的车那么多，万一出现什么不好的状况，这些安全气囊会大大减小车内人员受伤的概率，极大地保障人员安全。

再比如，在工业领域，你希望强调产品的可靠性，可以这样描述客户得到的利益：这种设备，可以降低您现场的故障率，将使用寿命从 5 年提升至 8 年，平均每年能为您节省 5000 元备件采购的费用。

利益是核心，是关键，是特性和优势的落脚点。摩托罗拉公司的内部研究指出："擅长运用利益的销售人员比喜欢用优势的销售人员的业绩多了 27%。"

所以，表达特性和优势，就是为了引出利益，这才是对客户而言最有吸引力的要素。

还有一项研究发现：在整个销售周期中，利益对客户的影响力最大；特性的影响力总是很小；而优势在开始时影响力大，但随着客户接触的增加，影响力快速下降。

初级销售背特性，普通销售说优势，而真正的销售高手在呈现利益。

陈述利益时，量化会让这个武器发挥出更大的威力。增加的产能，可以转化为多少收入？节省的费用，到底是多少钱？需要注意的是，这些具体的数值，必须得到客户的认可。如果客户不认可你给出的数字，试着搞清楚原因，看看自己哪里理解错了。

利益陈述是一个需要积累的过程。你得知道自己的产品或服务究竟在哪些领域可以为客户带来多大价值。这需要你多与技术人员、客户和其他销售多交流，将别人的经验转化为你的素材。

4. 证据

最后，别忘了主动证实你所说的内容。证据或证明是客户相信你的关键。你需要用证据来证明你所说的是真实的。证据包括样本、业绩清单、照片、其他客户背书、测试报告、视频、现场演示、样机、工厂参观等。

证据与特性一样，必须是客观的。这样，从特性到优势，再到利益，最终回到证据，完成了一个"客观—主观—主观—客观"的闭环。最终的落脚点还是在客观。

继续使用安全气囊的例子，我们再练习一下。比如，你可以这样表达证据："我们有个车友会，其中一位车友分享过他的亲身经历。有一次，在一个下雪天，他的车被对面的车撞了一下，车在冰面上失控，最后从一米多高的路上冲了下去。气囊全部打开，人毫发无损，只是受了一些惊吓。如果您买了我们的车，也可以加入我们的车友会，我可以介绍您和这位车友认识。"

再比如，上文提到的变频器的例子，你可以这样说："我们参加某公司招标时，它找来了七八个产品厂家，每个厂家带一台产品，在它的现场运转一个月，最后谁扛得住就用谁的。如果您感兴趣，我可以带您去它的现场看看。"

这个环节的要点是，你要主动。主动拿出证据，不用等客户问"真的假的，这么好？"利益一说完，直接上证据，一气呵成。

如果你的证据是和目标客户有关联的客户所提供的背书，这会更有说服力。关联度越强，证据越有力。

让我们把这四个环节连起来看看，你可以这样说：

> 我们这款车，全车遍布 22 个安全气囊。在遇到突发事件的时候，气囊会将全车无缝包裹起来，乘客就像是在一个大的充气气球中，得到全面的保护。现在路上的车那么多，万一出现什么不好的状况，这些安全气囊会大大减小车内人员受伤的概率，极大地保障人员安全。我们有个车友会，其中一位车友分享过他的亲身经历。有一次，在一个下雪天，他的车被对面的车撞了一下，车在冰面上失控，最后从一米多高的路上冲了下去。气囊全部打开，人毫发无损，只是受了一些惊吓。如果您买了我们的车，也可以加入我们的车友会，我可以介绍您和这位车友认识。

这样的表达既能打消客户的疑虑，还能提升对方的兴趣和信任度。

FABE 表达法是一种模型，而模型本质上是一种工具，工具的核心价值在于使用。

那我们具体该如何使用 FABE 模型？

二、FABE 怎么用

使用的关键是发动群众。这是什么意思？

你可以在公司内部组织一次头脑风暴。以下具体的操作流程供参考。

1. 列出产品特性

- 选择一款产品，将其名称写在白板上。

- 请大家在便签纸上写下这款产品的特性。
- 收集这些特性，合并同类项，整理后写在白板上。

2. 投票给特性排序

- 请大家投票，每人 2 票，投给他们认为最能打动客户的特性。
- 根据投票结果，对特性进行排序。

3. 提炼优势

- 从排名第一的特性开始，对这个特性，请大家每人写一条优势。
- 讨论后保留 3 条优势。

4. 陈述利益

- 对每一条优势进行利益陈述，每条优势保留 3 条利益。

5. 整理证据

- 根据上文提到的方法，整理证据。

这样，你就得到了一个初步的基于群体智慧的数据库了。之后，当公司的某位销售在某个领域有了成功的案例时，请他写按照 FABE 模型整理案例，保存到公司的数据库中，供大家使用。

这还是个建立学习型组织的过程，一举两得，值得尝试。

三、怎么用好 FABE

最后，再说几个我在使用 FABE 过程中的感悟。

1. 搞清楚客户需求

在表述卖点之前，先搞清楚客户的具体需求是什么。调查清楚客户的需求、不满和困难，再去和客户谈相关的产品特性。知道客户的现场环境中确实有腐蚀性气体，再去讲 3C3 涂层的特性。增加的特性意味着增加的成本，你说得越多，客户可能越觉得不值。

2. 养成记录的习惯

强烈推荐一个工作和学习的习惯：做记录。勤于记录，积累复盘的素材，这是你不断进步的基础。

将 FABE 工具化，集合集体力量，交流使用情况，讨论问题和改进方法。每半年组织一次内部讨论，升级这个工具。数据库越详细越好，打造一个动态的集体协作平台，人人都可以记录、添加和修正，持续迭代。

我们经常说的学习型组织，听起来挺高大上，好像需要很高深的理论和方法才能构建出来。其实，使用这种方法，共建一个人人为我、我为人人的平台，这个过程不就是在构建学习型组织吗？

再想想看，培训销售新人时，以此为基础，可以直接"站在巨人的肩膀上"。新人好上手，教的人也有素材，效率非常高。

3. 积极尝试

最关键的，是开始用。

人有思维定势，在使用新的东西时，容易找它的缺陷。一旦发现与自己预期不符，就会告诉自己，这个新的东西不好用，还是用以前的老办法或者老工具吧。这是我们的舒适圈在作怪，是人的天性使然，但是，相信我，这种改变值得你尝试。

表面上，你是在努力打破舒适圈，实际上，你是把自己的舒适圈的边界，又向外推了推。

回过头来，让我们看看本节开头提到的客户心中的 6 个疑虑，现在你利用 FABE 模型，可以给客户做完美的解答：

　　　你用"特性"解答"这是什么"；

　　　你用"优势"解释"那又怎么样"；

　　　你用"利益"回答"我为什么要听你讲"和"对我有什么好处"；

你用"证据"回应"谁这样说的"和"还有谁买过"。

客户并不在乎你卖的是什么，客户真正在乎的是他收获的利益。

◎ 要点总结

1. 想要成交，必须先打破客户对销售的刻板印象。
2. FABE 模型，可以帮助你将关注点从自己的产品卖点从容地转移到客户身上，让客户感受到这些特性带来的具体价值，从而打消疑虑，提升购买欲望。
3. 要把这个工具用好，你需要发动群众。
4. 在表述卖点之前，先搞清楚客户的具体需求是什么。
5. 最关键的，是开始用。
6. 客户并不在乎你卖的是什么，客户真正在乎的是他收获的利益。

📋 实践讨论

1. 在证据提供方面，你一般会使用哪些方式？
2. 如何根据不同客户的需求，将同一产品或服务带给他们的利益进行个性化陈述？
3. 选一款产品，找出你认为它最有价值的特性，按照 FABE 模型撰写卖点表述脚本。
4. 你介绍卖点时，有没有在哪个环节有所缺失？这个缺失，对销售有什么影响？
5. 对于技术密集型产品，FABE 模型在解释复杂功能和优势时面临哪些特别的挑战？你会如何克服这些挑战？

12 卖点表达之 USE
如何让客户感同身受

在说服的环境下，如果能让某人想象出一个场景，那就不需要实物图片了。

——斯科特·亚当斯

你买过车吧，或者你陪朋友一起买过车吧。在买车的时候，你可能会遇到两种类型的销售人员。第一种销售，我们称之为李雷；第二种，我们叫她韩梅梅吧。

在第一家 4S 店，你遇到李雷，他这样为你介绍：

> 您看，我们这辆车配备 2.0T 发动机、258 马力、9 挡手自一体，最大扭矩 370 牛·米，车内配置科技感十足，装有语音识别控制系统，大灯高度可调，还有多功能后视镜、车内 PM2.5 过滤装置，一应俱全！

等你来到第二家 4S 店，遇到韩梅梅，她是这么说的：

> 这台车有一个亮点，就是感应后备箱。您看啊，您拎着大包小包高高兴兴地从商场里出来，走到车前，怎么打开后备箱呢？刚买的高级服装怎么可以放在地上？也腾不出手来找钥匙啊。这该怎么办呢？这时，您只需要用脚在后备箱下面从左到右这么一晃，后备箱就会缓缓打开。哇，旁边的闺密该嫉妒死了！

你猜猜看，李雷和韩梅梅，谁的销售业绩更好？李雷很懂车，所以你会信李雷，他的业绩应该更好，是吗？

不一定。李雷或许更懂车，但是韩梅梅更懂你。仔细想想，你去现场看车，这些参数不管你是不是已经知道，不管你知道了多少，仅仅靠提供这些信息，是无法让你下定决心购买的。

回到你的工作场景。我猜你是一位销售人员。现在，请进行一次换位思考。假设你是客户，是一位技术工程师或采购工程师。如果每天来拜访你的销售都只能背诵参数，你是否还愿意花时间接待他们？样本上写得清清楚楚的，还需要他们来为你朗读吗？

久而久之，这种类型的销售，想再见到你，会越来越难——你已经被那些无趣和无用的销售烦透了。

好的，再换回来吧。既然韩梅梅的方法有效，那我们就来分析一下，她的方法好在哪儿。

韩梅梅的方法中有两个要点，一个叫作调动情感，另一个叫作视觉想象。

一、调动情感

我们在倾听那一节提到了亚里士多德的关于说服的观点。他说，在三种说服角度中，演说者和听众之间形成情感共鸣，比逻辑和伦理更有力量。

如果说亚里士多德的结论是基于经验或思辨，那作为现代人，我们需要看实验证据。

美国纽约州立大学的社会心理学家亚瑟·阿伦（Art Aron）教授是研究个人关系和人际亲密感方面的专家。他的研究发现，在随机分配的小组中，如果两个人的对话停留在事实层面，当实验结束后，这两个人的关系也就结束了。但如果谈话涉及情感相关话题，这两个人会迅速建立起亲密关系，这种关系甚至延伸到了实验之外……一直保持着牢固状态，未因时间的流逝而消失。

那么问题又来了。现在我们知道了调动情感可以建立亲密关系，从而提升说服效果，但是销售的产品卖点是个硬指标，如何才能将"硬卖点"和"软情感"建立起联系呢？这就涉及第二个要点"视觉想象"。

二、视觉想象

想要让对方接受，不要一个劲儿地说这个东西怎么好，而要构建出一种具体的视觉想象。

我们经常说的讲故事，其实就是一种构建视觉想象的方式。故事比大视角的道理更有效，尤其是真实的关于人的故事，效果更佳。故事强于数据，也优于图片。故事给了你视觉想象的机会和空间，你会将故事脑补成自己喜欢的样子。

激发对方的视觉想象并不难，你只需要告诉对方他应该想什么就行。将想要说服别人的内容描述成一个日常生活中熟悉的对象、一个具象的东西，这样更容易激发出他的视觉想象。比如，想表达苹果公司的未来会很好，可以说："当我们拿出 iPhone 25 的时候……"

视觉想象有两个关键的作用。

第一，人们并不善于抽象思维，因为这不是进化给我们的设定。这种能力是我们近几千年才开始慢慢具备的，对于进化而言，还不足以形成影响力。

第二，我们想象某事发生，会更容易认同这件事。你想象自己成功了，便会更加相信自己会成功；你想象自己手里拿着 iPhone 25，便会更加认同苹果公司的未来。

大脑关心的不是事实，而是具象；而这个具象到底是自己看到的还是想象出来的，大脑并不在乎。这就是我们常说的脑补。

所以，在说服客户时，如果涉及具体问题，不要讲干巴巴的技术原理或者数据，而要使用比喻或类比，将你的技术与客户熟知的具体事物建立联系。你还可以描述客户可能经历的具体场景，帮助客户构建视觉想象，帮助他说服自己。

为什么视觉想象有这么强大的效力？这和我们的大脑结构有关。

看到别人打针，我们是不是也有一种被针扎的感觉？看到别人突然磕到门框上，是不是我们也心里一紧？这似乎很平常，但是，这是为什么？

这是因为我们大脑中有一种被称为镜像神经元的东西。比如，你希望动一下自己的大拇指，这个动作是由控制大拇指肌肉的神经元完成的。有意思的是，当你看到别人在做竖大拇指这个动作时，你大脑中同样的神经元也会被激活。

也就是说，我们在自己的大脑中模仿了一遍这个动作。这个发现被科学界称为发现了人类学习的秘密。但是，我们在和客户沟通的时候，很难将客户放到某个实际的场景中，所以需要绘声绘色地描述这个场景。你描述得越细致、越有画面感，就越能调动起客户的"镜像神经元"，令他"感同身受"，这就是所谓的同理心。

所以，想要让对方相信一个抽象或者宏大的观点，最好的方法是用具体的例子。例子可以是对方身边发生的事情，这样更容易建立切身感。在讲述过程中，通过语言描述帮助对方构建视觉想象。这种方法的好处是可以帮助对方不受约束地想象，坏处是对讲述者的要求很高，遣词造句，动作语气，都得有一定的水平。

下面我们就来解决这个问题，看看如何有效地构建出这种视觉想象。

我的方法叫使用场景描述法。

三、什么是使用场景描述法

使用场景描述法（Usage Scenario Envision，USE）的关键在于，你要把产品的特性或卖点与坐在你对面的客户的应用场景联系起来，帮助对方构建视觉想象，达到调动情感的效果。

你可以描述一个场景，在这个场景中，主角是你的客户。在你的描述中，产品的卖点产生了效果，帮助客户带来改变，解决了某个问题，避免了某个特殊状况。本质上，这是一个视角的转换，让你从销售方变成了产品的使用方。就像我们在玩游戏的时候，可以从第三人称视角切换到第一人称视角。

那具体该如何表达呢？

使用场景描述法包含了下面5个要素，分别是：场景、问题、痛点、行动者和行动。

1. 场景

场景中的具体事件必须是可能发生的，否则会极大削弱你的描述效果。如果客户不相信这个场景是可能存在的，那么后面的一切都是空谈。例如，你卖保暖内衣，不要假设"如果你在月球上……"，因为这个场景太遥远，客户难以构建视觉想象。你可以这样说："在1月的一个晚上，你必须要出门，那天晚上寒风大作，大雪纷飞……"这个场景能勾起客户曾经见过或体验过的相似场景。

2. 问题

问题是指需要解决的难题。接着上面的那个例子讲下去："你必须徒步2千米到附近的药店，给你的孩子买退烧药。"这是你面临的一个挑战，你必须面对或解决的事情。

3. 痛点

痛点是指障碍，是妨碍客户解决问题的两难境地——这样不行，那样也不行。如果没有痛点，问题很好解决，就像虽然我们面前有一道上了锁的门，但锁上有一把钥匙。真正的痛点是有一道上了锁的门，但是看了看周围，没找到钥匙。继续讲上面的例子："你穿得很厚，还得快步走到药店。出点汗，风一吹，透心凉！"

4. 行动者

你需要强调谁是行动者。谁，需要对上面的事件、场景或问题采取行动。有个具体的人在例子中会增强真实感。你指名道姓说一件事情，会增强事情的可信度。

比如：从前有个小女孩，她每天都要穿过一片森林。

或者是这样：从前，有个小女孩，她的名字叫小红帽。小红帽每天都要穿过一片森林。

哪一个听起来更有感觉？

尤其是当行动者的状况、地位、身处环境、背景和客户类似时，代入感会更加强烈。在上面的例子中，行动者是"你——孩子的家长"。

5. 行动

对于具体的人，比如承担某种工作职责的客户，哪些特性可以使他在这个场景中游刃有余？你可以将这些特性或卖点转化为具体的行动，并用第一视角进行描述。

接上例："如果穿了带有 TechWarm 技术的保暖内衣，它会将您的汗水转化为热量，那您就不会感到寒冷了，可以更快速地买到药，回到家，让您的孩子吃下，缓解发烧的症状。"

让我们把上面的表达连起来，你再感受一下：

"在 1 月的一个晚上，你必须要出门，那天晚上寒风大作，大雪纷飞……你必须徒步 2 千米到附近的药店，给你的孩子买退烧药。你穿得很厚，还得快步走到药店。出点汗，风一吹，透心凉！你——孩子的家长，如果穿了带有 TechWarm 技术的保暖内衣，它会将您的汗水转化为热量，那您就不会感到寒冷了，可以更快速地买到药，回到家，让您的孩子吃下，缓解发烧的症状。"

这样，这个卖点是不是深深植入你的脑海中了？

再举一个工业品销售中的例子：

"贵公司派到客户现场的服务工程师在检查一个设备上变频器的参数时，发现变频器在报错。这时他想通过一些参数调整来解决问题。可是现在是在客户的现场，他手头也没有变频器的使用手册，没有办法确切知道要修改的参数的含义。客户现场信号还不太好，打了几个电话都断断续续地听不清楚。这时，该怎么办呢？其实，您的服务工程师，只需要按一下我们的操作面板上的 INFO 键，里面内置了一本详细的参数手册，所有的参数解释都有，这样就可以解决这个棘手的问题了。"

你可以试着花几分钟的时间，按照上面提到的 5 个要素进行拆解，看看哪句话对应哪个要素。

使用场景描述法的关键点在于，你要把产品特性或卖点，与坐在你对面的客户的应用场景联系起来。场景化的描述可以激发客户的同理心。你描述得越细致，就越能激活客户的镜像神经元；越能让客户感同身受，你也就越能打动对方。

◎ **要点总结**

1. 说服有两个要点，一个叫作调动情感，另一个叫作视觉想象。

2. 调动情感是指可以和对方建立一种亲密的关系，从而提升说服效果。

3. 想要让对方接受，不是要一个劲儿地说这个东西怎么好，而是要构建出一种具体的视觉想象。

4. 场景化的描述可以激发客户的同理心，细节可以让客户感同身受。使用场景描述法建立了共同感受，从而拉近了你和客户之间的关系。

5. 使用场景描述法的五个要素是：场景、问题、痛点、行动者和行动。

6. 使用场景描述法之所以管用，是因为大脑中有一种叫作镜像神经元的东西，它可以让我们理解他人的情感，产生同理心。

实践讨论

1. 使用场景描述法有几个关键要素？分别是什么？你认为哪个最重要？

2. 我介绍了两种卖点表述方式：FABE 和 USE。它们的相似点是什么？不同点又是什么？两种表述方式侧重的客户类型分别是什么？

3. 请找一位你的客户，挑选一个卖点，用 USE 设计一套推荐语，并进行练习。

13 故事力
如何用故事打动客户

> 现代的知识分子不难承认，神话的象征手法具
> 有心理学上的重要性。
>
> ——约瑟夫·坎贝尔

一、为什么讲故事更容易打动别人

被誉为全球最具影响力的 50 位商业思想家之一的丹尼尔·平克，在他的著作《全新思维》中提到，对未来职业成就和个人满足起到决定性作用的，有六大全新思维，其中一个就是故事力。当今时代，信息随处可得，其价值在逐渐减弱，而真正有价值的是把信息放到某个场景中，使之具有情感冲击力。这种能力，就是故事力。

有句话说，爱笑的女孩运气都不会差。还有句话说，会讲故事的销售，业绩也都不错。讲故事，已经不再只是父母在床前陪伴孩子入睡的技能。故事，是人和人之间建立关系的基础。在这个强调连接的时代，讲故事的能力将帮助你更受欢迎、更有魅力，甚至更容易成功。对于销售这个以说服为本的职业，故事力的重要性怎么强调都不为过。

不知道你是否问过这样一个问题：为什么那么多人都在用故事传递自己的想法？

你也许注意到，领导者大多喜欢讲故事。他们会通过分享故事，比如自己的

成长经历、公司发展的历程，来塑造和巩固自己的领导身份。多丽丝·古德温是美国著名的总统传记作家，获得过普利策奖，曾写过林肯、西奥多·罗斯福、富兰克林·罗斯福等总统的传记，连奥巴马都是她的忠实读者，还曾经接受过她的采访。她在这些总统的身上，发现了很多优秀的特质，其中最为关键的一项就是，他们都有很强的讲故事的能力。历史上伟大的美国总统都是讲故事的高手。让我们来看一个关于一位领导者如何讲故事的故事。

1862 年，美国南北战争时期，林肯要说服国会通过《解放黑人奴隶宣言》，但是国会中很多保守派议员反对，他们的理由是当初宪法并没有谈到废奴这一条。经过一系列的辩论，林肯也没有说服那些议员。

有一天，林肯想了一个新办法，他到国会讲演时，没有再带那些和法律有关的书籍或文件，而是带了一本欧几里得的《几何原本》。在国会里，林肯举起这本数学书讲到，整个几何学的定理和推理都离不开其中一条公理，那就是所有的直角都相等。既然所有的直角都相等，那为什么不能人人平等。当你否认了我们所说的直角公理，即使能构建出一个几何学体系，也是不完整、没有效用的。类似地，如果我们把人的不平等设定为公理，那么构建出的社会也不会是平等的。就这样，林肯让反对《解放黑人奴隶宣言》的议员们语塞了，最终宣言被通过。林肯找的这个关联是不是没有逻辑的瞎联系呢？不是的，他是告诉大家，一个好的体系，一定要构建在代表公平和正义的公理之上。如果在几何学中引入一条凡直角不相等的公理，整个体系就会崩塌；类似地，一个国家如果制定了人和人不平等的公理，也无法长久。

企业界更是故事的乐园。

著名的企业资源管理系统软件公司思爱普（SAP），设有一个有趣的职位，叫首席故事官（CSO）。思爱普发现，如果用复杂的技术术语与客户沟通，客户基本无感，但用讲故事的方式介绍产品，销量会大幅提升。

实际上，我们每个人都在用自己不同的方式讲故事。媒体、艺术、职场、家庭、做生意，都是在讲故事。这是一种源自人类本能的力量，是人的内在生存的需求，是人类信息沟通和认识世界的根本方式。

人类和动物最大的区别在于，人有自我意识。什么意思呢？比如，一只羚羊，外界的环境有什么变化，它就做什么反应，闻到狮子的气味了，那就赶快跑。它不会想，我是谁，狮子是个什么概念，我和狮子的关系是什么。

人类在漫长的进化过程中产生了自我的概念。这个概念一产生，人和动物就彻底不同了。面对那些强大到无法解释的事情，人类在恐惧中，创造了故事。比如，打雷和闪电是因为雷公和电母生气了。每个强大的力量后面都有一个神，这些就是人类社会出现的最早的故事。人类文明的传承自故事开始，通过故事实现。

进化心理学中有个核心的观点，说的是，每一种现存于我们身上的心理机制，一定曾经成功帮助过那些具有这些机制的人类，解决了某个和生存相关的具体问题，这些人因此获得了更大的生存概率。于是，这些机制的所有者就有了更多的将基因遗传下去的机会。编故事、讲故事、喜欢听故事就是这样一种心理机制。

故事传承了文明。

在没有文字的时候，技能和经验也是通过故事传承的。想象一下我们的原始祖先，围绕在篝火边，孩子们聚精会神地听着老人们讲述如何围猎猛犸象的故事，猎人们多么英勇机智，怎么团结一致打败了它。技能和经验就在这样的故事中传承了下去。

现在，故事仍然是人和人沟通的基本方式，对我们有着无法抗拒的吸引力。人们都喜欢听故事。我们听着故事长大，听着故事入睡。想想我们学过的历史，能记得多少？但《三国演义》中的故事，提起来还是那么印象深刻。人们习惯用故事来理解这个难以读懂的世界。故事融合了概念，故事的展开如同逻辑分析一般，但更容易理解。故事传达了道理，却又不会让人感受到说教的压迫感。想想我们小时候听的故事，结尾都是："从此以后，他们过上了幸福、快乐的生活。"故事在潜意识中带给我们对于美好的想象与期待。

这就是现在故事力甚至被提升为一项专门的能力的原因。

二、销售为什么要讲故事

销售，更需要讲故事。

如果你在说一个观点，客户可能会持不同的观点，要建立共识就需要一番讨论，搞不好就会变成辩论。但是，如果你在讲一个故事，对方会把自己带入故事，体会故事的含义。这是人的天性，不是因为我们讲故事的水平有多高。

如果你在说一个具体的数字，比如你们的产品可以节电百分之多少，客户可能会无感。谷歌的网络专家、高管阿维纳什·考希克（Avinash Kaushik）提到，谷歌可以拥有世界上所有的数据，但是，如果无法将这些数据有效地传达给客户，并且让客户知道应该如何更好地使用它们，那么这些数据本身是没有价值的。而讲故事，就是传达价值最好的方式。

比如，你可以用这样的方式跟客户说：某一个客户因为使用了我们公司更为节电的产品，给公司带来了多少电费的节约，随后他因此得到了公司的嘉奖，获得了一次全家去日本旅游的机会。如果这时，你还能拿出手机，给客户说："您看，这是张工在富士山下面拍的照片，他还特意把这张照片发给我，向我表示感谢呢。"使用这种讲故事的方式，这个产品节电效果好的特点就会牢牢地印在客户的头脑中。

给客户讲故事可以让客户更加感性地认识到你们的产品或者服务的价值。在公司内部讲故事也能获得真金白银。工业品领域的销售都知道，同样产品，不同的客户，拿到的价格是不同的。同样，相同的产品，不同的代理商，甚至是同一个代理商，不同的订单拿到的价格有时也不同。有一次，我和一位代理商老板聊天，提到了一个有意思的话题：如何才能从厂家那里拿到更好的价格？这位老板笑笑说："讲故事啊。讲的故事越好，拿到的价格就越好。"你看，讲故事的能力甚至可以立刻变现，变成真金白银。对于销售人员也是一样的道理，想要问自己的老板要个好价格，那你先准备一个好故事吧。

那么，作为一位销售，你该准备什么样的故事？

三、销售应该讲什么故事

有三种类型的故事供你选择：自己的故事、公司的故事和别人的故事。

1. 自己的故事

让我们先看自己的故事。

很多人都听说过，销售要卖产品之前，先要"卖"自己。这当然是一个玩笑话，其实说的是你需要先让客户认可你。你需要先让客户熟悉你、了解你，而讲故事就是最好的方式。你可以事先准备好一些故事，用来告诉别人，你是谁，你是什么样的人，你为什么在这里，等等。通过故事透露一些自己的个人信息给客户，也不会显得那么突兀。

比如，和客户第一次见面时，我经常会用自己的名字讲故事：

"我的名字的最后一个字是'彤'，红彤彤的'彤'。这常常会引起一些误会，很多人看到我的名字，会以为我是女性。说到当时我爸为什么给我起这个名字，有个很有趣的故事……"

2. 公司的故事

品牌或产品的故事、公司创始人的故事等，可以更自然地给客户传递你们公司的背景和价值观。比如，你们公司是怎么创立的？创始人为什么要做这样一个产品？他经历了哪些磨难，是如何克服这些困难的？他是如何获得第一桶金的？这些和公司的背景、成长相关的故事，可以让客户对你们公司和品牌的印象，从单单几个汉字或英文字母，转化为有血有肉的感性形象。

3. 别人的故事

对销售而言，别人的故事，特别是客户的故事，最重要。讲客户的故事，要点是说清楚你的客户如何通过你、通过你们公司的产品或服务，解决了他们的问题。如果要讲给技术工程师听，那你需要讲一个其他客户那里某位技术工程师和你的故事，或者某位技术工程师因为你们的产品或服务获益的故事。如果要讲给采购工程师听，那么就将主人公换成采购；如果要讲给老板听，那么主人公就是老板；当然，故事的情节也需要相应调整。

比如，B公司有一位销售，在给他的客户介绍自己产品的耐腐蚀性能有多么好的时候，给对方讲了这样一个故事。

有个客户的现场在海岛上，常年高温、高湿、高盐，而且去一次很困难，很少有人上岛。

岛上有一台水泵，是A品牌的产品。开始还好，后来总是出问题。A品牌挺负责，每次都派人来修。后来，这个客户和A品牌售后服务工程师关系处得特别好，虽然很少有人上岛，但那位工程师这一年就去了三次，用客户的话说，来得比他老婆来的次数都多。

第二年，岛上改造，之前的设备全拆了换上新的，包括水泵。新水泵用的是B公司的产品，耐腐蚀性极好。可是，这位客户却总是跟领导抱怨新水泵不好用，问起来也说不清楚到底哪里不好。再后来，有一次他的领导过年去慰问他，两个人喝多了，聊到水泵设备的问题，那位客户才说，现在水泵上的设备没坏过，都没人来了……

最常见的别人的故事就是成功案例。销售可以将自己的每个合同写成一个成功案例。在公司内部，按照行业、客户规模、产品等分类，将所有成功案例整理成一个案例库。遇到类似客户时，可以直接使用案例库中的故事来打动客户。

知道了应该讲什么故事，下一步，我们来看看怎么才能把一个故事讲好。

四、讲好故事的四个要点

讲好故事要有四个关键点，分别是情感、冲突、用词和互动。

1. 情感

亚里士多德说，情感的表达比逻辑和伦理更可以打动人。这一点我们在前面的内容中已经多次提到，在这里就不再赘述了。情感能让听众与故事产生共鸣，形成深刻的记忆和情感连接。

2. 冲突

所谓的冲突，本质上就是转折。小男孩放羊的时候无聊，就会喊狼来了，大人们便跑来看。喊的次数多了，大人们也开始不当回事了。但是，有一次，狼真的来了。这就是转折。故事中，前面的事情都在为这个转折做铺垫，转折来了，故事的后半部分就围绕主人公如何解决这个冲突展开。

比如，某客户用你们的产品用得好好的，有一天，一个突发情况导致整个系统无法正常运转。这就是转折。这时，你，作为主人公出现了，开始调动资源来解决这个问题。

冲突是吸引的关键，没有冲突的故事就像流水账，没有可以激发注意力的地方，自然不会有人喜欢听。

3. 用词

在讲故事的时候，我们要尽可能多用一些可以带来画面感的词语，来表达细节，这样可以更好地将我们的听众带入情节，激发对方的情感。我们的大脑对这些自带画面的词句很敏感，这会激活听众的镜像神经元，是构建视觉想象的关键。

大家在小学都学过一篇鲁迅先生的文章《少年闰土》，其中有一段就是用词的经典案例：

深蓝的天空中挂着一轮金黄的圆月，下面是海边的沙地，都种着一望无际的碧绿的西瓜。其间有一个十一二岁的少年，项带银圈，手捏一柄钢叉，向一匹猹用力地刺去。那猹却将身一扭，反从他的胯下逃走了。

是不是很有画面感？

需要注意的是，过犹不及。有时候，我们会陷入细节不能自拔。过多的细节也会让对方厌倦。所以，在讲故事时，突出一个关键的地方，通过细节表达即可。

4. 互动

在故事要结束的时候，最好将对话转移到对方的身上，让对方对这个故事有所回应。很多人在交谈中会犯的错误就是，将对话变成了演讲。和别人沟通的基本要点是：陈述，提问，陈述。也就是要不断地让话语权在你和对方之间传递。和普通的对话相比，讲故事会占用相对长的时间，这时，话语权在你的手中握的时间已经够长了，需要交出去。

交换话语权最好的方法就是提问，问问听故事人的对这个故事的感受，问问对方是不是也遇到过类似的事情，你们之间产生共鸣，建立共识，拉近彼此距离。

比如，你可以问：不知道您是不是也遇到过类似的情况，这时候您是怎么处理的？这个事情真的很有趣，您的阅历比我丰富多了，是不是也碰到过类似的情况呢？

五、写故事的模型

好电影的背后有个好剧本，好故事的背后有个好套路，或者叫模型。我为你准备了两个写故事的模型，根据详细程度，从高到低依次为：英雄成长模型、SCQA 模型。

1. 英雄成长模型

如果你喜欢看好莱坞大片，看多了之后，是不是有一种似曾相识的感觉？是的，剧情大同小异，细节略有不同。"同"的是英雄成长故事，人人都爱，是几千年来跨越文化、民族、国家的共同喜好。发现这个秘密的人叫约瑟夫·坎贝尔（Joseph Campbell），他的《千面英雄》是好莱坞的必读书。我最喜欢的科学作家万维钢在他的专栏中提供了一个写故事的套路，不明说，但你能感受到背后的英雄成长之路。

你需要把自己想象成一位英雄，这个故事讲的是你的英雄之旅。你解决问题的过程就像是在挑战敌人，你面对困难和挫折，战胜了它们。但是，新的困难和挫折随之而来，你升级了自己，取得了胜利。

万维钢老师提到的讲故事方法，分为 8 步：

（1）坏人、悬念：有这么一个现象，它发生了，引起了变化，但是还没有搞清楚变化的原因是什么。

（2）冲突：有人尝试着用一些办法解决这个问题，但是结果不太理想。

（3）英雄：我有一种高级的方式。

（4）剧情展开：使用这种方式，我是怎么做的。

（5）再次冲突：英雄第一次出手，失败了。中间遇到了问题，我的高级方式不能直接解决这个问题。

（6）英雄改变了自己：我对这个高级方式做出了一些修改。

（7）英雄战胜了坏人，高潮：我使用修改后的方式解决了问题。

（8）给续集留悬念：我还发现了一些其他事情。

举个例子。这是我曾经做过的一个案例，用英雄成长模型打造成了一个故事：

我有个客户，他们想将变频器安装在生产线旁边，但是能满足这种要求的变频器需要的防护等级特别高，这就限制了变频器的功率，而客户需要的功率比较大。

他们找了很多变频器的生产厂家，满足功率的无法满足防护等级；满足防护等级的，功率又达不到要求。客户很着急。

我们有一款产品，既能满足防护等级的要求，也能实现客户所要的功率。

我将方案报给了客户，开始了详细的技术沟通。

在沟通的过程中，我发现，这种方式虽然可以满足防护等级和功率的要求，但是还有一个问题，就是现场需要接入变频器的传感器非常多，我们的标准接口不够用，这可怎么办？

我求助了公司所有的高手，终于，有一位技术部的同事说，他曾经为类似的问题开发过一款专用的硬件，稍作升级应该就能解决这个问题。

于是，我们和客户一起进行了测试，相当成功。

调试中，我们还发现，这款硬件还有逻辑控制的功能，这样还提高了客户整个系统的运转效率，客户非常满意。

2. SCQA 模型

你可能会遇到时间很紧张的情况，没有办法像上面那样展开一个故事，那该怎么做？

第二个模型叫 SCQA 模型，套用了麦肯锡的经典金字塔原则中的一个小工具。

- 情景（Situation）：描述事情发生的时间、地点、具体的情况等事实。
- 冲突（Complication）：发生了某件事，情景发生变化，存在问题或者隐患。
- 问题（Question）：深入矛盾或者提出疑问。
- 答案（Answer）：给出具体的解决方案。

用 SCQA 模型把上面提到的案例写成故事，可以这么说：

两年前我遇到了一个客户，他们想要一种防护等级高同时功率也足够大的产品。但是，高防护等级会影响产品的散热效果，所以功率就不能太大。这是一个技术难题。该怎么解决这样的矛盾？我们公司曾经为其他客户解决过相似的问题，在此基础上，为这个客户定制开发了一款新产品，很好地解决了这个问题。

　　这就是一个更简单的故事表达方法，用好了，就能激发出客户的兴趣，从而为你赢得下一步沟通的机会。

六、如何练习故事力

　　好的方法只有通过练习才能变成自己的武器。打造你自己的故事力，有三种具体的练习方法。

　　第一种方法叫作拆解法。向高手学习是一个简单有效的办法。请大家想想，你最喜欢的专栏作家是哪一位？公众号是哪个？找出其中的10篇文章来，按照我们上小学时就学过的分段落、写段落中心思想的方法，拆解它，看看他们写故事的结构是什么样的，他们是怎么安排文章的结构的，他们的故事的套路是什么。

　　第二种方法是刻意练习法。找一个自己熟悉的人，比如好朋友、同事或者家人，请他来听你讲故事。参考写故事的模型，将你要讲的故事写出来；参考讲故事的要点，讲给对方听。同时，请他们提一些意见和建议，看看还有哪些可以改进的地方，再进行修正。

　　第三种是积累法，这对销售尤其重要。你需要多积累一些成功案例。会讲故事不单单是因为口才好，这反映的是一个人的综合能力。会写文章也不是因为文笔好，而是因为肚子里有货。所谓的销售话术，不是因为这个销售多么会说话，而是他的见识、知识和能力足够扎实，知道在各种不同的场景下应该如何反应。单纯地学习所谓的话术，实际上是跑偏了，缘木求鱼。所以，在成为讲故事的高手之前，我们要先积累。多和同事沟通，听听他们做了哪些成功的项目，然后再使用写故事和讲故事的方法，将它转化为一个故事。等再遇到类似的客户时，就讲这个故事吧。

　　故事力是每个销售的必备能力。讲好一个故事，可以将客户带入和你同样的心理情境当中，很容易产生共鸣。这个时候，你想传达的道理也更容易被客户接受。也许再过一段时间，你可能会忘记这节内容所说的方法，但是，我猜你会记得里面提到的故事。

　　请开启你的故事之旅吧。

◎ 要点总结

1. 故事力是每个销售的必备能力。故事是传达价值、建立共识的最佳方式。

2. 销售常用的三种故事：自己的故事，公司的故事，以及别人的故事，特别是客户的故事。

3. 讲好故事的四个要点：情感、冲突、用词和互动。

4. 写故事的两种模型：英雄成长模型和 SCQA 模型。

5. 提升故事力的三种练习方法：拆解法、刻意练习法和积累法。

目 实践讨论

1. 你的身边有没有一些特别会讲故事的人，他们是怎么做的呢？

2. 为什么人类历史上的英雄成长故事，底层逻辑都是相通的？

3. 利用英雄成长模型、SCQA 模型，分别写一个故事。

14 河流模型
什么叫作先同步再引导

> "说服大师"做的远不止赢，他们还擅于在现实世界"撕开一个洞"，通过这个洞我们能够看到有关人类体验的更深刻的真相。
>
> ——斯科特·亚当斯

有人说，销售就是卖东西；还有人说，销售就是把东西卖出去，把钱拿回来。我理解，这两种说法其实都指向一个核心逻辑：销售是人与人之间达成共识的过程。

要把东西卖出去，前提是你和客户在产品或服务的价值和价格上达成共识；要把钱拿回来，则是你们在付款方式上达成了共识，并且双方都履行了共识。因此，本质上，销售就是一个达成共识的过程。

从这个角度看，达成共识对销售来说尤为重要。很多销售认为，达成共识还不简单吗？这个我懂的，想让客户知道我们的产品或服务好，那就拿出证据来，摆事实、讲道理、列数据啊。

可是，这样做真的有效吗？

在十几年的一线销售和一线销售管理的过程中，我见过很多的销售都是这样干的，包括我自己，曾经也这样做。见了客户就介绍自己产品的优势，比如节能效果能提高百分之多少啊，有多少客户曾经用过啊，产生这样的效果是因为使用了哪些新的技术啊，摆事实、讲道理、列数据，一项都没落下，可是，客户依旧不买账，这又是为什么？

实际上，共识的达成并不简单。

生活中，晚上是在家做饭、叫外卖，还是出去吃？工作上，张三认为方案 A 好，李四说方案 B 最符合公司利益，王五说，能解决当前问题的是方案 C。公说公有理，婆说婆有理，这怎么办？

回到销售场景。销售想说服客户，自己的产品和服务最合适，但是客户常常不这么认为，甚至越听销售的解释越不买账。有的销售人员甚至会与客户辩论，试图通过反驳客户的观点来证明自己的产品好，结果往往不欢而散。

这是因为我们存在一个致命的错误认知：只要客户知道了我们的好，就会接受我们的好。但事实上，这只是我们的一厢情愿。

在客户的脑海中，有一个既有认知。你告诉客户的内容，是一个全新的认知。而横亘在已有认知和全新的认知之间的，是一道巨大的鸿沟。很多销售人员漠视或者根本没有意识到这条鸿沟的存在，因此才会有那么多无效的沟通产生。实际上，客户认为的重点才是重点，客户认为好才是真的好。要让客户认可你，就必须带着客户跨越这道鸿沟。

好的，那我就带着客户一起跨越这道鸿沟不就得了吗？

道理是这个道理，可是，很多经验不足的销售，在说服的时候，往往要求对方一次迈出一大步，从当前位置直接跳到自己希望到达的位置。比如，客户的电脑坏了，要求给他一台新的，这时，从售后服务人员那里得到的反馈往往是：对不起，这不符合我们的内部规定。

那究竟该怎么办？

这一节，我们将探讨如何解决这个问题。我会为你提供一种方法，叫先同步再引导；实现这种方法的，是河流模型。具体内容分为以下三个部分：

1. 武器级的说服力工具：先同步再引导；
2. 帮助达成共识的工具：河流模型；
3. 河流模型使用过程中的三个关键点：全新的认知、既有认知和垫脚石。

一、先同步再引导

斯科特·亚当斯不仅是风靡欧美的漫画《呆伯特》（*Dilbert*）的作者，还是一位高产的作家和博主，他的作品被翻译成 25 种语言，在 65 个国家或地区被超过 2000 家媒体转载。亚当斯在特朗普当选美国总统后，提出了一个独到的观察：特朗普之所以能成功当选，其中一个核心原因是其强大的说服力。

2017 年，亚当斯将他的观察和研究写成了一本书，名为《以大制胜》，书中提到特朗普经常使用一种"武器级的说服力工具"——先同步再引导。

同步，就是找到对方心里认可的东西；引导，就是在这个认可基础之上，叠加你希望对方接受的事情。

第一步是在某个方面先与对方同步。例如，想要让下属做出某些改变，可以先与他们同步他们当前的工作，你可以这样说："你现在做的事情很重要，也很好。"第二步是引导，提出你希望对方完成的内容，比如："为了让这个项目成为公司的明星项目，你在底层设计上还需要增加一些内容，比如可以加入一个与客户互动的模块……"

再比如，很多广告用俊男美女做代言，虽然代言人与产品本身没有直接关系，但人们对俊男美女的喜爱会迁移到产品上。就像曾经电梯广告中频繁出现的某招聘平台的广告，请了《神奇女侠》的主角盖尔·加朵做代言。

说服别人，首先要取得同步，只有这样，别人才会愿意思考你接下来要传达的内容。思路是这么个思路，在具体操作时，还需要一些技巧。为了帮助你更好地实现同步，我提供一个模型，叫河流模型。

二、河流模型

首先，了解一下河流模型的来源。这个模型的发明者是斋藤孝，他是当代日本最著名的沟通专家之一，曾就读于东京大学法学院，目前在明治大学文学院任职，是多本畅销书的作者。河流模型（见图 14-1）出现在他的畅销书《开口就能说重点》中。

那这个模型是什么意思，又是怎么运作的呢？

要搞清楚这一点，我们需要了解这个模型中的几个基本概念。

第一个概念是全新的认知，即想告诉对方的观点或认知，是希望对方能够接受的观点，这就是我们的目标。

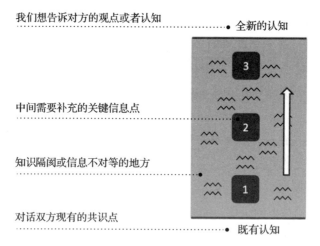

我们想告诉对方的观点或者认知　　　　　　　●　全新的认知

中间需要补充的关键信息点

知识隔阂或信息不对等的地方

对话双方现有的共识点

●　既有认知

图 14-1　河流模型

　　第二个概念是既有认知，即我们的共识点，这是需要和对话者确认的地方。也就是说，这个认知是对话双方都接受的，是我们的起点。

　　第三个概念是河流，它象征着说话者和听话者之间的知识隔阂，或者信息不对等、认知有差异的地方。

　　过河的过程，就是从原来的共识（既有认知），到达被对方可以接受和理解的地方（全新的认知）的过程。让我们想象一下：我们在河的一边，目标是成功到达河对岸。河流很宽，无法一步跨过去，怎么办？我们可以放上垫脚石。沟通中需要我们补充的关键信息点就是所谓的垫脚石。

　　这就引出了第四个概念：垫脚石。为了成功过河（达成一致），我们需要垫脚石的帮助。关键的信息点就是帮助我们渡河的"垫脚石"。

　　为了抵达对岸，我们要在河中铺设几块垫脚石。1 块也好, 2 块也罢, 3 块也行, 总之，数量视具体情况而定。垫脚石的多少取决于河流的宽度，也就是既有认知和全新的认知之间的差异。

　　这么说还是有些抽象，举个实际的例子你就明白了。

　　我们想要跟对方说清楚某品牌的变频器使用成本低（以下称为 D 变频器）。

　　那该怎么跟一个不是特别懂技术的决策者说明白呢？

　　先想想我们的既有认知是什么，也就是在哪里我们可以达成共识？我想到了一个大家都知道的常识：能量守恒。

那好，有了这个共识，下一步，我们应该怎么从能量守恒，过渡到 D 变频器的使用成本低这个全新的认知呢？让我们试试看：

- 既有认知：能量守恒
- 垫脚石一：变频器的主要作用就是将能量传递给电机
- 垫脚石二：在传输的过程中，变频器自身也要耗费能量
- 垫脚石三：电能的消耗是变频器使用成本的主要组成部分
- 垫脚石四：D 变频器自身能耗是行业中最低的
- 全新的认知：D 变频器的使用成本低

好，过河完毕。

请再试想一下，如果我们沟通的对象不是一位不太懂技术的决策者，而是一位技术工程师，那么，我们现有的共识点可能就在"变频器自身也要耗费能量"，这样就可以直接从垫脚石二的位置开始过河了。

垫脚石的数量是由我们和客户现有的共识点决定的。

通过这个案例，你是不是对河流模型已经有感性的认识了？

再下来，让我们一起进阶。要有效运用河流模型，我们需要掌握三个关键点：如何构建一种高级的全新的认知、如何找到既有认知以及如何铺设垫脚石。接下来，我们逐一详细探讨。

三、不要卖牛排，要卖煎牛排的滋滋声

所谓全新的认知，是河的对岸，是你希望客户接受的观点，是你想要和客户建立的新的共识。很多销售在客户拜访中，希望客户得到的全新的认知是：我们的产品或服务很好，客户应该买。想法无可厚非，效果却不尽如人意。这是为什么？

想想我们自己购买东西的经验，大部分销售人员是否会不停地夸赞他们所销售的东西有多么好、多么先进、多么便宜？而我们呢？基本上无动于衷。这是因为这些销售人员找错了目标，走错了方向。客户的想法可能是："你好，关我什么事？你好，我就该买吗？"

因此，销售们不断描述产品或服务有多好，实际上是在沿着错误的方向越走越远。

作为销售，我们不说产品好，那该怎么卖？该说什么？别急，先举个例子。

提到耐克，你可能自然会联想到运动和它的品牌口号"Just Do It"。耐克突出了年轻人的自我意识，强调运动，给人一种积极澎湃、热爱生活、勇于尝试的感觉。耐克的广告不是直接告诉你它的产品多好，而是强调那些使用它产品的人，生活会有多美好。耐克通过一系列广告和商业活动，将它的 logo 与人们渴望行动、参与运动、勇于探索的认知紧密联系在一起。这给我们的启发是，应该向客户强调的，不是我们的产品有多好，而是使用了我们的产品之后，客户的工作和生活会变得多么美好。

在销售领域，有个广为人知的说法，是营销学大师、前哈佛商学院教授西奥多·莱维特（Theodore Levitt）的名言："客户买的不是 0.25 英寸⊖的钻头，而是一个 0.25 英寸的洞。"钻不是目标，美好生活才是。客户要的不是一个钻头，客户要的是一个洞；客户要的也不是一个洞，客户要的是挂上一幅画；客户要的也不是挂上画，客户要的是一种艺术品位；客户要的也不是艺术品位，而是一种有质量的生活的感觉，或者是让别人认为他有艺术品位。

埃尔默·惠勒（Elmer Wheeler）是美国传奇推销员，他的销售技巧课被众多商学院和国际知名大公司采用。惠勒有个绰号叫"滋滋先生"，这来自他最广为人知的那句话："不要卖牛排，要卖煎牛排的滋滋声"。（Don't sell the steak, sell the sizzle.）

几年前，网上有个很火的图片。请允许我为你描述一下。图片的左下方是一堆橙子，右上方是一位坐着的年老女性，中间部分是立在橙子堆里的一块瓦楞纸板，上面写着四个字：甜过初恋。就是这短短的四个字，激发出了消费者强大的购买欲望。

提到米其林，你的第一反应是什么？轮胎还是美食？著名的《米其林指南》其实是生产轮胎的米其林公司搞出来的。

轮胎？美食？这两个八竿子打不着的领域是怎么被联系到一起的？

原来，在汽车刚刚出现的 19 世纪末，法国的米其林兄弟为了让自己的轮胎能多卖一点，开始琢磨如何才能让大家开车的里程更多。

一天，他俩想到了一个绝佳的主意：如果人们爱上开车旅行，那轮胎的用量

⊖　1 英寸约等于 2.54 厘米。

不就自然增加了吗？说干就干，兄弟俩着手制作了一本能协助大家出门旅行的小册子。它不仅告诉车主们哪里有加油站、如何修理轮胎，还附上了详细的城市地图，甚至告诉人们该去哪里吃饭和住宿。他们还请了一群匿名的"美食侦探"，默默潜入餐馆品尝美食，写下评语。1926 年，他们首次为优秀餐馆授予"一星"荣誉，5 年之后扩展为零、一、二及三星架构，1936 年发布了星级排名标准，至此传奇已成。

汽车是什么？是带着你享受美好生活的工具而已。你要的不是这个铁疙瘩，而是那种对美好生活的期待和渴望。

普通销售说产品，高级销售说价值，而顶级销售谈感受。只有让客户将产品或者服务和他的感受建立起一定的关联，才可以打动客户，实现目标。这种基于客户情感的联想，才是更有价值、更有杀伤力的全新的认知。

四、建立共识的切入点

说完了第一个关键点——全新的认知，让我们回到当下，看看第二个关键点：如何找到既有认知，快速建立共识基础。

河流模型的关键一步是要找到你和客户之间当前共同的认知。这个认知就是既有认知，是沟通的切入点。

那么，问题来了，切入点该从哪里去找？

有四个可供参考的思路：

- 寻找双方的共同点
- 寻找共同的"敌人"
- 寻找最容易达成的共识
- 尝试找到既有认知

1. 以寻找双方的共同点为切入点

沃顿商学院教授、谈判专家斯图尔特·戴蒙德（Stuart Diamond）有个非常传奇的谈判案例：成功地说服 3000 位玻利维亚的农民不再种大麻，而是改种了香蕉。他在分析自己成功的原因时，提到一个关键点就是，他找到了一个他和这些赤脚的农民的共同点：希望过上美好的生活，希望自己的孩子更好。这是不同文化、不同种族、不同性别之间的共性。这种共性，就可以作为一个切入点，开启一次谈话、一次交流或者是一次谈判。

再比如，如果你和客户都是某个行业内的，那这个行业的新动向就是一个不错的切入点。或者你看到客户书架上的书，如果恰好你也读过，这也是一个很好的切入点。

还记得我在"构建话题：如何用闲谈升级关系"那一节提到的我和张总关于麦肯锡的对话案例吗？从读过的共同的书，到被共同的咨询公司辅导过，我层层深入，甚至挖掘出了一个销售机会。

2. 以寻找共同的"敌人"为切入点

即便你们处在竞争的场景中，一旦出现一个共同反对的东西，你们的关系就可能好转，局势也可能改变。在很多影视作品中，我们都能看到，谈判双方刚见面的时候，总是喜欢抱怨天气或者吐槽一下交通，以此快速拉近距离。在人际关系的世界里，有个不成文的法则：找一个共同的"敌人"，大家就能手拉手变成朋友。这个所谓的"敌人"可以是总抢你停车位的邻居、让大家都头疼的公司政策，或者是总也修不好的一段路。一旦找到共同的"敌人"，之前互不相识或者互相看不顺眼的人，也能因为共同的不满而变得亲密，仿佛是被一种神奇的黏合剂黏在了一起。

在团队内，共同的"敌人"能让大家更为团结。美剧《兄弟连》中也有类似的"桥段"。这个神奇的连队，不仅是整个空降师里战斗力最强的，同时还是伤亡最小的。成就他们的是"团结就是力量"，而这种团结的核心就是一个共同的"敌人"——他们的连长。有人评论说，什么是友谊，友谊就是共同的憎恨。

在商业领域，我们经常面对一系列共同的挑战，比如利润的流失、时间的浪费、人才的流失、错过重要机会，以及不利的经济环境等。这些问题就像是无形的"敌人"，不管你是甲方还是乙方，都得面对。

对个人而言，我们也有类似的共同的"敌人"。包括职业发展上的挫折、感到孤独或被孤立、交通拥堵、孩子教育、健康问题等。这些挑战有可能是我们和客户之间的共鸣，迫使我们寻找解决方案，彼此交流，也能激发人与人之间建立更深层次的联系。

在具体的销售场景中，你可以和设计院一起吐槽甲方，和盘厂一起吐槽总包方，和甲方一起吐槽设计院的不靠谱等。这都是寻找共同"敌人"、建立双方融洽关系的方法。

3. 以寻找最容易达成的共识为切入点

谈判高手斯图尔特·戴蒙德有个洞见："要从简单的事情开始。这会给双方带来一种成就感。即使前 5 个议题都只是铺垫，也并不意味着它们无足轻重。实现任何目标都会让双方对会议倍增好感并变得更加愿意合作。"

这给我们的启发是，在开始沟通的时候，你可以寻找在一些微不足道的小事情上与客户达成共识，这有助于建立起信任和合作的氛围。这种信任感是后续就更重大议题达成一致的基础。心理学研究显示，当人们在某些事情上达成一致后，他们更倾向于继续合作，形成一种连贯的行为模式。

从就小议题达成共识开始，实际上是一种"递增承诺"策略。人们一旦在小事上做出了承诺或表示同意，就更容易在后续更大的事务上保持一致性，因为这有助于维护自我一致的形象。这种策略在心理学中被广泛研究，被称为承诺与一致性原则。

每次在小问题上达成共识都是一次胜利，这些小胜利加在一起，可以形成一种积极的动力，推动沟通向前发展，增大最终在更大问题上达成共识的可能性。

说一个我自己的案例。

在一次功能演示中，客户给我们提了十几条功能实现要求，我们的工程师看了看，感觉一点问题都没有。

在正式的测试过程中，第一条动作要求我们就没有试出来。这时，我们的工程师对客户说，我们先测试下面的功能，这一条我查查手册，看看怎么解决。

于是，我们先进行了其他功能的模拟，效果非常不错。当天下午，在收工之前，我们去了客户领导的办公室汇报说，99% 的功能都实现了，还有一个小问题，我们需要核实一下资料，明天一早再来调试。

于是，我们争取到了一个晚上的时间。

试想一下，如果我们一直卡在第一个问题上，一天下来，一个功能都没有实现，那客户会怎么想？

4. 以尝试找到既有认知为切入点

销售人员和客户的既有认知，也就是现在的共识，有时需要探讨和摸索。而很多销售往往想当然地认为客户就是这样想的，殊不知，就是这些"想当然"导致起点都错了。

客户的价值观到底是什么，有时候你需要试试才知道。

《史记·商君列传》里面写商鞅三见秦孝公，也极富戏剧色彩。我们先看《史记》中原文怎么写。

"公叔既死，公孙鞅闻秦孝公下令国中求贤者，将修缪公之业，东复侵地，乃遂西入秦，因孝公宠臣景监以求见孝公。孝公既见卫鞅，语事良久，孝公时时睡，弗听。罢而孝公怒景监曰：'子之客妄人耳，安足用邪！'景监以让卫鞅。卫鞅曰：'吾说公以帝道，其志不开悟矣。'后五日，复求见鞅。鞅复见孝公，益愈，然而未中旨。罢而孝公复让景监，景监亦让鞅。鞅曰：'吾说公以王道而未入也。请复见鞅。'鞅复见孝公，孝公善之而未用也。罢而去。孝公谓景监曰：'汝客善，可与语矣。'鞅曰：'吾说公以霸道，其意欲用之矣。诚复见我，我知之矣。'"

"卫鞅复见孝公。公与语，不自知厀之前于席也。语数日不厌。景监曰：'子何以中吾君？吾君之欢甚也。'鞅曰：'吾说君以帝王之道比三代，而君曰："久远，吾不能待。且贤君者，各及其身显名天下，安能邑邑待数十百年以成帝王乎？"故吾以彊国之术说君，君大说之耳。然亦难以比德于殷、周矣。'"

这两段话的大意是，通过秦孝公宠臣景监引见，商鞅第一次见到秦孝公，滔滔不绝地谈起了尧舜治国的方略，大论三皇五帝的"帝道"。但秦孝公发出了酣睡声。商鞅第二次见秦孝公，口若悬河地从夏、商、周三代盛世说起，大谈夏禹、商汤、周文王、周武王治国的"王道"。秦孝公听得心生厌倦，哈欠连连。商鞅第三次见秦孝公，不再废话，开门见山，对症下药，从齐桓公、晋文公、秦穆公、楚庄王等人称霸天下的事迹谈起，向秦孝公灌施"霸道"思想。秦孝公因此"大说之耳"。

想要得知客户的既有认知究竟是什么，别凭感觉，先聊聊看。帝道、王道还是霸道，试试才知道。

比如，你可以先聊聊产品功能，如果客户没什么反应，再谈谈流程，如果还是没有兴趣，那就试着从关系的维度再论述。

总之，千万不要死抱着一个观点，手里有个锤子看什么都是钉子。试想，如果当年商鞅第二次、第三次还是可劲地和秦孝公聊帝道，那就成了"然后，就没有什么然后"了。

五、如何铺设垫脚石

讨论了"彼岸"和"此岸"，现在让我们探讨渡河——铺设垫脚石的技巧。

垫脚石的铺设要点是：你要有足够多的垫脚石。

步子迈得别太大。很多说服不成功的原因在于，要求对方一次迈出一大步，从当前位置一下子跳到你所希望的位置。为了避免这种情况，你需要后退足够远的距离，这样，对方既无法拒绝你所提出的要求，又不会产生被你利用的感觉。

在销售说服中，很多冲突产生的原因是后退的距离远远不够。你要从对方熟悉的内容开始，然后一步步缓缓前进。你可以将说服过程划分成一个个比较小的步骤，每一步都要停靠并确认一下，每一个停靠点之间的距离不能太远，通过这些渐进式的步骤，你可以将对方带到很远的地方。

这种循序渐进的过程有助于消除客户的不信任感，打破客户心理上的防御机制。找到一个切入点，走一步成功一步，这既是参照，也培养了继续努力的信心；既增强了信任，也建立了更具合作性的关系。

同时你还需要根据共识点来选择具体的垫脚石。就像我们前面提到的变频器的例子。如果你是要说服一位不懂技术的决策者，那你需要的垫脚石就会多一点，你需要从能量守恒开始说起。如果对方是一位懂电气技术的工程师，你们就可以从变频器的自身能耗说起。垫脚石的数量是由我们和客户的共识点决定的。

总结一下。销售的本质在于达成共识，有一种帮你达成共识的"武器"叫先同步再引导。具体的应用工具叫河流模型。河流模型的本质是从一个共识出发，到达另一个共识。后退足够远的距离，找到一个共同点作为共识，然后通过铺设一块块垫脚石，你就能帮助客户到达你希望客户达成的全新的认知点。

最后，我们再来看一个使用河流模型进行危机公关的案例。在这个案例中，一家公司使用河流模型，成功化解了一次公关危机。

几年前，一家餐饮连锁公司（简称H公司）被记者暗访发现卫生问题，在媒体上引起巨大震动。

卫生和食品安全几乎是全国人民最关注的事情，我们都知道一句老话：民以食为天。还有一句老话叫作：病从口入。一家餐饮企业，被曝光了卫生问题，处理不好的话，尤其是这种大型连锁店，很有可能会轰然倒塌。

我们看看H公司是如何化解一场巨大的信任危机的。它的做法就是一个典型的河流模型的应用。

事情刚刚曝光时，大家的既有认知，也就是共识是：你们H公司的确有问题。

于是，H公司第一步，承认了自己的问题确实存在。

再看，H公司希望告诉大家的，也就是河流对岸的全新的认知是什么？H公司最终的目的，是想让消费者相信：H公司是安全的，是可以改好的。

那么，怎么从此岸——H公司的确有问题，到达彼岸——H公司是安全的，是可以改好的？

H公司是通过4块垫脚石，逐步安全抵达彼岸的。

H公司采用的第一块垫脚石是：我们立即采取了相关的整改行动。我承认我的问题，并且马上对存在问题的地方进行改正。

紧接着，H公司铺设的第二块垫脚石是：请媒体和管理部门监督。我在改，万一大家不相信，怎么办呢？我请大家信得过的人来监督我改。

随后，是第三块垫脚石：将处理此次事件的公司负责人的联系方式公开，直面监督。信得过的人也许大家看不到也联系不到，那我专门指派一个我们公司的人来负责这件事，将他的联系方式公布给大家，请大家同时一起监督。

最后，第四块垫脚石：反思公司层面的管理问题，杜绝以后发生类似的情况。我改了，而且，找到了产生问题的原因，从根子上去改，并且保证以后绝不再犯类似的问题。

通过这四块垫脚石，H公司让大家的认知从"H公司的确有问题"，成功地过渡到了全新的认知："H公司是可以改好的"。正是这次成功的渡河，使H公司的声誉在此次事件中，并没有受到太大的影响，也成了一个比较成功的危机公关案例。

◎ 要点总结

1. 销售容易想当然：我的产品（或服务）好，客户就应该买我的；另一个是太着急，总想着一见到客户就签合同。

2. 同步，即找到对方心里认可的东西；引导，就是在这个认可基础之上，叠加你希望对方接受的事情。

3. 河流模型是一种循序渐进地和客户达成共识的方法，由四个概念组成：全新的认知、既有认知、河流和垫脚石。

4. 在使用河流模型的过程中，有三个关键点：

   - 基于客户情感的联想，才是更有价值、更有杀伤力的全新的认知。
   - 达成共识的切入点：共同点、共同的"敌人"、最容易达成的共识和既有认知。
   - 一次一小步地带领对方，从熟悉的内容逐渐过渡到不熟悉的内容。

▤ 实践讨论

1. 在河流模型中，你认为哪个概念最重要，为什么？
2. 在使用河流模型进行说服时，容易犯哪些错误？如何避免？
3. 请找一个不同行业的朋友，按照河流模型，向对方解释清楚你所在领域的一个非常专业的概念。

15 金字塔模型
如何才能被客户记住

我们凭什么能做到（解决一切问题）？我们依靠的是什么？我们的大脑。我们的工具和方法，特别是结构化思维和结构化表达。

——冯唐

你是否遇到过这样的情况：在与他人沟通时，你说了很久，但对方依然无法抓住你想表达的核心。你一会儿说这个方案公司很重视，一会儿说 A 也要参与这个方案的讨论，然后又说上次和 A 一起干活，可真是费劲。

你在和他人沟通时，尽管对方没有明说，但有个问题始终萦绕在他的脑海里："你到底想说什么？"

尤其是决策者，他们对这个问题异常敏感。决策者通常很忙，时间紧张，你能见到他本身就不容易。如果费尽心力终于得以见面，却没能谈到重点，不仅会浪费这次拜访，还可能会葬送下次再见的机会。当你遇到客户中的决策者时，务必提醒自己：我要快速且有逻辑地告诉决策者，我的主题是什么，我的诉求是什么。

因此，你需要一种合适的方式，帮助自己重点突出、逻辑清晰地完成表达。

突出重点是说服的前提。当一个人在你面前说了半天，你却无法抓住他的意思时，你会愿意听他继续说下去吗？你会被他说服吗？你都不知道他想让你干什么，怎么可能被说服呢？这样的沟通是种煎熬，你满脑子想的可能都是怎么赶快结束这次对话。

我们都喜欢逻辑清晰的人，决策者尤甚。换位思考一下。你是一位决策者，我是一位销售，当我混乱地向你输出大量的信息时，你会怎么办？开始时，你可能还会努力在我的表达中寻找逻辑，但是，这种状态维持不了多久，因为对大脑来说，这是一种认知负荷——让人变得没耐心和不愿意帮助别人。反过来，如果我的表达逻辑严谨、脉络清晰，你听得明明白白，而不是满脑子问号，就不容易产生疲惫和抵触的感觉。

流畅的沟通，可以提高你的印象分，让决策者觉得你的水平配得上和他打交道与合作。因此，在你希望决策者帮助你之前，你要先帮助他——通过有逻辑的表达，帮助决策者思考，帮助决策者决策。

另一个关键点是清晰告知你的诉求。我们都听过一句老话：会哭的孩子有奶吃。当你明确表达你需要什么、对方需要做什么时，对方能更好地帮助你。否则，拜访结束后便没有后续跟进。而此时你可能还不知道，甚至自我感觉良好，回去还向领导夸耀："我今天见了决策者，聊得很好，项目没问题了。"其实，这只是个人的臆测罢了。

所以，与决策者沟通时，我们需要有意识地回答他脑海中的两个问题：你到底想要说什么？你需要我做什么？

那好，问题来了，我们如何才能有效地回答这两个问题？

有一种方法，可以给你指导，叫金字塔表述法，它可以使你的思考和表达更加突出重点，而且逻辑清晰。

一、金字塔表述法

金字塔表述法，是一种使用金字塔原理进行表述的方式。表面上，这只是一种表述方式，本质上，它建立在清晰的逻辑之上，是一种结构化的思维模式。

那金字塔原理说的又是什么？

还记得上高中时老师讲过怎么写议论文吗？一句话：总分总。先总体说明我们想要表达的论点，然后层层分解，从几个角度说明支持自己的论据，最后用一句话总结核心观点。这就是金字塔原理的基本应用。

曾经在麦肯锡工作过的临床医学博士、华润医疗集团前首席执行官、中国著名作家冯唐，在接受麦肯锡公司入职必备培训——金字塔原理的教导后，是这样总结的：任何一个观点都同时包含着 3~5 个支持型论据，而每一个支持型论据又都同时包含着 3~5 个支持型论据。如果你层层这样细分下来，无论一篇文章也好、一本书也好、一个观点也好，都内含着一个金字塔的结构——很多人的观点要不就是"不清晰、杂乱无章"，要不就是"缺乏深度"，原因就是，他的观点中没有内含一个金字塔。

金字塔原理，由芭芭拉·明托（Barbara Minto）提出。她是麦肯锡咨询公司第一位女性咨询顾问，传授金字塔原理超过 40 年，帮助了众多商业精英、政府管理人员和高校人士提升思维能力、写作能力和表达能力。

这个理论已经成为麦肯锡员工入职必备培训项目，还是其对外的经典培训教材，整个咨询行业几乎都以它为标准开发内容。很多国际知名的集团和公司，都将金字塔原理作为公司的培训内容，比如西门子、宝马、宝洁、拜耳、沃尔玛、IBM、麦当劳、可口可乐等。我们熟知的一些国内的大公司，包括中国移动、中国电信、中石化、中海油、中国银行、中国黄金等也都是金字塔原理的拥护者。

读到这里，你可能会有一个疑问，金字塔原理听起来很简单，用起来不复杂，那为什么这么受关注和推崇？

二、为什么金字塔原理能起作用

金字塔原理的核心在于关注重点、结构化和逻辑性，这也恰恰符合人们记忆、感知和理解世界的方式。换句话说，金字塔原理顺应了我们的天性。

我们的思维和认知有两个显著的特点：一个是找重点，一个是找逻辑。

不管你是不是影迷，电影《辛德勒的名单》你一定听说过。它是好莱坞大导演史蒂文·斯皮尔伯格的代表作之一，也是电影史上的经典之作。

在电影中，有一个对比非常强烈的场景：整个黑白镜头中，唯一的颜色，是一位身穿鲜红色大衣的可爱的小女孩；小女孩的背后，是荷枪实弹的党卫军和夹在他们中间的犹太人。这些犹太人的胳膊上都佩戴着标识，有的戴着帽子，有的包着头巾，表情或忧愁或麻木。在影片中，你一眼就能看到这个小女孩，你会永远记住那个鲜红的生命。

这就是突出重点，我们寻找和接收信息的重要模式之一。

军队在雪地行军的过程中，会派遣先头部队在行军的路线上插上颜色鲜艳的标记物，一方面是为了引导方向，另一个方面是为了抵御视觉疲劳。有研究发现，人的眼睛其实总是在不知疲倦地探索周围的世界，从一个落点到另一个落点。如果长时间连续搜索而找不到任何一个落点，它就会因为紧张而疲惫，从而引起大脑的不适反应。有了这些标记物，在一望无垠的白雪中，人的目光在搜索的时候就有了落点，就不会因长时间的空白引起视神经紧张。

我们在讲话和沟通过程中，也是一样。想想我们自己的体会，如果听一个人漫无边际地东拉西扯半个小时，简直会累个半死。

金字塔原理的塔尖就是指重点，这种方式符合我们对重点的追求。

思维和认知的第二个显著特点是：找逻辑。

所谓的逻辑性，就是从一点出发，通过大脑中熟知的关联，和另外一些事情联系在一起。

举个例子。

亚洲首位世界记忆总冠军王峰，介绍过一个用逻辑法记古诗词的例子。下面这首诗，该怎么记？

石灰吟

〔明〕于谦

千锤万凿出深山，烈火焚烧若等闲。

粉骨碎身浑不怕，要留清白在人间。

王峰说，这首诗里有一条非常清晰的逻辑线。这个逻辑线，就是中国古代建筑石灰的生产工艺。你看，第一句"千锤万凿出深山"，说的是开凿，找出石灰岩的过程。第二句"烈火焚烧若等闲"，这一步叫煅烧，用来生产生石灰。第三句"粉骨碎身浑不怕"，这一步叫"解"，说白了就是让烧过的石灰成为粉末，方便使用。第四句"要留清白在人间"，这就是上墙粉刷。按照这个逻辑，是不是既好理解，又好背了？

一些记忆大师会将数字都编成故事，通过故事来记忆。故事的情节就是逻辑，这样更方便大脑理解和记忆。

还有一种方法，叫作位置记忆法（method of loci），也被称作"记忆旅程"或者"记忆宫殿"。这种方法说的是，你可以把要记住的凌乱的内容，当作家具、装饰物或艺术品，把它们布置到你大脑中一个熟悉的空间环境中。记忆宫殿法深受罗振宇的推崇，他每年举行的4个多小时跨年演讲，就是利用这种记忆宫殿法来训练的。

说白了，这些方法都是把凌乱的内容，按照某种具体的逻辑联系起来，适配成一种大脑友好型记忆方式。

逻辑就像一条带着箭头的线，箭头的方向就是我们要突出的重点。

那如果你想在销售中使用金字塔原理，具体该如何使用呢？

三、金字塔原理怎么用

举个例子。

小张是一位CRM（客户关系管理）系统销售工程师，经过一番努力，他得到了一个机会——用十分钟的时间向A公司的销售副总老王做一次介绍。

小张知道王总很忙，这次机会是靠A公司销售部刘经理的引荐才得到的。为了给王总留下深刻印象，小张做了非常充分的准备。他清楚，刚开始不到一分钟的时间至关重要。如果不能抓住王总的注意力，后面的内容再精彩也无济于事。于是，小张为这次介绍准备了一句开场白："使用我们公司的CRM系统，每年可以为贵公司增加113万元的利润。"

接下来，小张从三个角度解释了为什么能做到这一点。

1. CRM可以整合多渠道销售线索获取功能，每年可以增加57万元的利润。

2. CRM可以提升销售流程自动化水平，每年可以增加46万元的利润。

3. CRM可以整合人工智能功能，每年最少可以节省10万元的成本。

小张理解，仅凭这些描述还不足以让王总信服，他需要用证据证明这三个角度具体的可行性。

针对多渠道销售线索获取功能，小张准备了三个具体的证据：

1. 和A公司原有的销售线索获取方式相比，这套CRM增加了主动邮件营销功能，结合历史数据推算，可增加 2% 的销售线索。

　　2. CRM 内置的销售线索筛选功能可以识别出更具价值的销售线索，指导销售人员将精力投入到更具产出效率的线索上。

　　3. 这个证据是小张最为得意的，他的另一家客户和 A 公司的情况非常类似，在使用了这个功能之后，销售线索的数量、金额和转化率都得到了提升。

　　结合 A 公司上一年的相关数据，在销售线索这个模块上，A 公司每年可以增加 57 万元的利润。

　　再说第二个角度，提升销售流程自动化水平。

　　对此，小张提供了两个证据：

　　1. 某专业销售分析团队预测，未来的 3 年中，销售流程的自动化使用率将增长 83%。

　　2. 销售流程自动化水平提升之后，小张公司的销售与客户面对面沟通的时间增加了 6%。结合 A 公司上一年的数据，估算出可以增加的利润是 46 万元。

　　最后一个角度是现在的一个热门话题——人工智能的应用。这也是小张所在的公司这几年重点投入的地方。

　　小张为王总准备了三个证据：

　　1. 人工智能通过分析客户兴趣和行为数据，帮助销售人员进行个性化的沟通，提高参与度，建立更牢固的关系，从而带来销售额和利润的增加。

　　2. 人工智能可以分析大量数据，识别销售人员可能忽视的模式和趋势，帮助销售团队做出基于数据驱动的决策，优化策略以获得更优的绩效。

　　3. 人工智能聊天机器人可以提供全天候的客户支持，回答常见问题，并将更复杂的问题提交给合适的工作人员。仅仅这一项，就可以节省 2 个初级客服的人工费用，约合每年 10 万元。

　　好，论证完毕。

　　最后，小张还打算再强调一遍最初重点表述的内容：如果有幸可以为您服务，我们在销售线索、自动化流程和人工智能上，每年可为贵公司增加 113 万元的利润。

　　显然，小张所在的公司给员工做过金字塔原理的培训，这是一个非常标准的应用。如果将小张的表述逻辑抽象成一张图（见图 15-1），就是下面这个样子的：

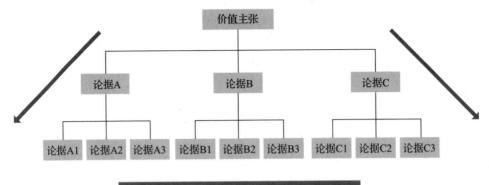

图 15-1　金字塔表述法

简单地说，金字塔表述法将你要表达的内容，分成了四层：

第一层是价值主张，用一两句话清楚地表达你的价值主张。

第二层和第三层是论证的逻辑和论据，通过几个分论点介绍你的价值主张，并提供具体证据支持。

第四层，再次强调和总结你的价值主张。

说起来很简单，理解起来也不难，这里的关键是你如何设计好这个塔尖。

四、我们好，有多好

一个好的金字塔的塔尖，是一上来你先用一句话说清楚：我们好，有多好？具体来说，打造塔尖有三个要点：结果先行、量身定制和量化。

1. 结果先行

金字塔表述法的一个要点是：结果先行，再说过程。也就是说，要先说出一个明确的结果。

你可能会有些困惑，我们以前说的方式是：因为……，所以……。而这里提到的却是反过来的：之所以……，是因为……。

为什么要这样做呢？

从听众的角度来看，他们最想知道的是：你为什么来找我，今天想说明什么问题，最终的结论是什么。特别是客户中的决策者，他们希望先了解结果。

但是，我们日常习惯的表达方式是"因为……，所以……"句式，习惯先说原因，然后由原因推导出一个结果。这种方式在日常的闲谈中无伤大雅，但是在商业场合，尤其是在与决策者沟通并试图说服他时，并不是最佳选择。

当你面对决策者时，他心中的疑问是："我为什么要选择你？"这时，你需要先快速给出答案，解决他心中的疑惑，然后他才会有兴趣继续听下去。

这个时代，尤其是在短视频的"教育"下，人们的注意力时长越来越短，刷剧都不好好刷了，要看剧情集锦；如果前三秒没有抓住观众的注意力，马上就会滑到下一个。因此，一开始给出一个有吸引力且简洁的主题非常重要。

这个主题就是价值主张（Value Proposition），一个在销售领域很流行的概念："价值主张是客户选择一家公司而放弃另一家的原因，它解决了客户的问题或满足了其需求。"

2. 量身定制

在 B2C（企业对消费者）业务中，价值主张很多时候等同于品牌的宣传语或者口号。比如，我喜欢的笔记应用印象笔记的价值主张是：轻轻松松整理你的笔记。滴滴的价值主张是"滴滴一下，美好出行"，联邦快递的是"使命必达"，西贝强调"闭着眼睛点，道道都好吃"。还有一个非常著名的例子是"怕上火喝王老吉"。很多自媒体文章会标注"干货"，这也是一种价值主张。2024 年年初，有一类短视频很火，也带火了一个句式："不是……买不起，而是……更有性价比"，这也是价值主张。

B2C 领域的价值主张是针对很多人的，所有的潜在用户都算；而在 B2B 销售领域，价值主张的应用更为复杂。

B2B 销售的决策周期更长，决策人员更多，决策流程也更复杂。每个人的利益点和诉求不同，所以需要销售人员针对不同的客户进行个性化设计。说白了，你要为具体的客户中具体的人，量身打造价值主张。

比如，

- 使用型客户关注的是产品能否实现各种功能要求，如提高生产效率、降低故障率、简便易操作等；

- 审核型客户则更关心供应商是否符合公司标准、产品是否合规、是否在预算内等;
- 决策型客户可能更关注投入产出比、收益最大化及潜在风险等。

所以,为了打动不同类型的客户,你需要设计不同的价值主张。

3. 量化

前面两个要点说的是"我们好",第三个要点想要表达的是"有多好"。

很久以前,我在工作中给领导发过一封邮件,大意是说某项工作我会尽快完成。领导回复道:"永远有多远?尽快有多快?"从那以后,我都会老老实实地写清楚,比如"这项工作将在周四下午17:00之前提交"。

这体现了量化思维。

量化,有一种天然的高级气质。你肯定见过那样的广告,几个穿着白大褂、戴着护目镜的人举着试管或者量杯观察。这种画面让人感觉产品科学含量很高。定量分析是科学研究的关键方法。

有一个广为流传的说法是,麦当劳的操作规程中有一个要求:薯条超过7分钟还没有卖掉,就必须扔掉。是不是听起来就比"盐少许"更科学?

漫威系列电影经常为影迷称道的是它们的精确性,许多细节为人们津津乐道。

举个例子。在《复仇者联盟4》中,钢铁侠的女儿在睡觉前对钢铁侠说"爱你3000遍"(I love you 3000),让这位顶尖的英雄热泪盈眶。有人说"我爱你"是世界上最美好的语言,对一位具有科学思维的人说,或许最美的应该是:"爱你3000遍。"

这就是为什么小张一开始就说:"使用我们公司的CRM系统,每年可以为贵公司增加113万元的利润。"

金字塔的塔尖就是重点,就是那个穿着红衣服的小女孩;随后的论点和论据的展开就是逻辑,是让客户轻松跟随你的理由。

我认为金字塔表述法能带给你一种很酷的气质,当然,你可以信马由缰,可以随心所欲,但是你得弄明白你对面的那个人,他是不是可以跟得上,是不是愿意跟着你的思维前进。

普通人可能觉得金字塔表述法不过是"总分总"的简单逻辑;销售高手能理

解其中的艰辛，他知道想要随口就说出一个"金字塔"来，需要的不仅仅是练习和准备，还有对底层逻辑的理解。

金字塔表述法的底层逻辑是结构化，这也是麦肯锡公司的看家本领。

冯唐和一位他能见到的麦肯锡最资深的合伙人有过这样一段对话：

冯唐："我们是什么？"

资深合伙人："我们是问题解决者。"

冯唐："我们能解决一切问题吗？"

资深合伙人："是的，我们能解决一切问题。我们努力的目的是，我们能为一切问题提供现阶段最佳解法。如果给我们三个月，我们都搞不清楚的问题，现阶段，也没有其他人或机构可以搞清楚。这也是我们的信念和对我们自己的要求。"

冯唐："我们凭什么能做到？我们依靠的是什么？"

资深合伙人："我们的大脑。我们的工具和方法，特别是结构化思维和结构化表达。"

◎ 要点总结

1. 在和决策者沟通的过程中，需要更加精确的表达，突出重点。

2. 先总体说明我们想要表达的论点，然后层层分解，从几个角度说明支持自己的论据，最后用一句话总结核心观点。这就是金字塔原理在沟通中的基本应用。

3. 金字塔原理的核心在于关注重点、结构化和逻辑性，这也恰恰是人们记忆、感知和理解世界的方式。

4. 金字塔表述法将你要表达的内容，分成了四层。

● 第一层是价值主张，用一两句话清楚地表达你的价值主张。

● 第二层和第三层是论证的逻辑和论据，通过几个分论点介绍你的价值主张，并提供具体证据支持。

● 第四层，再次强调和总结你的价值主张。

实践讨论

1. 你在什么地方用过金字塔模型？感觉怎么样？

2. 表面上看，"因为……，所以……"和"之所以……，是因为……"是两
   种不同的表达方式，但本质上，这是两种不同的思维方式。这两种思维
   方式有什么不同？

3. 针对一个复杂的客户问题，使用金字塔模型制订解决方案。

第 四 章
CHAPTER 4

扩展影响力 | 书面表达

有一种在销售的场景中威力巨大，但是重要性被严重低估的沟通方式，那就是书面沟通。

哈佛大学有一门，也是唯一一门全校必修的课程，就是英语写作。

很多销售都会觉得，我会说就行了，写作能力与我何干？

我给你三个角度，看看能否有所启发。

首先，销售工作中有很多需要写作的地方。比如，工作总结，发言汇报，电子邮件，给客户的方案，产品宣讲的准备稿，甚至发微信。好的写作能力会帮助你和客户更有效地沟通，在公司内部也能获取更多的支持。

其次，写作可以训练你的思维。写作是将网状的、树状的思维进行线状表达，按照逻辑展开的过程，如果可以用更容易被别人接受的语言表达出来，那么用处更大。你看，那些善于写作的人，说话也会更有逻辑性，和这些人沟通，既轻松又愉悦。写作的过程就是一个帮助你把问题思考清楚的过程。一方面，写作可以帮助自己"断点续传"。将一个思路写下来，就算现在因为什么事情被打断，等有时间了，你还是可以沿着上一次的思路走下去；另一方面，写作可以让发散的思维聚合起来，更加线性化，更深入。

最后，写作是个扩展影响力的高效方式。同样的时间成本，写作可以影响到更多的人。话说出去，都飘散在空中；文字写下来，成为白底黑字，会广为流传。

有句话说，种一棵树最好的时间是十年之前，其次是现在。练习写作能力类似"种树"。来，开始打磨你的写作能力，从一封电子邮件、一个方案、一条朋友圈文案开始。

16 电子邮件技巧
如何打造你的另一张名片

> 电子邮件是非常有效的销售工具。据估计，电子邮件促成购买的比率至少是社交媒体广告的三倍。
>
> ——菲利普·科特勒

见到一家大公司的高级管理人员很难，有人靠层层推荐，有人托关系找门路，有人靠自己所在公司的声望，而有人只需要一封电子邮件。

2020年底，一位销售发给客户的一封电子邮件，或许称得上当年中国最引人注目的电子邮件。

这位销售不仅通过一封电子邮件见到了客户公司的创始人，甚至还让其在公开场合说，那谁，你来我们公司上班，业务就给你们公司。

这位销售叫陈盈霖，他当时服务的公司叫华为。这位客户公司的创始人叫罗振宇，他创办的公司叫得到。

得到的业务是知识服务，数据需要存在云端，这项服务的体量大概是每年几千万元。当然，得到当时有供应商，而且是业内知名的大厂。当被告知没有合作机会的时候，陈盈霖并未放弃，他给得到的相关负责人发了一封邮件，大意如下：

- 我们为得到的企业知识服务，挑选了一个优质客户，只要得到愿意，500万元的订单马上就可以签。

- 这个合作，跟得到是否选择华为云做数据服务商，没有任何关系，请你们不必有压力。
- 我们华为云的总裁和副总裁，都是得到的用户，他们非常关心华为云和得到的合作进展。所以一旦和得到合作，我们必然会投入最好的资源。
- 拒绝我们 100 次，也不要紧，我们会再沟通 101 次，因为我们坚信华为云是得到最正确的选择。
- 我们没有"美式装备"，但是在您最需要的时候，我们一定是金刚川上的那座"人桥"。

当罗振宇把这封邮件转到公司内部群里的时候，"大家跪倒一片"。第二天罗振宇在他的"启发俱乐部"公开演讲的时候，用这封邮件作为如何说服他人的案例。演讲结束之后，网上热议，甚至有人评价说，这封电子邮件应该被写入 MBA 教程。之后，罗振宇将陈盈霖请到了他们公司，不是去上班，而是去做了一次培训。

我想说的是，可能只有电子邮件这种方式，才能起到这个效果——既能相对容易地获取高层的联系方式，又能充分表达自己的观点，还能让接收者自由传播。

好的，故事说完了，让我们进入正题。

一、你为什么应该重视电子邮件

给你三个理由。

1. 电子邮件所占时间比重在增加

在你的日常工作中，电子邮件占了多大的比重？

麦肯锡的一项研究发现，专业人士平均每天会花费 28% 的工作时间阅读和回复电子邮件。

《哈佛商业评论》上的一篇文章指出，电子邮件、即时通信等协作工作方式所占用的工作时间，在过去的 10 年中增加了 50% 以上，甚至占用了每周工作时间的 85%。

移动互联网成为一种基础设施，电子邮件、微信等所谓的即时通信工具已经成为我们工作和生活中不可或缺的一部分。83% 的职场人士下班后依旧会查看电子邮件，2/3 的受访对象表示，他们在度假的时候也会随身带着和工作相关的笔记本电脑和手机，近一半的人甚至会在与家人或朋友共进晚餐时处理工作邮件。

对销售人员来说，电子邮件尤为重要。给客户的方案报价用邮件，给领导的价格申请也用邮件；同样，客户和领导的回复意见也通过邮件传达。作为一名从业十多年的销售人员，我经常会遇到这样的场景：一群销售坐在一起吃饭，大家一边用手机回复客户的邮件，一边头也不抬地和旁边的同事有一搭没一搭地聊天。

这个眉头紧锁的，可能是因为特价申请被打回来了；那个喜上眉梢的，可能是因为客户同意了报价，要求做合同。总之，每个人都会时不时地拿起手机看看邮箱，就像是在产房外等待消息的准爸爸。

有统计显示，销售人员每天 21% 的工作时间花在处理电子邮件上，平均每天要发出 36.2 封邮件。

2. 电子邮件是一种一对多的沟通方式

很多公司将电子邮件作为打开客户沟通的敲门砖，这是吸引客户的一种方式。在 B2B 领域，新用户注册通常需要用到电子邮箱。随后，这些网站或 App 会通过邮件向你发送信息，激发你的兴趣。虽然这在一些人眼中是垃圾邮件，但也有一些人会通过这种方式完成购买，只是个概率问题。

统计数据显示，这种类型的电子邮件打开率为 2.6%～3%。那么，发了 10 000 封这样的邮件，就有大约 300 个人会打开，其中可能会有一定比例的客户完成交易。而发送邮件的成本，无论是 100 个人还是 10 000 个人，几乎没有区别。

电子邮件是一种效率极高的销售线索搜集工具。

3. 电子邮件提高了你触达高阶人员的可能性

从沟通的角度看，电子邮件可以帮助你触达一些你很难见到的人，比如客户中的重要人物，或你自己公司的高层领导。领导层级越高，越难有机会拜访。这时，电子邮件就是一种很好的方式。

前面提到的华为销售发给得到邮件的案例，就非常典型。电子邮件可以帮助你触达一些你很难见到的客户。

有经验的销售都知道，在和客户还不太熟悉时，获得客户的手机号或微信号相对比较难，但是获得电子邮箱会容易很多。尤其是大客户，当你知道客户的名字之后，根据客户公司的电子邮件命名规则，就能猜出他的邮箱地址。另外，多说一句，我之前的一份工作，就是通过这种方式获得的。

在公司内部，人员升迁不仅由你的直接上级决定，还涉及直接上级的领导，甚至更高层领导的意见。我们很难见到高层领导，他们对我们的印象有时凭借的是电子邮件。

你的直接上级写邮件向他的领导汇报工作时，可能会将你的邮件内容作为其中一部分。这就像是你和领导的领导之间有了一个沟通的机会。能否抓住他的心，就看你写邮件的水平了。通过邮件，你可能会给他留下一个印象，或好或不好，然后在某次内部升迁讨论会上，他会投给你一张赞同票或反对票。

从这个角度看，电子邮件就是你的另一张名片，也是别人评价你的一个重要依据。用好电子邮件，既可以达成良好的沟通效果，还能提升你在别人心目中的专业度。

正因为如此，写电子邮件这件事，值得你花时间和精力去打磨。

二、体现专业性的电子邮件的格式

体现专业性的最基本要素就是格式。当你收到一封格式有问题的电子邮件时，第一反应可能是："怎么连这都不懂？"从而质疑发送者的专业性或态度。下面我们先谈 8 个简单但容易忽略的问题。

1. 公事公办

工作的事情，一定不要使用私人邮箱。使用私人邮箱处理工作事务，容易给对方留下不专业的印象，影响的不仅是你个人，还有你所在的公司。而且，私人邮箱和企业邮箱的安全性相差甚远，信息泄露的风险更大。很多行业和公司，对这一点有明确要求，使用私人邮箱不符合相关规范，还有法律风险。

2. 收件人

填写收件人的时候，一定要仔细核对。我以前就收到过发给其他同事的邮件，因为那个同事也姓傅。同一家公司经常会有姓名或拼音相同的人，要注意区分。比如，一家公司内有两个叫张三的，一个邮箱前缀可能是 zhangsan，另一个可能是 zhang_san。

3. 主题

主题一定要写，千万不要忘记。当你给陌生客户发邮件时，对方是否会打开邮件，很大程度上取决于主题。

研究发现，主题中的用词会影响到邮件的打开率，有一些词会带来积极作用，比如申请、机会、演示、连接、付款、会议和取消。还有一个有效的词是"新"，如果你可以让对方意识到你的内容中会有新的原创的个性化的内容，打开率可以提高 23%。

在拟定主题时，要将邮件中的主要思想总结成一句话，最多十几个字，简明扼要，比如 ×××公司 ×××产品报价、3月份会议日程讨论、×××新产品使用说明等。

另外，主题中尽可能少用感叹号，以免被别人或防火墙当成垃圾邮件，看都不看就被删除了。

4. 称呼

对对方的称呼一定要准确。你可以直呼其名，比如：张三，您好。也可以使用职务来称呼，比如李总、马工、刘经理、张部长等。还可以使用先生或者女士，比如李先生、张女士等。

5. 正文

称呼之后的正文，另起一段，齐头写。

比如：

> 张总，您好。
>
> 关于下次课程的时间安排，我初步拟订了3个时间，分别是……

如果彼此不太熟悉，第一句进行自我介绍，第二句再开始写邮件的主要目的。

为了让别人阅读起来舒服，段与段之间最好空一行。

6. 基本内容

基本内容可以包括以下模块：

- 自我介绍（如果不是第一次发给对方，可以省略），说明从哪个渠道得来的对方的联系方式。
- 感谢语，例如"感谢您抽时间阅读邮件"或"感谢您给我这个机会"。
- 邮件的主要内容，例如介绍产品、下一步行动建议、邀约等。
- 最后再次表示感谢或表达期待。

7. 结束语

简单地，可以使用此致、敬上、祝好等。

如果是和外企打交道，可以使用 Best Regards，或者简写成 BR。

8. 签名档

签名档可选的内容包括：你的名字、职务、公司名称、公司地址、重要的联系方式（比如座机、手机、邮箱、公司网址等，是否需要写上微信号，视公司要求及个人喜好而定）。设计好签名档，保存在系统中，直接调用。

以上是一些基本格式要求，接下来我们看看进阶的注意事项。

三、电子邮件的注意事项

1. 检查

写完邮件后，一定要自己读一遍。这里的"读"指的是读出声，看看语言是否通顺，有没有错别字，有没有不好理解的地方。我曾经在正月十五那天发过一封邮件，祝客户中秋节快乐。

此外，发电子邮件表达诉求时，务必清晰明确，切勿含糊其辞，说一大堆道理，还抄送给一堆人。发送前，多检查几遍，把复杂留给自己，把简单留给别人。

2. 表述

尽可能使用口语化的短句子，收到邮件的人读起来朗朗上口，会更容易理解邮件中的内容，甚至更容易接受你的建议。很多人喜欢"读"邮件，而不仅仅是"看"。因此，写的时候有节奏，多断句，常停顿，会给"读"邮件的人一种"呼吸感"。

邮件别太长，多分段，每个段落最好不要超过 5 句话。

邮件正文遵循的基本结构是：是什么，为什么，做什么。即我说的事情是什么，这么干的原因是什么，具体的操作方法是什么。

如果事情比较多，采用 1、2、3 这种分级模式，但分级不要太多，最多分两级。

3. 确认

有一种邮件叫确认邮件。比如你和张三电话沟通某件事，达成了一项口头协议。过了几天，你再找张三，问：那天我们商量的事情做完了吗？

张三说：啥事啊？

你说：就是那个帮助客户调试的事情啊。

张三说：你不是说让我等客户消息吗？

你说：我是说让你和客户确认消息啊。

得，这事说不清楚了。

如果这件事比较重要，那么，你需要写一封确认邮件。

你可以在开头这样写：如同我们刚才在电话中沟通的，对于……我们达成了……的共识。

4. 附件

如果有附件，一定要检查附件是不是贴上去了。

在邮件正文描述附件内容。比如：附件 1 是 ××× 公司 ××× 产品的使用指南，附件 2 是 ××× 公司 ××× 产品的简明操作手册等。

附件名称要与附件内容一致，避免使用缩写，发给客户之前要根据内容重新命名。

有个小技巧是，先写完正文，贴好附件，再写收件人，避免误发邮件。不知道你是不是干过那种事，在邮件中写着"具体内容见附件"，但是没贴附件就将邮件发出了，反正我是干过。

5. 敏感词

不要在邮件中出现敏感词，也不要在邮件中谈论敏感的话题。在美国，电子邮件是正式的商务文本，满足特定的条件可以等效为合同。

邮件是要被检查、被监控的。美国的《萨班斯－奥克斯利法案》要求，在美国上市的公司，电子邮件最少要保留7年，以备查询。很多公司甚至要求电子邮件在公司的邮件服务器上一直保存下去。

6. 不要道歉

不要在电子邮件中写："抱歉没有及时回复您的邮件。"我们不需要为没有犯的错道歉，这会降低我们的专业性。没有人规定你一定要在当天就回复邮件。如果一定要说，可以这样说："感谢您的耐心等待。"这会让你看起来更加自信和更有能力。

7. 回复

能不多发，尽量不要多发。邮件最好是只发给需要看的人。虽然没有成本，但是也不要造成像"光污染"那样的邮件污染。如果你经常发的邮件，对方感觉和自己没有太大的关系，那么以后你再发给对方比较重要的邮件，他在潜意识中也会觉得无足轻重。

回复邮件时，千万别每次都"回复全部"，回复给那些需要看的人即可。

8. 总结邮件

有时我们会遇到"邮件盖大楼"的情况，就是在一封邮件下不停地回复，一个问题吵来吵去，拿不定主意。然后"官司"打到大老板那里，大老板打开邮件一看，天哪，这么长，要多久才能看完啊。这时，老板很可能会迁怒于转发邮件给他的那个人，这就是所谓的"射杀信使效应"（shoot the messenger）。

如果你是那个将邮件转发给上级的人，最好对之前讨论的内容进行总结，说明情况，然后再发出去。

9. 密送

"密送"功能是指收件人不知道其他人也收到了这封邮件。在公司内部，一般不建议使用这个功能。如果是给客户发邮件，希望自己公司内部的人也看到，但不希望客户知道其他人也收到了，可以使用"密送"功能。

以上这些内容可以帮助你构建一个专业的电子邮件写作体系，对外展示你的专业性。

还有一个关于电子邮件的使用心法，可以让你成为电子邮件的主人而不被电子邮件束缚。

四、为什么要少用电子邮件

这个心法就是：尽可能少用电子邮件。

为什么这么说？

1. 是辅助性的，而不是主要的

电子邮件作为沟通工具，是辅助性的，而不是主要的。有研究发现，员工在提出请求时，面对面提的成功率比通过邮件高出 33 倍。电子邮件可以作为沟通完成后的备忘录。因此，请不要将电子邮件作为沟通的主要手段，面对面沟通才是。

2. 不要被电子邮件干扰

电子邮件很容易对你的工作产生干扰。

虽然有一种流行的说法认为，人们可以多线程工作，比如一边用微信聊天、一边浏览网页、一边回复电子邮件，但多线程工作的效率实际上很低，会让我们大脑的运转速度变慢。

有调查研究显示：

- 人们在工作时，平均每小时会被打扰 4 次，而且有 40% 的概率不会回到被打扰前的工作。
- 将近 95% 的经理人认为，最浪费他们时间的 3 件事是参加不必要的会议、阅读不重要的邮件、阅读冗长的简报内容。

- 经常收发电子邮件与电话，会让人的智商降低 10 分。
- 一心多用会让生产力下降 40%。

还有研究表明，同时处理多项任务，实际上比一次完成一项任务的效率更低。

斯坦福大学的一项研究发现，喜欢同时处理很多件事情的重度多任务者，完成任务的质量要比那些步伐缓慢但稳定的单任务处理者糟糕很多。

这不仅仅会影响效率，更可怕地，这种一心多用还会损伤我们的"硬件"。《美国国家科学院院刊》杂志发表的一项实验测试指出，同时处理多项任务会损伤我们的脑细胞，严重地，会导致记忆衰退。

所以，在工作的时候，尽可能关闭电子邮箱的提醒功能，放到某个时间统一处理就好。

那在什么时间处理电子邮件？建议在自己安排的每天要完成的主要工作之后。

你收到的电子邮件，本质上，是别人给你安排的工作内容，这对别人更有价值。如果你根据这个来安排工作，就相当于你的主要工作是在为别人服务，长此以往，你可能会迷失自己。所以，在回复邮件之前，先完成自己给自己安排的更重要的事情。

如果你的工作不依赖电子邮件，可以设计每天统一时间回复电子邮件，比如在上午 10:00～11:00 或下午下班前回复完所有的电子邮件。在进行高强度脑力劳动时，为自己创造一个没有干扰的环境，不要强迫自己一边打电话一边回邮件，这样会导致自己两件事都干不好。

3. 不要花费时间在邮件的归档整理上

使用搜索功能，而不要为了归档整理建立一个个文件夹。

IBM 曾做过研究，对比归档整理后查找和直接搜索一封电子邮件所用的时间，前者是 58 秒，后者是 17 秒。

4. 尽量不要用手机回复邮件

用手机回复邮件容易出错。相比回复及时，回复错误更要命。

电子邮件不是即时通信工具，不需要马上回复；需要马上回复的事情，那就打电话吧。马上回复电子邮件没有你想象中那么重要，尤其是销售人员，马上回复会让别人觉得你总是待在电脑前面，没有出去跑客户。最好的方法是在晚上或者中午统一回复电子邮件。

从 1971 年雷·汤姆林森（Ray Tomlinson）发明电子邮件到现在，电子邮件已经走过了 50 多年的岁月。纳西姆·塔勒布非常推崇林迪效应（Lindy Effect），它的意思是，对某些非物质的文化或技术产品而言，它们已经存在的时间，可以作为预测它们未来寿命的一个指标。具体来说，如果某样东西已经存在了很长时间，那么它有可能会继续存在相似的时长。

如此看来，电子邮件大概率还能存在 50 年的时间，我猜作为读者的你，应该可以使用到退休吧。所以，稍微花点时间，打磨一下这个最少还能用 50 年的技巧，还是值得的。

◎ 要点总结

1. 电子邮件是你的另一张名片，也是别人评价你的一个重要依据。用好电子邮件，既可以达成良好的沟通效果，还能提升你在别人心目中的专业度，值得你花时间和精力去打磨。
2. 符合特定格式的电子邮件看起来更专业。
3. 除了基本格式，还有一些需要额外注意的事情，比如检查、表述、确认、附件、敏感词、不要道歉、回复、总结邮件和密送等。
4. 电子邮件虽好，但不要过度使用。

📑 实践讨论

1. 在你的工作中，每天大约需要多长时间来处理电子邮件？能不能找到一种方式，提高处理效率？
2. 在什么情况下，写电子邮件比面对面沟通的效果更好？
3. 客户王先生是一家公司的技术部经理，你们电话约定下周五见面。之前，你们没有见过面。这次，你是打他的座机和他沟通的。打完电话后，请写一封邮件给他，作为你们这次电话沟通的备忘录。

17 方案撰写（上）
如何用方案传递你的价值

最优秀的说服者之所以优秀，在于擅长先发制人：对说服过程加以设计，让接收信息的人在与信息相遇之前就准备好接受。

——罗伯特·西奥迪尼

了解客户需求，找到客户自己知道的或者未意识到的问题，是实现销售的关键一步。如何找到这些需求，并通过高效的方式与客户沟通，是销售人员必须修炼的内功。许多顶尖销售在理解并挖掘客户需求方面往往具备很强的能力，这种能力通常被称为"隐性知识"。

对于那些拥有这种能力的销售人员，感知客户需求似乎是一件轻而易举的事。如果你问他们："你是如何知道客户有这方面的需求的呢？"他们可能会回答："这很明显啊，很容易看出来。"这种敏感性似乎是与生俱来的天赋。

然而，如果你不是这种天生敏感型的销售，该如何有效地感知和挖掘客户的需求呢？

如果你是漫威电影的影迷，可能听过这句话："富人靠科技，穷人靠变异。"影迷们用这句话来调侃漫威超级英雄的诞生。套用这句话，在挖掘客户需求这件事上，我们的思路是"要么天生很敏感，要么好好做方案"。

做方案，这应该是掌握了客户需求之后的事情吧，要通过方案了解需求，这不反了吗？别着急，请允许我在这里先卖个关子，这个问题的答案我后面会慢慢展开。

本节我们主要探讨的话题是：给客户做方案。

所谓的方案，是将我们解决问题的办法，用书面的方式，呈现给客户。有人会觉得，这有什么好说的，我们也经常给客户做方案啊，做个方案谁不会。我们这里探讨的不仅仅是方案的内容，更重要的是过程。本质上，给客户提供方案是一个信息的交互过程。方案的内容是信息，方案的载体是信息，就连方案的传递方式也是信息。

我想先请你思考下面几个问题：

- 怎样才能最有效地与客户互动？
- 怎样才能写好一个方案？
- 在写方案的过程中应该注意哪些事项？
- 方案的表现形式重要吗？
- 好的方案能带给客户和公司自身什么价值？
- 如何通过方案来了解客户的需求？

请你先合上书，花一点时间写下自己的答案，然后再看后面的内容，这样效果会更好。

一、为什么你一定要给客户做方案

做一件事情之前，知道怎么做很重要，知道为什么做更重要。

那给客户做方案到底有哪些价值？

你可能会想到好几个给客户做方案的好处，即便这样，可能还是低估了这个行为的价值。

给客户做方案，至少有 9 个好处。

1. 提供切入点

方案是抓手。一份方案有助于突破开始不知道聊什么的状态。当你刚开始接触某个客户时，找到一个切入点很重要。这个时候，方案就是一个很好的"抓手"。

在正式拜访之前，我们可以找一些与目标客户公司、行业、工艺类似的方案，以此作为初步沟通的依据。尤其是面对技术人员时，这种沟通很容易进行。技术人员通常有好为人师的习惯。当一位技术人员拿起你的方案，看到一些和他现有的知识、感觉、认知或者现状不一样的地方时，他会给你指出来，这是多么好的学习机会啊。

你可以认真地在方案上将他认为做得不对的地方画出来，回去修改，之后再去找他聊。这样不仅能增加你们见面的机会，还能体现你的专业度、敬业度和对他的重视程度。

2. 挖掘客户深层次需求

方案是挖掘客户深层次需求的绝佳工具。通过不断地提问和修改，你能很好地掌握客户的需求。在这种"输出倒逼输入"的过程中，你会不断挖掘出客户的深层次需求。每个人都喜欢当老师，你写错了，客户会指出来，他指出来的地方就是你需要关注的地方。几次下来，他的技术层面的需求你就彻底搞清楚了。

比如，你可以这样向客户提问：

● 根据我们在方案中所提供的内容，您认为哪些部分最有价值？
● 您能否告诉我们，哪一部分是您希望再补充些内容的，而哪一部分是您希望删除的？

那些他尤其看重的地方，就是他的关注所在，就是他真正的需求。

3. 方案是共创的

人们更喜欢自己亲自参与做成的东西。心理学家称这种现象为宜家效应，即人们热衷于购买宜家的半成品家具，回家自己组装。

70% 半成品 + 30% 努力 = 理想的结果 + 快乐的过程。宜家，将原来成形的家具，变成需要组装的"玩具"。消费者需要付出一定的努力，还需要一些基本的动手能力，这会带给人成就感——这种情感上的奖励增强了人们对自己所创造的物品的感知价值。

在写方案的过程中，你可以与客户多次沟通，根据客户的建议和意见修改方案。经过这样的沟通，客户会有一种这个方案是他"创造"的感觉——"这是我的方案，你不过是代笔而已"。一旦客户认为这个内容是你们一起创造的，甚至是他自己创造的，那就不容易反对，而是会坚定地支持。这就是心理学中著名的禀赋效应：如果你认为你拥有这个东西，就会觉得这个东西的价值更高。

这不仅会增强客户的满足感，同时还能增强方案的适应性和个性化，成为专为客户公司量身定制的方案。之后，当你再拿这个方案去和客户公司的领导或其他决策人讨论时，这就是一个贴近客户现实的、很有说服力的方案了。

4. 给支持者支持

给客户做方案的一个价值在于，给你的支持者一个帮助你的理由和武器。

B2B 销售都知道，客户的关键决策都是在你不在场时做出的，这时，有没有人帮你说话非常关键。如果你有一位支持者可以帮助你实现内部销售，那恭喜你。但是，高兴之余，还有一点考虑：你希望他怎么支持你，或者说你希望他说什么？为了让支持者更好地说服其他人，你要给支持者工具，这个工具就是方案。

在和客户沟通的过程中，不管你提出的建议多么高明，讨论的氛围多么欢快，用不了多久，客户都会将其忘得一干二净。你的事情只是客户工作中的一个小环节，很多细节，他不可能记得那么清楚。而在几天后的内部会议上，他想说你的好，却想不起来具体好在哪里，可能就不说了，这时你很可能会失去这个机会。

换个位置想想看，如果你是那位支持者，你说要支持对方，要在会上说对方好，你还得自己去想应该怎么说？那你说什么？对方给你讲的那些东西，你可能一转头就忘掉了。

这时，提供正式方案的价值就体现出来了。方案，就是你的支持者的一个有力武器，他可以用来说服反对者和中立者。

那么，作为销售，你留下的一份正式的解决方案，就是支持者的素材。在上会讨论的时候，你的支持者可以"借题发挥"。如果有需要，还可以把你的方案拿出来一边展示一边说：你看，他们非常专业，能为我们解决这些问题，好处有……，都在这里摆着呢。方案最好一式几份，这样在需要的时候，他随时可以拿给别人。

所以，你的方案，就是在帮助那些愿意帮助你的人，去把帮助你这件事情，变得更简单，变得理由更充分。不要让别人为难，说想要帮你，还要去考虑应该如何帮；你需要告诉他们，帮助你的理由是什么，对客户整个公司有哪些好处。

5. 凡事预则立

在客户拜访之前进行策划，或者说事先准备，是一种被严重低估的销售行为。俗话说，凡事预则立，不预则废。事先准备可以大大提高销售的成功率。很多优秀的销售人员都有策划的习惯。

罗伯特·西奥迪尼是享誉世界的影响力研究专家。他写了一本畅销书，同时也是长销书，叫《影响力》，被誉为销售的必读书。2016 年，时隔 30 年之后，西奥迪尼出版了《影响力》的姊妹篇——《先发影响力》。在书中，西奥迪尼提出了一个新的洞见。他说，那些在说服和影响别人方面最有能力的人，不是那些我们认为的口吐莲花、能言善辩，甚至逻辑严谨的人，而是那些事先做足了准备功课的人。事前充分准备，事实上，比所谓的话术高明、逻辑推理严密都更有价值。"如果准备得足够充分，在开口之前，你的说服对象就已经准备好同意你了。"

给客户做方案，就是一种强迫自己事先准备的最佳方法。想要做好方案，你就得对客户有一定的了解，这就会逼着你去寻找和该客户相关的信息。祝贺你，这是走向成功签单的良好的开端。你习惯了写方案和改方案之后，会不自觉地在每次客户拜访之前做好准备，这会让你保持长久的竞争力。

6. 给客户提供安全感

方案是白底黑字，能干什么、怎么干都写在上面，本质上这是一种预先承诺。这种承诺，象征着契约，象征着可靠和确定性，而确定性，能带给人最大的安全感。

心理学研究发现，不确定性可能会触发应激反应，带来焦虑和压力。不确定意味着风险，风险让人厌恶，这写在我们的基因里。当销售通过具体明确的方案向客户承诺时，这种承诺减少了客户面对的不确定，从而减轻了他们的心理压力和担忧。这种从内心深处产生的安全感，是建立长期合作关系的基石。因此，当销售通过明确的方案提供确定性时，实际上是在与客户的大脑进行直接沟通，促进了积极情绪的产生，有助于建立起更加稳定和积极的客户关系。

7. 树立销售的专业性

人们更愿意相信专家的意见，专家更有影响力。心理学的研究表明，人们在面对复杂决策时，往往会寻求外部专家的意见来减轻决策负担。这种现象，被称为"权威偏见"或"专家启发式"，是人类信息处理中的一种简化策略。

制定解决方案是专家经常做的事情，所以，你可以通过制定解决方案，使得客户在心里将你和专家联系起来。当销售人员通过提供专业的解决方案来展示他们的专业性时，客户更有可能依赖这些意见做出购买决策，因为他们认为专业的建议更可靠、更有价值。当销售人员能够针对客户面临的独特挑战提供切实可行的解决方案时，他们不仅仅是在销售产品或服务，更是在销售自己的专业知识和行业经验。这种基于深度理解和精准分析的解决方案，能够有效地展示销售人员的专业水平和对行业趋势的敏锐洞察力。

一份有洞见的方案可以树立你在客户心目中的专家地位，更好地建立信任关系，促成销售。在 B2B 销售中，决策往往涉及大额投资和长期合作，客户在做出决策时会格外谨慎。此时，如果销售人员能够以专家的身份提供行之有效的建议和解决方案，他们的建议就更有可能被客户采纳。这种专家地位能够帮助销售人员更有效地影响客户的决策过程，提高销售转化率。

8. 提升销售技术、写作和逻辑思维能力

从技术能力的角度来看，销售人员在准备方案时，需要深入了解产品的功能、性能指标以及应用场景，这要求他们不断地学习和更新相关的技术知识。此外，为了更准确地定位产品在市场中的竞争优势，销售人员还需要对行业趋势、竞争对手的产品以及客户需求有一个全面的理解。这种深入的研究和分析过程，无疑会大大增强销售人员的技术洞察力和市场敏感度。久而久之，潜移默化中就把自己培养成了产品和行业的专家。

目前正是关系型销售向专家型销售转型的时代，技术水平更高的销售在竞争中将占有更大优势。2022 年 5 月，我们进行了一次小范围的关于技术类产品销售的问卷调研。其中一个问题是：技术类产品的销售，具备良好的技术水平，是不是会提升销售业绩？几乎所有的回答都是肯定的。大家普遍认为，销售具备好的技术能力，更容易与客户建立信任感。

写作能力的提升则是收获的另一个显著的好处。通过撰写方案，销售人员将复杂的技术信息、市场分析以及解决方案以清晰、准确、有逻辑的方式表达出来。

这不仅需要良好的语言表达能力，还需要能够有效地组织和结构化信息，使之对客户来说既易于理解又具有说服力。随着时间的积累，这种写作训练能够显著提升销售人员的文案能力，使他们更加自如地在各种销售文档和营销材料中使用吸引人的语言和有力的论证。

逻辑思维能力的提升是编写方案过程中另一个重要收获。在准备方案时，销售人员需要不断地进行假设检验，评估不同的解决方案，选择最合适的策略来满足客户的需求。这个过程要求他们能够逻辑严密地分析问题，合理地预测方案的潜在效果以及可能遇到的挑战，并找到相应的应对策略。这种对逻辑和分析能力的锻炼，不仅对销售工作有直接的帮助，也能够在日常生活中提升决策质量，提升问题解决能力。

9. 打造学习型组织

写方案还可以帮助企业打造学习型组织。如果组织中的每个人都乐于学习，这个组织不是学习型组织，那是什么？如果每个人都乐于分享自己在编写方案过程中的心得，那么，这个组织的竞争力将无比强悍。如果你是一位销售团队的领导，想要将你的团队打造成学习型组织，那么你可以尝试着从让销售给客户做方案开始。

现在有很多网络协作办公工具，比如网盘、飞书、腾讯会议、笔记应用程序，可以帮助销售完成方案的协作和共享。比如，销售甲在给客户 A 做方案的时候，发现客户 A 所在的行业正好是销售乙的强项，同时涉及的技术问题还是技术工程师丙负责的，那么他们可以组成一个临时小组，共同给客户 A 设立方案。这样的方案做好之后，可以放到公司或者部门的公共知识库中，方便其他销售参考和使用。

在这个过程中，团队成员可以从彼此那里学习到新的技能和知识，增强自身的能力，同时也能增进团队间的默契和信任，建立一个持续学习和进步的团队文化，从而为构建学习型组织奠定基础。

学习型组织是一个能够不断创新、适应环境变化并持续进步的组织。在这样的组织中，知识的共享和团队学习被视为核心价值之一。通过团队共同编写方案，每个成员都有机会对项目有深入的理解和投入，这种共同参与的过程促进了从个体学习向团队学习的转变，每个人的见解和专长都能被充分利用和拓展，进而提升整个组织的知识积累和创新能力。

　　学习型组织能够更有效地应对市场的变化和挑战，因为它们拥有更快的知识更新速度和更强的创新能力。通过团队共同编写方案，不仅可以在短期内提升团队的执行力和项目成功率，长期来看，还可以培养出一个具有高度适应性和持续创新能力的组织文化。这种文化能够吸引并留住优秀的人才，为组织的持续发展和成功提供坚实的基础。这种以学习和知识共享为核心的文化，是现代组织应对复杂多变环境的重要资产。

　　你看，有这么多好处的加持，为客户做方案这件事，是不是非常值得去做？

二、方案怎么做

　　和产品说明相比，方案要给客户一种"为我而做"的感受，这才是方案的本质。那，我们该如何设计，才能让客户产生这种感觉呢？

1. 客户需要的不是钻头，而是一个孔

　　一个好的方案必须反映客户的实际需求。制定方案时，要牢记的是，客户的需求永远是第一位的。就像那个经典的类比：客户需要的不是钻头，而是一个孔。对客户需求的理解，是成功销售的关键一步。这又是每个销售都知道，但是在实际操作中，往往被忽略的原则。

　　那如何才能让销售始终把搞清楚客户的需求放在第一位，落实到具体的客户拜访中？你可以用输出倒逼输入——通过给客户写方案的方式，来强迫自己建立不断探索客户需求的意识与习惯。

　　有时候，客户拜访可能会流于形式，为了拜访而拜访，没有实质的进展。如果脑子里有一个要为该客户撰写解决方案的目标，我们就可以将焦点集中在挖掘客户的真实需求上。只有掌握详尽、真实的需求，才能在方案设计上体现出自己公司的竞争优势。如此这般，就把解决方案变成了不断挖掘客户需求的工具。

　　在每次撰写方案时，需要认真思考方案是否真的满足了客户的需求，客户对方案内容的哪一点更为关注，是否还有什么客户关注了但未在方案中提及的内容。最终提交给客户的白底黑字，既指明了如何满足客户的需求，又象征着承诺，从

感性的角度给予客户一种安全感。

你可以把客户需求放在你方案最开始的部分，这是建立"为我而做"感觉的关键时刻。

2. 通过技术说产品

周鸿祎有一次在接受采访的时候，讲了一个很有意思的段子。

周鸿祎看到小米摄像头的文案上写着"全玻璃镜头"，因为360也做摄像头，所以他就问自己的工程师："我们的摄像头是玻璃的吗？"

工程师说："当然，我们的也是。"

周鸿祎接着问："那我们怎么不说啊？"

工程师委屈地说："用户都知道啊。"

周鸿祎严肃地说："我都不知道。"

周鸿祎接着问："那我们和小米的有什么不一样的地方？"

工程师回答："小米用4片玻璃，我们用5片。"

于是，360摄像头的宣传文案就改成了"5片全光学超高清透光玻璃"。

这个方法叫作通过技术说产品。

在方案中，分析完客户的需求，接下来你需要和客户讨论技术实现方式。比如，如果是一个控制系统，那是分布式还是集中式，是通过变频器控制还是通过PLC（可编程逻辑控制器）控制，是通过总线通信控制还是通过端子控制？

这就是周鸿祎用的方法，通过介绍技术，来体现你的产品特性。

比如：

- 表面上，你是在和客户讨论对比SUV（运动型多用途汽车）和轿车的技术，其实，你是在说你们的SUV很不错。
- 表面上，你是在和客户讨论对比分布式控制方案和集中式控制方案，其实，你是在推荐你们公司刚刚推向市场的某款分布式高防护等级产品。
- 表面上，你是在和客户讨论精确控制应该如何实现，其实，你是在说通过你们公司的运动控制组件，可以实现精确控制。

通过讨论技术，你可以巧妙地将产品隐藏其中，表面上客户接受的是技术特征，内心却默默喜欢上了你的产品。

3. 模块化构建方案

你可以将方案按照自己所处的行业特点进行模块化分割。

这里的关键是你可以对各个模块进行分类整理，把每个模块打造成类似乐高积木的基础件。一个新的方案，就是不同的基础件的排列组合，既能节省时间，又可以实现方案的个性化。

所有销售人员撰写的方案，可以上传至公司指定的方案库。按照客户行业、产品类型、应用特点等进行分类整理，不断积累相关的经验，使之成为公司宝贵的技术资产和智力资源。

随着上传至公司方案库的方案的增加，通过技术手段对方案进行详细分析，还可以发现一些客户的共性需求。销售人员在拜访类似客户的时候，可以调用相近方案，再结合客户的具体情况来删改，这样做既尊重了客户的差异性，又提高了效率。利用人工智能技术，还可以很方便地自动生成一个个性化很强的方案。

4. 方案题目

方案的题目更要显示出专为客户而作，比如，《×××公司×××应用解决方案》等。

再有就是版本号。每次和客户讨论完，都要对原来的方案进行升级和迭代，修改后的新版本按照版本号进行管理，比如v2.1。大的改动改小数点前面的，比如从v2.1到v3.0；小的改动改小数点后面的，比如从v3.0到v3.1。

如果想要更突出重点，可以在题目前面加上描述价值主张的短语，用来凸显为客户提供的主要价值，比如：《构建0碳系统：×××公司×××应用解决方案v2.3》。

现在，你的方案写完了，该怎么交给客户？

三、方案怎么给

你可能会想，这有什么好说的，做成PDF文件，发给客户不就得了吗？其实，这里面还真有一些值得关注的地方。

1. 当面提交

方案的提交，最好是面对面的形式。一方面，显得比较正式；另一方面，如果客户当时就某个问题提出疑议，我们有机会进行解释。同时，还可以直接看到对方的反应，通过肢体语言判断对方对方案的真实态度。

方案的价值不在于让客户看，而在于你和客户一起看，一起探讨相关细节，一起完善，这才能让客户感觉方案是他自己做出来的。没有人喜欢反对自己，人人都爱掌控感。

2. 两种版本

方案需要准备电子和纸质两种版本。

在客户拜访时，打印出纸质版，人手一册，方便讨论。在提到什么地方需要修改的时候，你可以很容易标注出来，回去尽快整理。稍微设计一下，封面用硬纸，装订起来即可。方案最好一式几份，方便我们的支持者以此为工具，说服反对者或中立者。纸质版方案还可以放在客户的桌面、书架或文件柜内，将来在查找其他文件时，还有再看到的机会，起到提醒和触发的作用。

电子版则方便客户留档和转发。但是，如果方案只发电子版的，客户很有可能看过一遍之后就不知道保存到哪里去了，再想起来的机会都很少。

四、方案能力怎么提升

写方案没有什么武功秘籍，唯一有效的手段就是经常写，经常改。

1. 形成习惯

方案必须经常写，形成习惯，成为你拜访客户的 DNA。每次拜访前准备好一份方案；每次拜访完成后，对方案进行再版和修订，作为下一次拜访的讨论内容。写得多了，写得久了，自然从量变积累到质变，手到擒来，事半功倍。

开始时，不必太在意格式，一点一点地修正，一点一点地升级。重要的是坚持写，坚持递交，坚持和客户聊。时间久了，自然会发生质变。你会发现，写方案成了一种自然，成了你的一个标志，成了你下意识的事情。在坚持写的过程中，你会发现你的技术水平提高得很快，别人有什么技术问题也喜欢来问你。公司的方案库越来越丰富，内容越来越多，以后再给客户写方案时，可以参考的内容就越来越多，花费的时间则会越来越少。

2. MVP 法则

和好文章一样，好方案也是改出来的。

在和客户最终确认之前，最好可以根据反馈多改几遍。每次拜访完成后，根据客户的反馈进行修改，成为你们下一次客户拜访讨论的主要内容。在这次带去的方案讨论中，看看哪些是客户重点关注的，那么下一次修改的时候，在此需要详细解释，扩充一些内容；哪些是客户新提出的问题，但是在方案中没有涉及的，需要补充到再版方案中；哪些是自己主观臆断，认为客户很关注，但是客户实际上并不是十分在意的，对此进行删减，不必占用太多的篇幅。这个过程，既对客户的需求进行了深度和广度上的挖掘，又体现了我们的专业度，同时，还将我们的重视程度展现在了客户的面前。

反复修改讨论的方案会让客户参与其中，使客户感觉到这个方案是自己的成果。在这里，你可以借鉴 MVP（最小可行产品）法则。这在创业领域是一个热门概念。它的意思是创业企业不用将产品打造得尽善尽美后再推向市场，而是可以先推出一个最小可行产品，然后通过市场反馈不断升级和迭代。迁移到给客户做方案上，就是在和客户沟通的过程中，先给出一个 MVP 方案，然后一边沟通一边升级，最终得到一个符合客户实际需求的方案。不要一开始就想着做出一个完全符合客户需求的方案，这可能会贻误战机，同时也可能是闭门造车。

3. 选择题

还有一个技巧就是你提供给客户的方案，最好是个选择题而不是议论文。在方案中给客户留出选择的余地，这是智慧，这部分内容我会在下一节详细介绍。

通过给客户写方案，销售人员提高了技术水平和思维能力；公司积累了更多的智力资源，打造了学习型组织的企业文化；客户满足了需求，解决了真正的问题。

这可是个三赢的大好局面，不信你试试看。

◎ 要点总结

1. 了解客户需求，找到目前客户自己知道或者不自知的问题，是实现销售的第一步。
2. 方案是将解决问题的办法用书面形式呈现给客户。
3. 方案是信息交互的媒介，是挖掘客户需求的绝佳方式。
4. 方案要给客户带来一种"为我而做"的感受。
5. 方案的内容是信息，方案本身的形式是信息，销售人员提交方案的方式也是信息。
6. 经常写方案，形成习惯，形成你拜访客户的 DNA；经常改方案，迭代升级，没有最好只有更好。

◎ 实践讨论

1. 在写方案的 9 个好处中，你觉得哪一个最有价值？
2. 请找一个当下实际存在的销售机会，为客户做一份方案。然后，与客户面对面地讨论，并将方案升级为 2.0 版。
3. 请列举你产品的三个技术特性，并思考如何通过技术介绍来突出这些特性。
4. 为什么说写方案的价值被很多销售人员大大低估了？

18 方案撰写（下）
如何让客户选择你

> 最纯粹的自由主义者关心的不是福利，而是人们的自由和自由选择权。
>
> ——理查德·泰勒

在上一节内容中，我们提到方案需要给客户留出选择的余地。这一节，我们将详细探讨这种策略的智慧所在。

在正式内容开始之前，请允许我先讲个故事。

我有一个学员小 Z，他一直在追求一个女孩，但总是被拒绝。不是说他的表白被拒绝，而是根本约不出来。小 Z 给那个女孩打电话说："今天天气不错，我们出去玩吧？"十次有九次得到的答案是"不出去"，要不就是"改天吧"。后来，他改变了邀请方式，居然成功了。

怎么做到的？我先卖个关子。

一、不要剥夺客户的选择权

有一个销售人员非常容易忽视的点，就是剥夺了客户的选择权。

销售小张去拜访一个潜在客户，回来之后用心分析了客户的各种需求，与公司的技术高手讨论之后，为客户打造了一个近乎完美的方案。第二次，小张兴冲冲地带着方案去找客户说："王工，您看，上次回去之后我为您专门定制了一套方案，匹配度特别高。"

王工看完之后，反应并不积极，不仅质疑这个方案，还拿出了许多竞争产品进行比较。

为什么会出现这种情况？其实，这是由销售人员的认知误区造成的。

我们总是习惯于把自己认为好的东西提供给别人。我已经站在你的立场考虑问题了，为什么你还不接受呢？这里，不是说这种做法不好，而是说我们的理解过于片面。在这个过程中，我们忽略了人的一种基本心理需求——选择权。

2013 年一篇心理学的专业论文中提到：人有一个基本的心理倾向，那就是看重自己的选择权。当你只是提出请求时，对方的感受是，你在剥夺他的选择权，只给了他唯一的选择，就是去做你指定的事情。这是在帮你做事。这时对方会采取封闭的态度，来对冲这种压迫感。如果没有将客户的选择权考虑在内，你越是努力介绍，客户越是会感觉到明显的压迫感。在这种强烈的感受的影响下，客户很有可能会产生一种对抗的情绪，表现出的行为是寻找新的选项进行对比，或者直接逃离。

就像是孩子的逆反期，你越是想让他听你的，他就越是和你对着干，一定要自己拿主意。心理学家杰克·布雷姆提出了著名的心理逆反理论，用来解释人在失去控制权的时候做出的反应。这个理论说的是，当我们的选择自由受到限制或者威胁的时候，保护自由的需求就会使我们的欲望更加强烈。

很多研究都发现，人们对事情的体验会因为自己觉得是否能控制它们而有很大的不同。让人有控制感，不管是真的改变了什么还是只是一种错觉，都能让人感觉好起来。

当我们理解了这些心理需求，再来解决这个问题就很简单了。既然人们不喜欢被剥夺选择权，那就将选择权归还——当你告知别人他们是有选择权的，可以主动去挑选自己喜欢的方式，就不容易让人产生那种被要求的不悦感。找回控制感，反而可以更理性地考虑你的提议。

二、给客户选择权

购买的本质是决策，而决策就是做判断。判断的过程即是比较优劣。如果你仅仅提供一个选项，客户就只能判断"买"或"不买"。此时，你提供了买的理由，而客户的大脑则会主动搜索不买的理由。或者，客户会在大脑中找到其他选项，比如你的竞争对手的产品，从中找出某些元素进行比较，凑够两个选项再判断。

于是乎，不论客户是怎么思考的，你都已经直接将客户推到了对立面。而且，你不知道客户脑海里在做选择。

那么，该如何做才能使你的方案更容易被客户所接受？

为了避免上面提到的问题发生，你需要给客户出一道选择题。也就是说，你可以在自己公司的产品或服务的范围内，给客户提供多个选项。同时，对选项进行深入的分析，指出每个选项带给客户的价值有何不同。

此时，客户的关注点将集中在你给出的选项的优劣对比上，原本的封闭态度和对抗情绪会减弱甚至消失。客户会不自觉地进入选择模式，大脑飞速运转，进行比较：哪个选项带来的优势更大，哪个影响会更小，哪个实现起来的阻力最小等。你把客户从潜意识的对抗拉回到了理性的分析和判断中。

另外，在销售上，除了提供多种方案让客户选择，给客户带来控制感的方法有很多。

比如，通过提问，而不是陈述，进行推荐；通过倾听，给客户说话的机会，给客户表达自己偏好的机会，让客户感觉到是自己在买，而不是你在卖。再比如，你还可以在选项中留出客户可以个性化改动的空间，给他一种定制的感觉。这样不但可以更好地实现销售，还能提高利润。因为在客户的心中，定制就代表着高价值。

三、出选择题的技巧

我们知道了要给客户出选择题，那具体该怎么做呢？我总结了一个口诀，很好记：三个选项、"新"之所向、最优居中。具体是什么意思呢？我们一个个地来看看。

第一个要点是，三个选项。

既然要给客户出道选择题，那么选项是不是多多益善呢？答案是否定的。选项不宜过多，过多的选项会造成"选择过载"。

心理学家希娜·艾扬格曾经做过一个实验，分别给被试免费品尝6种或24种果酱，试吃之后可以选择是否购买。

结果表明，无论可供品尝的果酱是6种还是24种，被试都只会品尝其中1～2种。但是，当面对6种选择时，30%的被试选择购买其中一种果酱，而面对24种选择时，几乎无人购买。

选择过载会让人们在面对许多选择时，难以做出决定。"选项过多时，多元化和个性化的优势，会被买方决策过程的复杂性所抵消。"这时，人们倾向于暂时不选，等有适当的机会再进行选择。

所以，为了达成良好的效果，请不要给客户提供太多的选项，一般而言，三个选项为最佳。

第二个要点是，"新"之所向。

基于你的专业知识，你可能会认为某一个选项对客户来说最有利，但是当你有明显倾向性的时候，对方会很自然地想到你在诱导他。而此时，他会更加警惕，对选项的抵制心理也会增强，那该怎么办？

你可以将倾向性隐藏在不同的理念之中。比如你倾向于某个选项，那就找出这个选项背后所代表的设计理念或者技术特性，在它所代表的某种新出现的技术趋势上下功夫。

这里的关键词是"新"。人天生对新事物有一种好奇心，这源自我们的进化过程。能够快速识别和适应新环境的人更有可能生存下来。这种对新事物的好奇心帮助人类探索未知、学习新技能、发现新资源、避免潜在威胁，从而提高生存率。对新事物的好奇心和兴趣深植于我们的基因。

当我们遇到新信息时，大脑的奖励系统会被激活，产生愉悦感。这是因为新信息意味着学习的机会，可以帮助我们做出更好的决策。在不确定性大的环境中，新信息的价值尤为突出，因为它可能关乎机遇的把握或风险的规避。因此，当某人宣称他提供的信息新颖时，便激发了听众的好奇心和探索欲，促使他们更加仔细地评估这些信息，以便从中寻找有价值的内容。

此外，新信息有时会挑战我们现有的知识体系和经验，引发所谓的认知失调。人们在面对与自己既有观念相冲突的新信息时，可能会产生不适感，这种不适感促使他们更加深入地思考，以解决新旧信息之间的矛盾。

通过提供行业内的最新研究、技术方向或市场趋势等信息，销售人员不仅可以吸引潜在客户的注意力，还可以树立自己作为行业领先思想者的形象。这种策略可以帮助销售人员打破客户的现有认知，促使他们重新评估自己的需求和偏好，为销售人员提供更多的机会来展示产品或服务如何能够满足这些新识别出来的需求。

比如，在工业品产品中，分布式控制和集中式控制是两种不同的控制理念。分布式控制理念比较新，尤其最近几年被国外太阳能行业所影响，感觉很高大上的样子。有这种理念上的优势，你就可以给出明显的倾向性了。

第三个要点是，最优居中。

将你最想推荐的选项放到中间。

举个例子。同一个型号的车，会有高中低不同的配置。最高配的价格可能比和它再高一个档次的车型的低配版价格都高。而且，最高配的车很少，想要买到都很难。那为什么还要生产，还要进行宣传？这其实是一个价格策略。最高配的存在，就是为了做标杆，让你觉得中低配的价格还不错。这就是所谓的锚定效应。

在你的方案中，可以把一个价格比较高、各种配置齐全的方案作为第一项，构成一个高价的锚点。然后，把你最想推荐的方案作为第二项。第三项，就是一个保底的选项，各项指标平平，能用，但是没有什么亮点。

让我们回头再看看小 Z。

一开始，小 Z 的方法，我称之为邀请 1.0 版。小 Z 说："我们出去玩吧？"这时，女孩的心里会主动找出一个对比选项来："不出去。"而且，出去是小 Z 说的，不出去是女孩自己想出来的，你说哪个影响更大呢？

接着，小 Z 将自己的邀请升级成了 2.0 版。小 Z 说："今天天气不错，我们出去玩吧？看电影或者逛街，看你心情哦。"小 Z 给女孩出了一道选择题：选项 1 "逛街"，选项 2 "看电影"。这时，女孩很容易就在心里开始比较，是逛街好玩还是看电影有意思？

再后来，小 Z 还发展出了 3.0 版。小 Z 说："出去玩吧，去逛街还是去看电影？听说新上的电影在 IMDB 上得分超过 8 分了呢。"如果想影响别人，"新"是个好武器。电影新上映，评分又那么高，说明很多人都会去看，要是没看过的话，聊天时不知道，多不好啊。

不要剥夺对方的选择权，否则，对方会自己造出一个选项来。你说走，对方给自己造的选项就是不走；你说好，对方自己造的选项就是不好。

为了更好地达成一致，请给你的客户出一道"三个选项、'新'之所向、最优居中"的选择题。

要点总结

1. 人都有一个基本的心理倾向，就是不喜欢被剥夺选择权。

2. 给客户提供选择，让他在你给定的选项中选择。

3. 在选项中留出客户可以个性化改动的空间，给客户一种定制的感觉。这样不但可以更好地实现销售，还能提高利润。因为在客户的心中，定制就代表着高价值。

4. 给客户出选择题的技巧是：三个选项、"新"之所向、最优居中。

实践讨论

1. 了解了本节中讲到的心理机制，请回想一下在消费场景中有哪些商家给出过选择？

2. 请按照"三个选项、'新'之所向、最优居中"的技巧，为客户做一个方案，然后和客户讨论。请认真观察整个过程中客户的反馈，并进行复盘。

3. 有一种"流行病"叫作选择困难症，和我们说的给客户选择权矛盾吗？为什么？

19 打造个人品牌
如何让客户主动来找你

> 我们可以假定，对销售的需要总是存在的，但市场营销的目标就是让销售变得多余。
>
> ——彼得·德鲁克

在互联网时代，有一种非常高效的影响客户的方式，叫互联网营销。有人可能会说，这个我知道，直播带货，罗永浩，董宇辉，俞敏洪，我都看过的。你是想要我们销售也都去直播带货吗？

我们要讨论的，不是这个，而是一种思路：打造顾问型销售的互联网营销方式。千万别小看互联网营销的力量，这是一个极有价值的方法，也是在这个时代和客户沟通的一种有效工具。互联网的价值在于，它可以成倍地提升你的影响力。

一台手机，一部汽车，一套设备，你卖给一个客户，就不能卖给另一个客户，对吧？这一个小时，你去拜访客户 A 就不能拜访客户 B，对吧？但是，这个时代有更高效的玩法。

2024 年 5 月，万维钢的精英日课第六季在得到 App 上线。截止到 2024 年 9 月初，该知识服务专栏订阅用户达到将近 7 万人。该专栏的订阅价格为 299 元，大致估算，销售额已超过 2000 万元。万维钢的精英日课专栏前五季，每一季的订阅人数均超过 10 万，其中第一季更是多达 20 万。你可以计算一下这项知识服务的价值。

单从销售的角度看这件事，就能让我们领略到互联网的力量：它能让一个事情的效能成十倍、百倍、千倍甚至更高倍扩散，最妙的是，还不会多占用你的时间和精力。

这是这个时代给销售人员的一个馈赠。互联网是一个杠杆，可以帮助你从走出去找别人，拓展为让别人也来找你。这种方式叫打造个人品牌。

一、打造个人品牌

1. 营销与销售

销售的本质是营销＋推销。从字面意思上来看，营销，是要营造一种销售的氛围，而推销的关键在于"推"，没有推，哪里来的销呢？而且需要一个个地推，一个个地销。而我们销售人员，关注更多的是推销这件事情，营销在我们的头脑中，是公司市场部的事情。是的，营销公司品牌是市场部的事，但是营销你的个人品牌，自然是你自己的事情。销售人员可以使用营销手段，作为推销的辅助工具。

互联网时代，每个人都是一个品牌，你就是你自己的品牌代言人。我们需要学会用广告的方式来昭告天下：我是谁，我怎么样，我能为你提供什么，我欢迎你来。营销，说白了，就是让客户主动来找我们买东西；推销，就是我们上门告诉客户应该找我们买东西。

2. 个人营销的本质是树立个人品牌

做销售的，都听过一句话，卖东西，先卖自己。这句话很有道理，但是也有问题。问题是什么？问题是，这句话没说清楚一件事：卖自己，卖自己的什么？

在互联网时代，销售卖的不仅仅是产品，更重要的，是个人品牌。个人营销的本质就是树立个人品牌。

品牌本质上是一种无形资产。你的房子、汽车、电脑、钱等都属于你的有形资产。看得见，摸得着，值多少很好估计。而个人品牌呢，不知道。

所以，个人品牌往往被销售们忽视。实际上，无形资产的价值是被我们低估的宝藏。

我们熟知的品牌可口可乐，大家知道这个品牌值多少钱吗？仅仅是这四个字，不包括它的所有的有形资产，2024年的估值是350亿美元。

可口可乐的老板曾说，就算你把我全球所有工厂一把火烧掉，用不了几天我也可以东山再起。这就是品牌的价值。可口可乐真的在"烧"它的工厂。2016年11月，可口可乐将中国所有瓶装业务卖给了中粮和太古两家公司，作价76.21亿元人民币。可口可乐还同时宣布，将在全球逐步卖掉其瓶装业务。但是其品牌估值在不断地增加。

这就是无形资产的力量，一种让你可以随时东山再起的力量，一种别人拿不走的力量。

树立个人品牌的过程就是构建你自己的无形资产的过程，它独立于公司，独立于产品，核心价值是你。

那到底什么是个人品牌？

要说个人品牌，先要说什么是品牌。品牌是一个标识，是一个符号，这个符号背后有一系列的含义，这个含义就是品牌渴望被人们所记住的。

举个例子你就明白了。比如，看到一个像对勾的符号，你能想到什么？耐克，是吧。提到耐克，你可能很自然地会想到运动，想到它的品牌口号："Just do it"。耐克通过一系列的广告、商业活动，将类似对勾的符号和一系列积极图景紧密联系在一起。它突出了年轻人的自我意识，强调运动，给人一种积极向上、热爱生活、勇于尝试、渴望行动、勇于探索的感觉。

想想耐克的广告是怎么做的，它不说东西怎么怎么好，强调的是那些使用它的产品的人，生活是怎么样的。

耐克这个名字本身是没有意义的。但是，由于长期的品牌塑造，人们一看到这个标识，或者一听到这个名字，就会联想到运动、行动、探索等这些人性中的渴望。

这就是关联的作用。

品牌的作用，是通过一系列方式方法将一种认知和一个符号联系在一起。个人品牌和公司品牌一样，都是通过一个简单的符号和一种认知建立联系。所以，在打造个人品牌的时候，你需要确定两件事情。

第一件事情是符号，就像耐克。个人品牌也需要符号。你在打造个人品牌的时候，你的符号是什么？最好的符号就是你自己的形象，你的照片或你的名字。

这些都是可以建立联系的入口。

第二件事情，你需要提前设定好打算让别人和哪种认知建立联系。比如，我希望别人把我和 B2B 销售专家联系起来。我希望别人一提起我，就会想到：嗯，这哥们儿在 B2B 销售领域还是挺在行的。或者是，别人一提起 B2B 销售这件事，就能想到我。

二、使用社交媒体树立个人品牌

这个时代为销售人员提供了一种新的工具，那就是社交媒体。这就是销售人员进行个人品牌营销的舞台。

著名咨询公司高德纳的一项研究指出，多达 46% 的 B2B 买家在购买旅程的一开始就转向了社交媒体。另一项统计指出，有 87% 的买家认为社交媒体可以帮助他们做出购买决策。

是的，客户在哪里，销售就应该去哪里。

《福布斯》杂志上一篇文章中的数据给出了支持：78.6% 使用社交媒体的销售人员的表现优于未使用社交媒体的销售人员。利用社交媒体销售的有效性这一趋势得到了该领域更广泛的研究的支持。HubSpot 2024 年销售状况报告将社交媒体定位为最有效的销售渠道之一：87% 的卖家确认社交媒体对其销售业务有效；从事社交媒体销售的组织中 61% 实现了收入增长。

会用社交媒体打造个人品牌的销售，已经获得了竞争力。他们的这种方式，正好契合一种新时代人与人的连接模式，那就是先筛选再连接。以前我们是先建立联系，再筛选。而这个时代，我们是先筛选再连接。我们知道自己要什么，也能找到自己需要的，然后根据自己的需求进行选择，选出来的才是我们会建立连接的人。

如果你无法通过别人的筛选，就无法与对方建立连接。

三、建立个人品牌的要点

社交媒体为销售提供了一个机会、一个展示自己的平台，让大家先看到你的知识、能力和意愿，然后再和你发生联系。这个时代，使用社交媒体，树立自己的个人品牌，是你提升竞争力和影响力的必选项。以下几个要点将帮助你有效地树立和管理个人品牌，从而吸引更多潜在客户并与现有客户保持良好关系。

1. 拓展社交媒体好友

几乎每一本写销售的书都会提到人脉的重要性，关于这一点我只讲一个故事。

在谷歌创立初期，20 世纪 90 年代末，它打算聘请一位主管销售的副总裁。谷歌当然要采用"最谷歌"的方法——用数据分析作为决策依据。谷歌对硅谷整个人才库进行了全面分析后，发现了一个有趣的现象。在几乎每一份涉及商业人士的名单上，都出现了一个名字：奥米德·柯德斯塔尼。于是他自然而然地成为候选人。经过几轮面试之后，柯德斯塔尼成为谷歌第 11 号员工。他 2009 年离开谷歌的时候，身价是 20 亿美元。

是什么让柯德斯塔尼如此的知名？答案就像一个经典的励志故事，这是他主动打造的结果。

如今，柯德斯塔尼是硅谷的知名人士，当他回到斯坦福大学做讲座的时候，他透露了自己的秘密。他说是自己在斯坦福学到的最重要的一门课帮助了他。请允许我先卖个关子，具体是什么课，放到最后再揭晓。

刚开始工作时，柯德斯塔尼奉行为人要谦逊，如果你工作足够出色，自然会被别人赏识。1991 年，从斯坦福大学毕业的他前往惠普，之后又去了几家创业公司，始终没有什么波澜。

随后，柯德斯塔尼进入了网景公司。在 20 世纪末的互联网大潮中，这可是一家炙手可热的公司。在网景，柯德斯塔尼把自己负责的营销和业务开发做得有声有色，但是他发现自己在事业上还是没有太大的进展。他认真反思之后发现，虽然他在斯坦福商学院学到过相关的知识，但是他并没有打心底接受这些内容。从那时起，他意识到最重要的不是业绩，而是自己的社交关系网络。

于是，他开始了自我转变。

柯德斯塔尼一改过去仅仅投入技术的作风，开始抽出时间刻意建立关系。借着互联网热潮，他利用自己的专业知识，将其转化为谈资，在硅谷积极拓展自己的人脉。直到有一天，谷歌来敲他的门。2014 年，谷歌为了返聘柯德斯塔尼，开出的条件是年薪 1.3 亿美元。

人脉，能为你的事业构建起强大的推动力。

在这个时代，人脉还反映在一个可见的地方，那就是社交媒体上的好友。Meta 早就通过社交媒体网络图来展示一个人的关系网络了。因此，主动增加有价值的社交媒体好友，对销售人员来说，是个正经工作。

有一个增加社交媒体好友的小技巧。你可以将微信和手机的通讯录关联起来，这样，当你新录入一个电话号码的时候，如果对方的手机号码和微信是绑定的话，系统会自动提醒你，这时就可以主动加好友了。

再比如，你需要找到你的目标受众活跃的平台，然后在这些平台上注册账号，成为知识分享者和问题回答者。

2. 展示真实的自己

请在社交媒体上，使用自己的真实名字和真实照片。

数据统计显示，带有人脸的照片在社交媒体平台 Instagram 上，评论率会比没有人脸的照片高出 40%。在社交网络上，如果你可以看到对方的相貌，更容易建立好感。

请使用自己真实的照片。这里的真实，是真的是你，不是小宠物，不是风景，也不是你的产品。当然可以用美颜，甚至你可以去一个专业的照相馆，照一张职业照。比如，严谨的正装照可以帮助你树立一种权威感。

在不同的社交媒体上，使用相同的照片。这个道理也很简单，你看看那些大品牌，从来不会因为在不同的地方就换不同的标识。相同的照片可以帮助你更好地树立个人品牌。

同时，请使用你的真实名字。这就是你的个人品牌的名称。想要品牌可以传播，有个确定的名称非常关键。用自己的名字作为个人品牌的名称，既自然又高效。

3. 树立专家形象

专家代表着信任，信任是成交的前提。

我们可以通过社交媒体，将我们和自己销售的产品绑定在一起，久而久之，会在别人的心目中树立起一种专家形象。

具体怎么做呢？举个例子。

我有一位朋友，他是这方面的高手。他经常会发一些产品相关的朋友圈，比如展示他在现场调试，或者客户如何使用这个品牌的产品，抑或产品的一些特殊应用的照片。

有一次我们聊天，他告诉我，他现在的生意中，有接近1/10的销售线索，是客户看到他的朋友圈之后，主动与他联系的。

他的主要策略就是树立自己在该产品上的专家形象。他发的内容不是自己有什么产品，这些产品有多好；也不是最近有个促销，或者未来要涨价什么的。他的内容全部都是与技术相关的：在客户现场多么辛苦地调试，如何将产品的特性发挥得更好，给客户带来了哪些具体的价值，又有哪些新的客户使用了他的产品，等等。

这背后是一种心理特征，心理学上称为锚定效应。

不知不觉中，这些发在朋友圈的内容在客户心里种下一颗种子：在某某产品（或服务）这件事情上，×××很专业。

当你把这样一个概念种到客户的脑子里之后，不敢说客户追着你买，起码可以实现当客户要用这个产品或者服务的时候，能想到的就是你。

树立专家形象，你可以分成三步走。

第一步：贴标签。首先要选择一个标签贴在自己身上。这个标签可以是某类产品、某个行业或某类应用。比如，你可以这样设计微信签名：离您最近的驱动方案专家，离您最近的网络专家，您身边的物联网专家，等等。

第二步：强化标签。不断强化这个标签，通过不断输出知识，让自己与这个标签之间的关系被别人认可。

第三步：固化标签。以年为单位打造这个标签和你之间的关系，让人们一想到这个标签，就想到你。

4. 交付知识

专家交付的内容不可以是广告，必须是知识，是那些和自己销售的产品或者服务相关的知识。

最好是基础知识，而不是和自己产品直接相关的介绍。比如，你是销售电动汽车的，那么就可以转发一些和电动汽车发展趋势相关的高质量的文章。再比如，你是做传感器的，那就可以转发一些物联网相关知识的文章。

我们需要在自己平时的工作中，专门抽出一部分时间来，在细分市场上收集、整理、学习和输出好的内容，在社交网络上分享。

当然，如果有原创内容，那更好。原创可以帮助提升自己的权威感。把自己打造成一个新思想的创造者、发布者，这样别人就能感受到你的专业度，从而建立更强的信任感。

5. 长期坚持

社交媒体是关于建立真实连接的长期游戏，持续的努力和耐心是关键。而且，信息过剩造成了大家注意力稀缺。通过社交媒体，将你锚定专家形象，需要足够的内容和频率。所以，你需要长期坚持，才能更多地触达潜在的客户。

在这里给大家提供一个 4-2-1 法则。每周 7 天，每天最少发 1 条。

- "4"：指的是树立你专家形象的内容。比如你在现场解决问题的照片、客户现场使用的情况、相关领域的知识等。
- "2"：指的是你自己的个人信息。比如，你去哪里玩了，自己的宠物，发现什么有趣的事情，自己在徒步或者旅游探险等。这就是所谓的有态度、有温度。
- "1"：指的是发布和自己公司、产品直接相关的内容。比如转发公司公众号上的文章、促销活动，以及介绍公司产品的文章等。这个 "1" 就是所谓的广告。

按照这个比例关系，每天发，长期发，将自己的社交媒体打造成树立个人品牌的阵地。

你要做的，是坚持，剩下的交给时间。和你分享一句我很喜欢的话，这是德龙钢铁创始人丁立国说的，他说："一件事，一辈子，一直做，成不成交给时间。"

放心，我没忘记前面卖的关子——揭晓一下奥米德·柯德斯塔尼说的最重要的一课。

这门课是斯坦福大学最受欢迎的选修课之一，叫作《通往权力之路》（The Paths to Power）。课程的讲授者是杰弗瑞·菲佛教授。2022 年，菲佛教授出了一本书《权力进化论》。书中，菲佛提出的关于权力的第四个法则是："建立强大的品牌：让人们第一时间就想到你。"

这就是个人品牌的力量。在这个时代，品牌就是权力。

◎ 要点总结

1. 在互联网时代，有一种很高效的影响客户的方式，叫作互联网营销。互联网的价值在于，它可以让你的影响力成倍增加。

2. 借助互联网的力量构建个人品牌，是我们将从走出去找别人，拓展为让别人也来找我们的一种方式。

3. 销售的本质是营销 + 推销。

4. 个人营销的本质就是树立个人品牌。

5. 78.6% 的使用社交媒体的销售人员的表现优于未使用社交媒体的销售人员。

6. 用社交媒体打造个人品牌有 5 个操作要点，分别是：拓展社交媒体好友，展示真实的自己，树立专家形象，交付知识，长期坚持。

7. 一件事，一辈子，一直做，成不成交给时间。

8. 建立强大的品牌：让人们第一时间就想到你。

▤ 实践讨论

1. 在社交媒体上构建个人品牌的 5 个操作要点是什么？你最常用的是哪一种？

2. 请按照 4-2-1 法则，在社交媒体上连发一周的内容。一周后，问问自己的好友或者客户，有什么感受？

3. 如果你要打造个人品牌，你的品牌的核心价值是什么？

4. 你将如何制定你的内容策略，以确保它既能吸引你的目标受众，又能反映你的品牌价值？

5. 在未来五年内，你的个人品牌目标是什么？你将如何利用社交媒体来实现这些目标？

第五章
CHAPTER 5

打造销售专业度 | 技术交流

如果你了解华为公司，你可能听过著名的"让听得见炮声的人做决策"。华为还有一个重量级武器，叫作"一五一工程"。这是华为销售的更底层的打法。简单地说就是，一支销售队伍、五种动作和一个资料库。技术交流，是五种销售动作之一。

技术交流的重点不在技术，而在交流；交流的核心，是客户的注意力。

早在20世纪80年代，尼尔·波兹曼在他的著作《娱乐至死》中，就给出了一个掷地有声的洞见：一切行业都是娱乐业。欢迎到全媒体时代，欢迎来到注意力稀缺的时代。

这个时代的技术交流，不仅仅是信息的传递，更是注意力的争夺，是信任的建立，是情感的触达。

作为销售的负责人，你是技术交流的主理人，你的责任是把会场变成秀场，把演说变成演出，把说教变成启发。

你在构建一个"场"，令客户在欢笑与惊叹中，感受到你公司的独特魅力和实力；让客户在轻松愉快的氛围中，理解产品的价值。

这需要你的组织能力、设计能力，还有就是演讲力。一场成功的演讲，不仅仅是信息的传递，更是一次心灵的震撼。它能让客户为之心动。通过精心的准备和不断的练习，你能将自己打造成一个充满魅力的演讲者，让每一次演讲，都成为客户记忆中的闪光点。

来，让我们一起踏上这段充满激情与挑战的旅程，深度掌握技术交流的艺术，成就你在客户心中无可替代的专业地位。

20 技术交流
为什么华为将其视为必选动作

> 销售是伴随着制造业而来的，它与制造业的关系就像车轮与自行车的关系一样。当一个全新产品推出时，人们需要使用销售艺术来解释它——它是什么，它如何工作，以及你为什么需要它。
>
> ——詹姆斯·戴森

在中国 B2B 销售领域，有两家公司的销售体系备受关注。

一个是被称为"中供铁军"的阿里的销售体系，这是销售和推广"中国供应商"的地推团队。这个团队是阿里最早实现赢利的项目，被马云称为阿里铁军。后来很多互联网大佬都是从这支队伍中出来的，比如滴滴创始人程维、同程集团创始人吴志祥、美团前 COO（首席运营官）干嘉伟、去哪儿网前总裁张强等。

另外一个，是华为的销售体系。我们好像很少听说华为的销售队伍里有哪些牛人，但是华为的销售业绩有目共睹。

如果说，阿里的销售强调的是精神，那么，华为的销售更多强调的是体系、方法论和团队。

华为销售体系中，有一个流程，叫作一五一工程。这是华为销售电信设备最基本的流程，换句话说，就是必选动作。第一个"一"，说的是一支队伍，为了一个销售机会要建立一支队伍，队伍基本构成就是他们著名的铁三角，包括客户关系负责人、解决方案负责人和交付服务负责人。另一个"一"，说的是一个资料库，一个可以被随时调用的资料库，一个可以共享给全公司的客户信息平台。"五"，说的是五种销售动作，分别是"参观公司""参观样板点""现场会""技术交流""高层拜访"。由此可见华为对技术交流的重视程度。

技术交流，为什么这么重要？

一、为什么要组织正式的技术交流

在 B2B 销售中，尤其是有一定技术含量的产品或者服务，正式的技术交流有很多的好处。其中最大的好处，是你可以构建出一个可以产生预说服的"场"。

罗伯特·西奥迪尼在他的书《先发影响力》中提到了一个概念叫预说服（Pre-suasion）。而预说服的核心就在于营造一个场，这个场更有利于对方答应你的要求或者同意你的观点。说得玄乎一点，这个场就像是电影《盗梦空间》中的一个桥段，把一个想法放到对方的大脑中，同时，还得让对方认为这个想法是他自己想出来的。

人们在形容乔布斯的说服能力时，经常会提到一个词：现实扭曲力场当 Mac 团队的成员陷入乔布斯的现实扭曲力场时，他们就像被催眠了一样。黛比·科尔曼说："他就像催眠大师，会用激光般的眼睛一眨不眨地盯着你。就算他给你端来一杯掺了毒药的紫色汽水，你还是会毫不犹豫地一饮而尽。"

构建场的核心是影响人们的情绪大脑。

情绪是决策的快捷方式。我们的各种感知信号，经常会被大脑边缘系统进行处理，处理后的输出物就是情绪。情绪，传导给腹内侧前额叶进行分析，进而和背外侧前额叶相连接，最终影响了整个前额叶皮质。潜意识就是这样产生影响的。比如，安慰剂效应就是一种潜意识的应用。安慰剂影响了情绪，情绪影响了我们的决策系统。

欲影响决策，先影响情绪。

你可以预先构建一个具有某种信息的场，使用一些微妙的信息来影响对方的情绪，从而影响其行为。

所谓的预，指的是在正式说服你之前，说服者会预先给你设置一些无关紧要的、你不会太在意的环境，让你受到这些环境的影响，然后你会做出有利于说服者的选择。比如，心理学家做过研究，在红酒商店中，如果背景音乐是法国的，那么法国的红酒就卖得更好一点。

心理学家将这种方式起名为"prime"，直接翻译过来的意思是"使（某人）准备好"。这是你听过的很多心理效应的底层逻辑，比如锚定效应。由于这些效应的存在，我们在还没有意识到的时候，就被一种事先设计好的内容暗示了我们的潜意识，然后这些潜意识带领我们做出了选择。

说到这里，你一定明白了，组织好的正式的技术交流，就是一个这样的场。

一个封闭的环境，一个激情澎湃的宣讲人，巨大的会堂，四面八方传来的声音，亲历者的赞美，这些都是容易影响场的一部分。客户本来想的是听听无妨，结果呢，在潜意识中他自己说服了自己。

这就是组织正式的技术交流最大的好处——你预设了一个有说服力的场。

当然，还有其他的好处。

比如，在技术交流中，你可以充分展示优势，让客户认识到你所提供的产品对他们有什么独特的价值，产品有哪些具体的特性，都有哪些成功的案例等。这是一个从知道到熟悉的过程，也是一个建立信任的过程。

还有，技术交流可以帮助销售发现客户的问题，而这是我们构建解决方案的前提。在技术交流的现场，总会有人基于你的介绍进行提问，而这些问题的背后，就是客户的关注点——某个他想要解决的问题。所以，请一定对客户提出的问题给予高度的重视。具体来说，你可以这样做：当客户提出一个问题给你，你完成回答之后，再抛一个问题给客户。比如，你可以这么问：您的这个问题很好，我有一点很好奇，您为什么对这个问题感兴趣？这背后，很有可能就是这位客户深层次的需求——这才是我们将来为其提供解决方案的立足点。

如果你是在某家公司内部进行的技术交流，这会帮助你认识更多的利益相关方。相比于一个个地去拜访，这个方法的效率更高。技术交流会上，你可以从容地发名片，记录客户参与人员的联系方式，从而建立更广泛的联系人网络。有时候我们想约见某个客户很难，但是在其内部技术交流会上，对方正好有时间，可能就会来，这就为我们创造了机会。这将为你日后在这家公司开展业务，建立一个坚实的基础。

总之，技术交流活动的好处可能会超出你的预期，它值得成为你销售过程中的必选动作。

那好，接下来，我们来探讨如何成功组织一次技术交流，以及需要关注的关键点。

二、谁帮你发起

在客户内部组织一次正式的技术交流，最重要的是什么？是选对发起人。正确的发起人可以帮助我们邀请到正确的人，同时建立更好的客户关系。

发起人到底应该是谁呢？公司老板、技术部负责人、办公室主任、客户人力，还是现场维护负责人？是谁和你关系好就请谁帮忙呢，还是有其他的依据？

如果选错了人，你得到的答复很有可能是"我们不需要"，或者是"最近太忙人不齐，过一段时间再说吧"。所以，你需要把问题由"谁是对的发起人"转化为"这次技术交流，对客户内部的哪个人有好处？"

举个例子。

比如，如果你的产品技术很先进，也许这家公司的技术部负责人会有兴趣，他们可能正在研究这个领域内的产品使用。再比如，客户人力有组织培训的指标，你提供的这次交流正好可以帮助对方完成一次培训活动。

按照这个思路，几个问题问下来，你就能选对发起人了。

三、什么时间更好

好的，有了发起人，那么，什么时间进行技术交流更好？

很多销售喜欢将技术交流活动放在下午。他们很贴心地为客户着想，认为一般上午大家比较忙，下午会相对轻松一些，这样客户可能会更容易答应。但是，从收效的角度出发，你应该选择上午。

这是为什么？

2013 年，纽约大学针对 26 000 个财报会议中用词的研究发现，上午的会议中人们用词更正面，情绪更好，而下午的用词更负面。如果将财报发布会安排在下午，甚至会影响股价。如果你把财报会议召开的时间从早上 8 点改为下午 3 点，相当于年收益下降了 1.5%。

2006 年，丹尼尔·卡尼曼等人主导了一项关于人的每天节律感的研究，发现了一个非常显著的趋势：量化分析人们幸福、温暖和快乐的感觉时，都是从早晨开始逐渐升高，下午下降，到晚上再次上升。

你看，上午更关键，请尽量把重要的事情放到上午。

四、在哪里进行

确定了时间，下一个就是地点。

客户一般会选择在自己的公司，这样花费的时间和精力更少。

你还有其他选择。

你可以尝试说服客户前往你们公司，好处是你可以更好地控制和布置活动现场，准备更多的样品展示，提供更详尽的产品演示；同时安排客户参观工厂，了解产品的生产过程，增强他们对产品质量的信任；还可以安排客户与公司高层进行面对面的交流，增加客户对公司的信任和好感。

如果预算充足，还可以考虑找第三方，比如度假村、高级酒店。这不仅能提供一个专业的交流环境，还可以组织羽毛球、足球等团体运动，更好地促进公司层面和个人层面的关系。

有个非常朴素的道理，想要关系好，最简单的方法就是增加在一起的时间。这个经验之谈，得到了实验研究的支持。堪萨斯大学杰弗里·霍尔（Jeffrey A. Hall）教授主持的研究指出，将一个人从点头之交转变为普通朋友，需要 40～60 个小时的共同时间，从普通朋友转变为朋友需要 80～100 个小时，而要成为好朋友则需要超过 200 个小时的共同时间。这项研究还指出，参与娱乐活动、共同进餐一类的事情，被视为更有利于发展友谊的活动。

五、参与者都有谁

时间、地点都确定了，下一步要确定人员。

客户方究竟会来哪些人，这个信息，你需要同发起人事先确定。这里有两个要点。

第一个，根据参与者设计交流内容的侧重点。比如，如果设计人员居多，那么关于维护方面的内容可能就需要简略一些。

第二个，了解清楚客户方是否有高层领导出席，这决定了你是否邀请己方的领导出面。对等的互动是基本的商务礼节，这些细节会影响客户对你以及你所在公司的观感。

知道对方可能会有哪些人参与了，接下来需要安排自己公司的人员。

根据交流内容，邀请公司内该领域最强的专家参加，他们的专业知识和经验可以为交流活动增色。

另外，还有一个可以考虑的问题是，需不需要邀请外部的专家？如果需要，可以尝试邀请客户在意的、认可的外部专家。

一位销售朋友曾跟我分享过一个成功案例。

他在开发一个潜在年采购额千万元级别的大客户时，遇到了一个主要决策人——客户公司的技术总监。这位技术总监长期与竞争对手合作，我的销售朋友多次尝试，未能成功开发。

后来，他得知这位技术总监非常佩服一位荷兰的专家，这位专家也是行业内的权威。于是，这位销售发动整个公司的力量，最终邀请到了这位专家。这位销售所在的公司为此在中国专门开了一场技术研讨会，请这位专家做了主题发言，当然也邀请了这位技术总监。会议期间，还安排他们在一组进行了深入的研讨。这次会议成功帮助这位销售敲开了客户方的大门，有了一个良好的开端。

六、交流什么

客户的需求是确定交流内容的基本出发点。整个技术交流活动需要基于客户需求来设计具体内容，避免出现与客户无关的内容，以免被认为是在浪费时间。

一般来说，会有公司介绍、产品介绍、行业应用案例介绍和最牛或者最新的技术应用、理念介绍等。

这里我想补充一点，就是最好有实物展示。

技术类产品往往比较抽象，有时候仅仅通过介绍、视频等方式无法看出门道，对内行来说这远远不够。为了让客户建立一个感性的认识，你可以设计一个场景将产品展示出来，或者展出一个实物模型让客户上手操作。

举个例子。

之前我所在的公司有一款产品，防护等级为 IP66$^{\ominus}$，防尘和防水性能都特别好。公司在技术交流中设计了一个展示环节：在一个演示箱内，给产品通电，上方用花洒持续冲水。你看，这是不是非常形象地展示出了防水性能好的特点。许多客户看到这一展示后都拍照记录，甚至分享到了朋友圈。

七、销售应该做什么

还有一个问题：销售人员在整个技术交流过程中，有什么职责？

普通销售会把自己当成组织者和协调者。这个没问题，但远远不够。销售还应该承担起两个责任来。·

一个是整个过程中的主持人，这是让更多人认识你的好机会。

另一个更重要，你最好成为其中某个部分的主讲人。这相当于在向客户宣告：我们公司的销售都是销售工程师，懂技术，是专家型销售。

对于技术类产品，顾问型销售工程师最有竞争力。

全球最知名的 CRM（客户关系管理）软件服务公司，也是软件即服务（Software-as-a-Service，SaaS）理念的提出者——赛富时公司，在 2018 年发布的《销售状况报告：全球超过 2900 名销售专业人士的洞察和趋势》（第 3 版）中提到，有 78% 的被访者表示"我寻找的是那种可以成为值得信赖的顾问的销售"。

发表在《哈佛商业评论》上的一篇名为《所有伟大的销售都会做的 5 件事》的文章中，也把成为专家列为其中一项。

在技术交流活动中，和其他专家一起进行技术方面的讨论，这是树立你专家形象的绝佳机会，千万别错过。

好的技术交流，是在通过各种方式构建出一个有说服力的"场"。一个好的"场"，会为你发言，会替你说服，它顺应了人的决策特点，可以潜移默化地产生

$\ominus$　IP66 是国际上用于标定设备防尘防水等级的一个标准。

影响。这个场让我想起了一个经典的故事——空城计。吓退司马懿大军的不是诸葛亮，而是那个场。

◎ 要点总结

1. 技术交流活动可以帮助你构建出一个有说服力的场。
2. 你需要思考一个问题：在举办客户内部的正式技术交流的时候，谁是合适的发起人？
3. 从收效的角度出发，请选择在上午进行技术交流活动。
4. 时间是构建关系的最基本的要素。
5. 请尝试邀请客户在意的、认可的外部专家。
6. 为了让客户建立一个感性的认识，你可以设计一个场景展示产品，或者展出一个实物模型，让客户上手操作。
7. 普通销售是组织者和协调者，优秀销售也是主持人，顶尖销售还会成为主讲人。

▤ 实践讨论

1. 在设计交流活动的内容时，应该如何平衡技术深度和商业价值的传达？
2. 在组织技术交流活动时，销售团队应该设定哪些具体的目标？
3. 在技术交流活动结束后，销售人员应如何有效地跟进，以转化潜在客户？

21 公司介绍
如何让你的客户放下手机

"自由"就像是"平等""权利"和"有限公司",
不过是人类发明的概念,也只存在于人类的想象
之中。

——尤瓦尔·赫拉利

在深入探讨公司介绍之前,我想先问你几个问题:

1. 在你参加过的技术交流活动中,肯定听过不少的公司介绍吧,那请回忆一下,能想起哪些公司?

2. 为什么你记住了这几家公司的介绍?

3. 为什么其他的介绍,你怎么都回忆不起来了?

如果方便的话,我想请你先合上书,给自己 20 秒钟,试着回忆一下。

是不是记住的没有几个?甚至一个都想不起来?那为什么会这样?

在正式的技术交流中,公司介绍是非常重要的一环。它直接回答了客户关于"你是谁"的疑问。好的公司介绍能够给客户留下深刻的印象,为日后的销售推进带来便利。为了了解什么是好的公司介绍,我们先看看平时接触到的普通的公司介绍是什么样的。

我们在工作中常常会接触到一些公司介绍,它们通常会按照标准模板展开,可能包括以下几个部分:

- 公司背景:公司成立时间、创始人信息。

- 公司业务介绍：公司主要产品和服务、市场表现。
- 公司成就：公司获得的荣誉、重要业绩和客户。
- 公司未来规划：公司的发展蓝图和目标。

这些信息虽然全面，却不容易被人记住。这些内容本身很重要，但由于它们过于枯燥，不出彩，很难吸引别人的注意力。

为了让客户对我们有更深刻的记忆，我们需要更进一步。那我们该如何设计一个更有吸引力的公司介绍呢？

这里我为你提供一个模型，帮助你构建出一个属于你自己的、能吸引客户注意力的公司介绍。这个模型叫作 114 模型：一个关键词，一个开篇故事，四个步骤。我将通过一个自己曾经做过的案例，结合模型来为你详细拆解。

我的前东家是一家著名的丹麦工业企业。每次进行技术交流时，我都会使用114 模型打磨出一段内容，放在按标准模板写成的公司介绍前面，每次都能收到很多客户的积极反馈。

好，我们正式开始。

一、设计一个关键词

114 模型的第一个"1"是设计一个关键词。

让你的整个公司介绍，围绕着一个关键词展开。为什么很多公司介绍没有给人留下印象？因为它们内容太散、信息太多，客户抓不住关键点。

还记不记得我们在金字塔模型那一节中提到的雪地行军的例子吗？眼睛总要有个落点，才不至于因为过于紧张而疲惫。思维也是。

要让大脑更好地感知你提供的信息，就需要把复杂的内容简化，让大脑减少认知方面的能量消耗。我们的大脑是个能耗大户。它占了我们身体总重量的 2%，却消耗了高达 20% 的能量。而在人类的进化过程中，能吃饱肚子也就是这几百年的事情，节能是人体保持生命系统的硬指标。所以，没事的时候大脑就会启动节能模式，能不动就尽量不动，这是进化给我们的设定。

在专注思考的过程中你可能没有意识到，但一旦停下来，就会感到精疲力尽，想要休息。大脑总是在刻意避免复杂，倾向于快速做出决定。

产品经理喜欢说的一个词叫作"如丝般顺滑"，意思是产品要设计得让客户使用起来非常轻松，好像自然而然，完全没有认知消耗。你把一个 iPad 塞到一个一两岁的幼儿手里，看看宝宝是如何操作的，就能体会到乔帮主在产品设计上的伟大之处了。有的产品使用起来如丝般顺滑，有的用起来相当烦琐，这就是认知流畅度的差异。

所谓的认知流畅度，说的是，在处理信息时，信息流"进入"和"流过"人们认知系统的难易程度。简单地说，就是我们的大脑对将要完成的任务，识别为简单还是复杂。有研究发现，高流畅度体验能够显著地提升消费者对产品的评价和喜爱程度。人们喜欢认知流畅的感觉，这种感觉会带给我们一种错觉，那就是流畅意味着真切，真切代表着价值。

因此，传递信息时，你需要既清晰又简洁，以便对方可以快速了解。而最简洁的信息，就是一个关键词。所以，我们要帮助客户，告诉客户，他们应该注意什么。

公司介绍一开始，你就可以将关键词抛出来，让大家有个聚焦点，告诉大家应该听什么。就像我们经常说的"重要的事情说三遍"和"敲黑板了啊"，起到的都是这个效果。

如何找到这个关键词呢？

你向自己或者公司其他同事提一个问题：如果想让客户记住关于我们公司的一句话，这句话是什么？

找到这句话，然后从中提炼出你的关键词。

我的前东家，经常强调的一个概念是专注，所以我选择了"专注"作为关键词和主题，所有的介绍围绕这个主题展开。

二、设计一个开篇故事

114 模型中的第二个"1"，是指一个开篇故事。

有了关键词，我们直接告诉客户"我们公司就是一家专注的公司"，这样行不行？对不起，还是不行。因为这么说的人和公司太多了，无法引起大家的注意。

那该怎么办？

你需要把关键词打包到故事中，通过故事触动对方大脑的情绪控制系统，从而令他产生深刻的印象。

故事力，是这个时代，销售必备的能力。

当今时代，信息本身处处可得，所以其价值在逐渐减弱，而真正有价值的是把信息放到某个场景中，使之具有情感冲击力。这种能力，就是故事力。

你需要围绕你所选定的关键词，打造一个故事。常见的故事类型有以下几种：

1. 创始故事

盘古开天，女娲造人，放到商业场景，就是公司的创始故事。这是展示公司独特性的好方式，讲述创始人的激情、创新和克服困难的勇气。

最典型的就是车库创业故事了。在那么狭小简陋的地方，却孕育出了梦想和希望。资源有限、资金紧张，创始人需要面对市场的不确定和技术的挑战。但是，正是这些困难激发了他们的创新思维，比如开发出了独一无二的解决方案，或是通过独特的商业模式改变了传统行业的规则。

2. 客户故事

客户好才是真的好。你可以引入一个具体的客户案例，展示你的公司如何帮助客户解决了一个看似不可能解决的问题。

选择一个具体的场景，比如，一家正在快速成长的初创公司面临生产力不足的问题，急需一种能够迅速提高效率的解决方案。你们公司介入后，不仅提供了技术支持，更是通过深入分析他们的业务流程，制定了一套契合度非常高的解决方案，最终帮助客户实现了生产效率翻番，甚至在市场上赢得了竞争优势。

3. 突破故事

夸父逐日，大禹治水，叫实现突破的故事。比如，你们公司在某个细分市场处于领先，或者有某些独特的技术创新。那这些领先是如何实现的？这些创新是怎么一步步成为现实的？克服了什么困难？战胜了哪些敌人？如何在千钧一发之时转危为安？这些都是故事的重要元素。

总之，你从一个故事开始，故事中一定要有一个部分或者环节"点题"。这个

"题"就是你设计好的关键词。点题一定要说出来，让客户明明白白地意识到。

在我的案例中，围绕"专注"，我设计了一个故事。下面将通过"114模型"中的四个步骤，一步步解释给你听。

三、设计四个步骤

这四个步骤分别是：用熟悉建立共识，用对比制造转折，用问题引发思考，和用答案给出关键词。

1. 用熟悉建立共识

德里克·汤普森（Derek Thompson）出生于1986年，曾经被《福布斯》评选为"30 Under 30"精英人物，他还是《大西洋月刊》的资深编辑和畅销书作家。他在自己的书《引爆流行》中，给出了一个特别的洞见：想要让人喜欢上一个东西，有个非常简单的法则，就是"熟悉的惊喜"。科学作家万维钢将其总结为：喜欢 = 熟悉 + 意外。

而熟悉，是个被人低估的要素。

你可能听说过心理学上的多看效应，说的是让你选择一个你喜欢的东西，结果你选出来的都是你熟悉的。熟悉能给人安全感，这是进化给我们的设定：吃熟悉的食物不会闹肚子，熟悉的动物不会有威胁，熟悉的人不会伤害我们。所以，熟悉让我们放松，产生愉悦和舒适的感觉。这就是为什么让你选择喜欢的，你选出来的往往是你熟悉的。

然而，简单地重复会导致审美疲劳。我们的大脑还喜欢新鲜的刺激感，要不也会无聊。如果可以在熟悉中加入一点意外，来点小惊喜，就会带来特别的感受，所谓小别胜新婚。

所以，在故事的开篇，你可以先用熟悉建立起共识。客户有安全感的时候，更容易从积极的角度去理解和看待问题。

那么，在我的案例中，我设计的"熟悉 + 意外"是什么呢？

我想到了一个，那就是小美人鱼的故事。这个童话故事很多人都听过，是一个大家都熟悉的起点。那意外呢？小美人鱼的故事在这里出现，就是个意外。

一般，大家认为工业企业强调理性，预期可能会有一些讲事实、摆道理、列数据、举例子的方式。这时，通过一个反差开篇，不用"理科"的内容，而是用"文科"的，貌似和冰冷的硬邦邦的产品一点关系都没有，但是实际上又有联系。

小美人鱼是安徒生童话中的故事，安徒生是丹麦人，我的老东家来自丹麦，就很顺利地将关注点引到了丹麦上。

每次以这个内容开场的时候，我都能看到下面的听众抬起头，将目光从手机上移开，开始看我和我身后大屏幕上丹麦海边小美人鱼塑像的图片。

这部分的要点是熟悉，意外只是佐料，无法产生足够的刺激。下一步，你可以开始加大"意外"这种刺激的力度了。

2. 用对比制造转折

大脑中有一种神经元，它的作用就是对"惊讶"产生反应，给大脑一个信号。大脑并不会对所有的信息都产生反应，只有那些能激活惊讶神经元的事情，大脑才会有意识地进行处理。

能激活惊讶神经元的事情，就是我们经常说的会让我们惊讶的事情。比如，你预判到这里有个扶手，但是一扶却没有东西，差点一个趔趄。你之前认识的某个人平时并不注意穿衣打扮，但是今天突然光鲜亮丽地出现在你的面前。一脚踩空了，不小心碰掉东西了，等等，这些会让我们意外的事情，就会激活惊讶神经元。记得有句诗是这么写的：到远方去，到远方去，熟悉的地方没有风景。所谓的风景，就是和我们日常所见不同的东西，可以激活我们的惊讶神经元。

大脑运转的基本模式是：接收信息、分析信息、采取行动。这三个步骤都由大脑中的神经元控制。

接收信息：

接收信息，就是把外界的信号转变为大脑神经元可以处理的电信号的过程。这个过程就像时下流行的"数字化"——一个东西，只有被数字化了，才方便我们进行分析、编辑和得出规律。比如，耳朵听到的声音，其实就是空气的振动，神经元需要把这种振动翻译成大脑可以理解的电信号。

进行这项翻译工作的是"转导蛋白"，在接收到外界的各种信号之后，它们会形成一个"离子通道"，产生一些带电的离子，并产生运动，这就形成了电信号。这个过程，就是把声音"翻译"成电信号的机制。这时，大脑中的神经元就可以"看"懂了。

分析信息：

妙处就在这个离子通道上。当一个外部刺激产生之后，离子通道打开；当外部刺激持续存在，就算是这个刺激比较强烈，离子通道也会慢慢地关闭。是变化，带来了离子通道的响应。

一个典型的例子就是我们对臭味的反应。刚开始觉得很难闻，但是闻久了，就感受不到臭味了——我们大脑中的离子通道关闭了。在听课的过程中，老师突然提高音量，或者突然降低音量，或者沉默一下，都会再次激活我们的注意力。

采取行动：

变化打开了离子通道，让我们产生感知；没有变化，大脑就趋向于适应。大脑的判断是，变化意味着对生存产生了威胁或有潜在的利益，于是，大脑开始行动，开始感知、分析和判断。

健身或者减肥，开始的效果很明显，身体对于外来的刺激反应十分激烈，代谢急剧加速。可是一段时间过去，身体逐渐适应了外来的刺激，这种刺激不会再引起身体上强烈的反应，于是，一切回归平静。药物依赖也是同样的道理。

当大脑遇到一个稀松平常的事情时，就不会激活惊讶神经元，而会当作适应来处理。离子通道没有打开，于是东西就没有进来。变化是感知的前提，没有变化就开启节能模式，有变化就打开离子通道。

用对比制造转折，意思就是刻意营造惊讶，快速吸引听众的注意力。

好，请回到我的案例。

对比来自两方。丹麦是一方。需要选台下的观众熟悉但意外的作为另一方。好，我们可以选澳大利亚。

这个转折，具体该怎么设计？

我设计了两层。第一层，澳大利亚比丹麦大的：国土面积、人口和GDP。第二层，丹麦比澳大利亚大的：人均GDP。

听到这些，你在想什么？

我们马上进入第三步，提出问题，引发听众思考。

3. 用问题引发思考

当你听到上面的对比描述之后，很自然地可以想到的问题是：为什么？这个问题，牢牢地抓住了台下听众的注意力。听众大概率会随着你的思路去想，是啊，为什么啊，前面都大，怎么人均 GDP 就小了呢？

这时，请稍作停顿，给大家思考的时间。

4. 用答案给出关键词

随后，是第四步，给出答案，引出关键词。

我先给出第一个答案，丹麦有很多在世界上领先的公司。

比如，

乐高：玩具行业世界领先

马士基：船运行业世界领先

诺和诺德：生物制药行业世界领先

维斯塔斯：风电行业世界领先

丹麦皇冠集团：欧洲领先的生猪屠宰和肉类加工企业

铂傲：世界顶级音响品牌

奥迪康：世界领先的助听器生产公司

史密斯：世界领先的水泥设备和水泥生产商

ECCO：世界最知名的休闲鞋品牌之一

哦，原来是这样。你给了听众一个答案。但是，上面的内容是现象，说现象不是本事，我们还要更进一步。你可以再向大家提一个问题：上面这些公司，它们的共同点是什么？（同样，稍作停顿。）答案是：它们都在某个专业领域，达到了世界领先水平。然后，你再提炼一下，给出一个更简单、更好记的答案：上面这些公司，有一个相同点，那就是：专注。

终于扣题了。接下来，我是这么说的：和前面提到的那些公司一样，我们公司也是这样一家来自丹麦的专注的公司。

之后，你可以按正常的公司介绍设计，详细讲解公司信息。在讲解过程中，时不时带出你设计的关键词，不断强化这个概念。整个介绍时间不必太长，10 分钟左右即可。

我为你提供一个公司介绍设计工具（见表 21-1），如果你用它做出了一个让听众放下手机的公司介绍，别忘了联系我，分享你的快乐。

表 21-1　公司介绍设计工具

关键词		
故事概要		
过程	**要点**	**具体内容**
第一步	用熟悉建立共识	
第二步	用对比制造转折	
第三步	用问题引发思考	
第四步	用答案给出关键词	
其他模块		
模块	**要点**	**具体内容**
模块 1		
模块 2		
模块 3		

◎ 要点总结

1. 在进行正式的技术交流的时候，公司介绍回答了客户心中关于你是谁的疑问。好的公司介绍可以给客户留下深刻的印象，为日后推进销售带来便利。
2. 使用 114 模型，可以帮助你构建出一个属于你自己的、能吸引客户注意力的公司介绍。
3. 114 模型说的是一个关键词、一个开篇故事和四个步骤。
4. 如果你想让你的客户记住关于你公司的一句话，这句话是什么？

5. 当今时代，信息本身处处可得，所以其价值在逐渐减弱，而真正有价值的是把信息放到某个场景中，使之具有情感冲击力的能力。这种能力，就是故事力。

6. 设计故事的四个步骤是：用熟悉建立共识、用对比制造转折、用问题引发思考和用答案给出关键词。

📋 实践讨论

1. 在你们公司对外的宣传中，给客户留下最深刻印象的一点是什么？

2. 面对不同的客户，公司介绍前面用来吸引注意力的故事，该如何进行个性化的打造？

3. 请参考114模型，设计一个你自己的公司介绍，并进行展示。最好可以找听众寻求建议，他们的反馈可以帮助你不断改进。

22 产品介绍
如何像费曼一样介绍产品

> 我妈妈说，人生就像一盒巧克力，你永远不知
> 道下一颗会是什么味道。
>
> ——电影《阿甘正传》

作为销售，如何才能做到既介绍清楚了产品的特性和优点，又不会给客户留下强行推销的感觉呢？

这一点，我们可以向费曼学习。

理查德·费曼，20世纪最伟大的物理学家之一，1965年诺贝尔物理学奖得主。

他不仅是科学界的巨星，也是硅谷奇才们的偶像。乔布斯在苹果著名的广告"不同凡想"（Think Different）中，使用了费曼的演讲照片致敬。比尔·盖茨也对费曼推崇备至，认为他能让科学变得有趣，且在这一点上无人能及。

费曼被誉为世界上最聪明的人（这一点他母亲并不认同），同时还被誉为世界上最调皮的物理学家（这一点估计他母亲没有意见了吧）。他的生活态度是无嬉戏不欢，是一个真正有趣的人。

在我们传统的认知中，科学家在自己研究的领域之外，是一副生活不能自理的样子。费曼是这种刻板印象的另一个极端，他是真的多才多艺。他的绘画、邦哥鼓、葡萄牙语、玛雅文字翻译、办展览等特长，都达到了能让自己过得很好的水平。

他的人生，过得也极其丰富多彩。他不想去领诺贝尔奖，直到有一位记者

告诉他，拒绝领奖比去领奖还要轰动，会带来超过 10 倍的名气，这样他才去领的奖。

他还反复写信请求辞去美国国家科学院院士的头衔。

他先后结了三次婚。

为了体验南美的风情就跑到巴西去教书，去的时候甚至还不会当地的官方语言葡萄牙语。兴趣来了，还在学校的生物实验室研究了一年的噬菌体。

他参与创立了现代量子理论，参与过曼哈顿计划，是世界上第一个用裸眼观察原子弹爆炸的人，他酷爱冒险，不在乎世俗的眼光，天生就具有一种被讨厌的勇气。

总之，这是个有趣的灵魂。

言归正传，有趣很赞，但是有趣有个前提，那就是要有知识。费曼是如何把自己打造得这般多才多艺的呢？

费曼在成长的过程中，形成了一套自己的独门武器，叫作费曼学习法。

费曼的建议是，每当你学习了一个知识，就给自己分配一个假想的任务：假如我是老师的话，我应该怎么把这个知识教给一个门外汉？很明显，你不可能简单地把教科书背一遍，而需要用自己的语言把这个问题重新解释清楚，然后再用形象的方式给别人讲出来。费曼说，如果你能做到这一点，那就说明你确实吃透了这个知识。

具体来说，费曼学习法分为四步：

1. 选择一个概念。选一个你想弄明白的概念，写在空白的笔记本或者纸的最上面。

2. 解释这个概念。用一句话来解释这个概念，想象你在教一个完全不了解这个领域的新手。

3. 寻找知识盲点。当你发现你没办法解释的时候，回到书上或找懂的人，重新研究，直到你能流畅地完成第二步。

4. 简化语言，学会类比。用通俗易懂的语言或类比来表达学术或抽象的概念。

类比，是费曼学习法的精髓，是帮助我们学习的有效且强大的工具，也是将复杂的概念形象化，使人们更容易理解的方法。

在一次会议上，负责记录的速记打字员对费曼说：你肯定不是教授。

费曼问：你为什么这么认为呢？

阿姨说：其他教授说的话我都听不懂，你的话，我都听得懂，所以你肯定不是教授。

这就是伟大的科学家和普通的科学家的区别。能将深奥的知识或者道理用别人听得懂、听得进去的方式表达出来，这是极其高级的能力。

好的，让我们进入正题，开始探讨产品介绍。这一节，我为你带来的产品介绍的具体方法，可以帮助你在介绍清楚产品的特性和优点的同时，又不会给客户留下强行推销的感觉。

介绍产品有两个关键要点：一个是通过类比讲技术，另一个是通过技术讲产品。

一、为什么要通过类比讲技术

第一个原因就是我在上一节介绍的"喜欢＝熟悉＋意外"。

人们喜欢熟悉且新奇的东西。对于完全陌生的东西，往往心生抵触。类比完美地契合了人的这一本能。

类比的本质是一种创造，创造的本质是建立连接。将新的事物和对方已经熟知的事物建立联系，帮助对方产生喜欢的感觉。熟悉，是你用对方本身就知道的东西做类比；意外，是居然还能将这两件东西建立起联系。

想要说服对方，首先要让对方对这个东西、内容或者观点产生喜欢的情绪，这就需要先让对方理解。

类比，是建立这种联系的最佳方式。

许多人并不理解复杂的技术细节。普通销售用的方法是不断地宣讲，而这种方法适得其反——你说得越多，别人越不耐烦。就像很多做自媒体的人都知道，文章中多一个公式，读者能减少一半。

说个故事你来体会一下。

20 世纪 30 年代，物理学家利奥·齐拉特敏锐地意识到，原子核的"链式反应"可以被用来制造超级炸弹。当时，德国科学家已经率先发现了核裂变现象。作为犹太流亡者，齐拉特深感事态紧迫。1939 年 8 月 2 日，齐拉特带着另一位犹太物理学家魏格纳，找到了爱因斯坦，一起草拟了一份给美国总统罗斯福的信，希望劝说美国集中力量抢在德国之前搞出这种超级炸弹来。但是，齐拉特和爱因斯坦无法直接联系上罗斯福。这时，齐拉特想到了一个人。

齐拉特有个朋友叫萨克斯，时任总统经济顾问，他可以直接联系总统。一开始，罗斯福对这封满是物理术语的信毫无反应，甚至还有些抗拒。萨克斯见状，给罗斯福讲了一个故事。19世纪初，美国人富尔顿将自己发明的蒸汽船推荐给拿破仑，他说，如果拿破仑拥有这种海上的钢铁巨兽，就可以战胜英国人。但拿破仑无动于衷，最终在海战中败给英国。萨克斯给罗斯福做了一个类比：原子弹就是20世纪的蒸汽船，千万别重蹈覆辙。这个类比打动了罗斯福，才让之后的"曼哈顿计划"成为可能。

第二个原因是，先同步再引导原则。类比就是通过一个对方熟悉的内容，先建立同步，然后再引导到那个你想让他了解的事情上去。

比如，想要解释清楚原子核结构的问题，可以用太阳系的结构做类比。

想要解释清楚细胞的结构，可以用鸡蛋的结构做类比。

电影《阿甘正传》中，有一句非常经典的台词，用的也是类比的手法：我妈妈说，人生就像一盒巧克力，你永远不知道下一颗会是什么味道。

我们有句古话，叫作治大国若烹小鲜，也是类比。

二、类比是一项非常高级的技能

类比是一项非常高级的技能，是一种在说明或者理解事物时所使用的思维工具。

高手讲东西都喜欢用类比。关于类比，我见过一个非常清晰的定义：

为了向对方解释清楚未知的 X ……（或者为了理解尚处于未知的 X……），去找一个与 X 类似的，但是对方肯定已经理解的 A，来说清楚它们之间的关系：X≈A。把 A（或者 A 与 X 相似的地方）解释清楚……于是 X 不言自明……

想要用好类比，你需要平时多留意和收集。和你分享两个我收集的非常有洞见的类比：

- 一个是用来说教育作用的：教育就像一副眼镜。戴上眼镜之前和之后，我们看到的其实是同样的世界；但戴上眼镜之后，我们就能看得更清楚。教育也一样，受教育之前与之后，我们身处的其实是同样的世界；可受教育之后，我们就能看得更清楚，想得更明白，选择起来更有效，行动起来更有收获……

- 另一个是用来说信息和知识的关系的：知识确实是由信息构成的，正如房子是用砖头盖的一样。可问题在于，就像如果仅仅一堆砖头放在那里的时候我们不能称其为房子一样，一堆信息放在一块儿就管它们叫知识，有点不像话……

想用好类比，要满足三个条件：

1. 对想要表达的内容非常了解。比如，在教育和眼镜的例子中，如果对教育的理解只是停留在上学和考试的层面，就无法做出深刻的类比。

2. 对听众非常了解。类比必须与听众的经验和知识相符。如果听众从未接触过眼镜，那么使用眼镜作为类比显然是不恰当的。

3. 对类比的事物的深刻理解。戴上眼镜，表面上看是让你看东西更清晰了，而更深刻的本质是戴上去和摘下来的世界完全不同。

所以，类比或者说打比方是个特别高级的能力，它要求你既了解两件事情的本质，同时还了解对方的认知程度。这是一种知识迁移的能力，是洞察力的体现。

这就是类比可以促进学习的根本原因。当你尝试用一个已知的事物来解释一个新概念时，你需要深入了解自己想表达的内容，找到其核心和本质。若你无法找到合适的类比，可能意味着你还没有完全掌握这个新知识。通过类比，我们不仅能帮助他人理解复杂的概念，也能加深自己对这些概念的理解。

三、使用类比的注意事项

在使用类比时，要小心，因为类比会影响你的行动。

在销售领域，有个非常著名的类比叫销售漏斗。这个类比将获取销售线索到成单的过程比作漏斗，从上到下逐渐收缩。虽广为流传，但对 B2B 销售而言却是一个不恰当的类比。

漏斗，从上到下的过程是自然的。一个小球，如果我们在漏斗的上口将其释放，它会自然地滚到下口，然后漏出去。销售人员都知道，销售过程远非如此简单。发现一个销售线索后，等待时间的自然发酵就能达成合同的情况几乎不存在。销售的过程充满了艰辛和不确定性，没有任何不可避免的外力能将"潜在"变成"必然"的成交。在这种潜意识的影响下，一些销售可能会产生懈怠，认为销售机会会自动转化为订单。这种错误的类比可能导致他们在实际操作中缺乏主动性和动力。

一个更恰当的类比是，将这个漏斗倒过来，变成一个金字塔。金字塔是一步一步建成的，这是一个艰辛的过程。如果中途停下来，金字塔就会变成一堆无意义的砖块。在外人的视角，甚至无法看出你是在建造一个金字塔。这个类比深层次的含义是，最终的成功是靠自己的努力得来的。

类比不仅是一种修辞手法，还是一种思维工具。类比在无形中影响了我们的思维，思维进而影响行动，而我们的生命就是由一个个行动累积而成的。

所以，选择类比对象一定要小心和慎重。

四、通过技术讲产品

说完了第一个关键点，再看第二个：通过技术讲产品。

比如，当你想要给客户推荐某个品牌型号的电动汽车时，可以详细介绍该电动汽车使用了哪些具体的技术。在介绍的过程中，产品不是重点，技术才是。

你热情洋溢地介绍产品，客户会产生一种被推销的感觉，从而产生抵触心理。正确的做法应该是介绍这款电动汽车有一项很好的技术，这个技术解决了某个问题，客户大概率曾经或者正在被这个问题困扰，于是就会产生一种想要使用这项技术的意愿，恰好你的产品搭载了这项技术，可以帮助他实现目标。

你看，这是不是有一种水到渠成的感觉，没有硬性推销的压迫感。

人们想要买的不是产品，而是产品背后可以解决自己问题的技术，产品只是技术的载体。

普通销售卖产品，顶尖销售卖技术。

那具体该怎么做呢？

通过技术讲产品的基本方法分为以下 6 步：

1. 有一个困扰大家很久的问题。

2. 有一项技术可以解决这个问题。

3. 这项技术为什么这么牛？

4. 我们用这项技术研发了新的产品。

5. 提供证据，给予信心。

6. 邀请客户提问并解答。

这么说有些抽象，我通过一个实际的案例来将这些要点落地。

下面的介绍可能会涉及一些技术的细节，不过没有关系，你从中提取具体的思路即可，这个思路，是你可以用在你的销售中的。

我介绍的产品是一款变频器，用来驱动电机。这种设备主要有两种安装方式，一种是把变频器统一装在电气室的电控柜里，一种是直接装在生产现场电机的旁边。前一种就像是一家大公司，按照不同的职能划分部门，比如有销售部、技术支持部、售后服务部等；后一种就像是一个个项目小组，每个项目小组中配备一名销售、一名技术支持工程师、一名售后服务工程师等。我想给客户推荐的是后一种，就是把变频器安装在电机旁边，直接放在生产现场。

好的，了解了背景信息，我们正式开始。

第一步，有一个困扰大家很久的问题。

2003 年 8 月 14 日下午 4 点 11 分开始，美国东北部的 21 座发电厂在短短的 3 分钟内相继关闭。停电共持续了 25 个小时，范围涉及美国底特律和克利夫兰以及加拿大的多伦多和渥太华，共计 2.4 万平方公里的区域陷入一片漆黑。停电导致多达 5000 万人受影响，其中加拿大受影响人数约 1000 万，占其人口总数近 1/3。

当时，我是在河北省一个客户那里做的介绍，我做了两个类比。

首先是面积。河北省面积为 18.88 万平方公里，美加这次停电的面积接近整个河北省面积的 1/7，是一个半石家庄的大小，相当于石家庄加上邯郸的面积。

其次是人口。如果 1/3 的中国人口处于停电状态，会是什么样？14 亿人口的 1/3 约是 4.7 亿，粗略计算一下，差不多是东三省 + 京津冀 + 西北五省的人口总数——这可是整个中国北方啊。

同样的大停电，还发生在 2011 年、2012 年、2015 年和 2018 年等年份。

- 2011 年 9 月 8 日，美国加利福尼亚州西南部、亚利桑那州及墨西哥部分地区发生罕见大停电，约 600 万人受影响，陆空交通几近瘫痪，多人被困升降机。
- 2012 年美国东部时间 10 月 30 日，桑迪登陆美国，纽约全城交通瘫痪，约 820 万户停电，联合国总部关门。
- 2015 年 4 月 7 日，美国首都华盛顿突发大范围停电，白宫、国会和国务院等机构受到波及。
- 2018 年 3 月，美国东北部大停电，美国广播公司（ABC）报道说超过 70 万人受到影响。

接着，我抛出一个问题：请思考一下，这是为什么？为什么美国会有这么严重的停电事故发生？而且每一次都影响巨大，波及范围甚广，涉及人口众多，经济损失巨大。

随后，我给出了一个电厂供电的示意图（见图 22-1）。

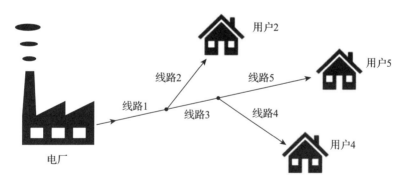

图 22-1　电厂供电示意图

电厂发出电后，通过线路 1 传递，到某个节点处，分成线路 2 和线路 3。其中，线路 2 提供给一家用电，我们将其称为用户 2；线路 3 在某一节点再分为线路 4 和线路 5，分别对两户人家供电，称之为用户 4 和用户 5。

让我们看看什么问题可以导致用户 2 用电受到影响？有电厂、线路 1 和线路 2，一共三个可能的问题点。同理，如果用户 4 没电，可能的问题点有：电厂、线路 1、线路 3 和线路 4 四个问题点。

所以，这种方式的抗风险能力很差，因为，问题点多，而且沿途损耗多，风险在累积。

风险是有复合效应的。比如，一个大任务由 3 个独立的子任务组成，子任务分别是 1、2、3。每个子任务的失败概率我们定义为 P1、P2、P3。那么，整个大任务的失败概率的计算方法是：$P = 1 - (1 - P1)(1 - P2)(1 - P3)$。如果每个子任务的失败概率都是 10%，那么大任务的失败概率不是 10%，而是 $P = 1 - 0.9 \times 0.9 \times 0.9 = 27.1\%$。

好，当我们发现了问题所在，应该如何解决呢？

第二步，有一项技术可以解决这个问题。

技术不一定非得是我们自己研发出来的，我们可以自由地使用各种技术。

我使用的是特斯拉的例子。特斯拉公司，除了做新能源汽车，还有一块业务是做家用太阳能储能供电系统。简单来说，这套系统通过铺设在屋顶的太阳能瓦片进行发电，然后将电能存储在位于家里或者户外的电墙（powerwall）里。每块电墙可以存储电能 13.5 千瓦时。如果用电量比较大，还可以扩展，最多可以增加到 10 块电墙。

这套系统保证了充足的家庭电量供应。如果再出现前面提到的大停电，你也可以坐在家里惬意地喝着冰镇啤酒看电视。

第三步，这项技术为什么这么牛？

电厂供电和太阳能储能供电系统，其实是两种不同的控制理念：一种是集中控制，另一种是分布式控制。

集中式控制是我们最传统，也最习惯的控制方式。我们将一个个变频器装在电控柜里，再将一个个电控柜安装在总控室中，通过长距离电缆将电控柜连接起来。这就像是电厂供电模式，中间环节很多，涉及的各种部件在增加，存在的安全隐患也在增加，导致了故障概率的累积。

而分布式控制系统正是为了解决这个问题而生的。就像太阳能储能供电系统，在整个网络出问题的情况下，家用分布式供电可以保障正常生活，并且可以降低传输中的损耗，提高整体的效率。

第四步，我们用这项技术研发了新的产品。

随后，我就引出了那次技术交流想要介绍的主角——一款分布式变频器。我说，我们基于分布式控制理念，研发了一款分布式变频器。这款分布式变频器可以在现场解决所有问题，减少故障排查时间，提高生产效率。通过使用分布式变频器，我们的客户已经显著降低了生产停工时间，并提高了设备的可靠性。

这里我引用了一句著名的华为口号：让听得见炮声的人做决策。

第五步，提供证据，给予信心。

介绍我们的产品好在哪里？用在哪里？给谁带来了多大的收益？这是产品介绍的常规操作，我在之前介绍过的卖点介绍方法，正好派上用场。

第六步，邀请客户提问并解答。

介绍完后，请一定邀请客户提问。很多销售因为技术能力相对薄弱，往往直接跳过这个环节，这是个巨大的损失。客户的问题就是他的真正关注点，这是获得真实需求的一个极好方法。如果担心问题回答不上来，请事先和一位技术工程师约定，提问环节请他来帮助解答。如果还有实在回答不了的问题，一定记录下来，要来提问者的联系方式，第一时间落实答案后答复客户。

在整个产品介绍过程中，我使用了好几次类比：

- 用河北省的面积来类比美国和加拿大受灾的面积；
- 用中国的人口来类比加拿大的受灾人口；
- 用大家熟悉的电网，来类比分布式和集中式控制方式的具体结构；
- 用"让听得见炮声的人做决策"来类比分布式控制的底层逻辑。

工欲善其事，必先利其器。我将上面的产品介绍整理成了一个工具（见表 22-1），期待能为你带来帮助。

表 22-1　产品介绍六步法工具

序号	内容	要点	设计具体内容
第一步	有一个困扰大家很久的问题	使用和客户相关的问题案例	
第二步	有一项技术可以解决这个问题	技术不一定非得是我们自己研发出来的，我们可以自由地使用各种技术	
第三步	这项技术为什么这么牛？	技术好在哪里？和之前的技术相比有什么优势？	
第四步	我们用这项技术研发了新的产品	引出产品或者服务	
第五步	提供证据，给予信心	我们的产品好在哪里？用在哪里？给谁带来了多大的收益？	

（续）

序号	内容	要点	设计具体内容
第六步	邀请客户提问并解答	解答客户的问题，并且挖掘客户问题背后的原因	
备注			
其他模块			
序号	内容	要点	设计具体内容
模块 1			
模块 2			
模块 3			

技术交流时的产品介绍是销售的一项必修课。你可以照本宣科，也可以精彩有趣，关键在于你是否尊重客户，是否尊重自己。一次好的产品介绍，对客户来说无疑是一种愉悦的体验，既收获了知识也收获了感受。对销售来说，你的用心良苦、精心准备，收获的是客户的刮目相看和发自内心的信任。

◎ 要点总结

1. 没有人喜欢被卖，人们都喜欢买。

2. 介绍产品有两个关键的要点：通过类比讲技术和通过技术讲产品。

3. 类比是一项高级的技能，它要求你既了解两件事情的本质，同时还了解对方的认知程度。这是一种知识迁移的能力，是洞察力的体现。

4. 如果你介绍的技术很好的话，客户会产生一种想要用到这种技术的感觉，恰好你有产品搭载了可以实现这种技术的应用，可以帮助他实现目标，水到渠成，而不是硬性推销。

5. 通过技术讲产品的基本方法分为以下 6 步：

- 有一个困扰大家很久的问题。
- 有一项技术可以解决这个问题。
- 这项技术为什么这么牛？
- 我们用这项技术研发了新的产品。

- 提供证据，给予信心。
- 邀请客户提问并解答。

实践讨论

1. 你在和客户进行产品交流时，遇到的最大挑战是什么？

2. 为什么销售自己进行产品介绍，比请公司的技术工程师更有效？

3. 请结合书中提供的工具，设计一个产品介绍。先讲给同事听，获取反馈，然后进行复盘。

23 演讲力
为什么说演讲力是销售必须打造的能力

> 马丁·路德·金并没有说"今天我要给你们讲的是一个生动有力、无法忘怀的愿景",而是说"我有一个梦想"。
>
> ——克里斯·安德森

有一个小男孩,出生在 20 世纪 80 年代,父母都是老师,他从小在校园中长大,老师们见到他总爱逗上几句。小男孩很机灵,颇有人缘。然而,这个开朗的小男孩却在 6 岁那年的六一儿童节,遭受了人生第一次打击。

六一,对孩子们来说是很重大的节日,这天会有表演。七八十年代出生的孩子,不像现在的孩子这样个个才艺横飞。小男孩什么也不会,想到表演就很怵。

但是,小朋友只要上台表演,就有奖品——一个软皮双层文具盒。那种文具盒有着光洁的表面,摸起来软软的,磁铁扣吸合的时候,吧嗒吧嗒地响。在那个年代,软皮的双层文具盒是高档东西。大部分用的都是那种铁皮的单层文具盒,上面印着黑猫警长、孙悟空、猪八戒之类的图案。

在妈妈的鼓励下,小男孩走上台,主持阿姨问:"你想表演什么呀?"小男孩怯生生地回答道:"唱歌。"阿姨接着问:"唱什么歌呀?"小男孩低着头,盯着自己的鞋子,说:"西游记。"

主持阿姨走下台,留小男孩一人站在空旷的舞台上,面对下面一双双的眼睛。

然后,就没有然后了。

大家一定猜到了，那个小男孩就是我。至今我还记得当时的窘迫，脸涨得通红，低着头一句都唱不出来。歌词在脑子里一遍一遍地刷过，就是张不开嘴。我不记得自己是怎么从台上走下来的，只是多年后，还一直记得当时尴尬的感觉。

不过，文具盒，我倒是拿到了。

多年后我读到，在公众场合讲话曾被列为人类最害怕的 10 件事情之首，甚至排在了死亡前面。这样一来，倒是有些释然了。

故事说完了，还有一个关键的问题：我一个做销售的，演讲能力真的那么重要吗？答案是，真的很重要。

我们都懂，想要有所成就，就要在某个领域内达到顶尖水平。但是，做到顶尖太难了，很少有人能够做到。还好有另一种方法，叫构建多维竞争力。

这是斯科特·亚当斯的"秘密武器"。亚当斯说，如果你可以在 2～3 种技能上达到前 25% 的水平，将这些技能组合起来，就能形成独特的竞争力。他的呆伯特漫画风靡全球，正是因为他具备了达到前 25% 水平的画画技能、前 25% 水平的讲笑话能力和前 25% 水平的办公室政治知识。亚当斯给年轻人建议说："你要选择一个领域，做到前 25%，然后再加上一个领域，当然再加两个更好。如果你实在不知道该加什么，那就练演讲吧。"

亚当斯举了个例子：如果你是一位工作能力排在公司前 25% 的程序员，同时，你的演讲能力也排在前 25%，那你天然就是其他程序员的领导。

演讲能力是少有的对自我提升帮助非常大的能力，而且几乎所有职业都用得到。

我们可以将职场能力简单地分为两种：一种叫作专业能力，比如销售需要具备快速和客户建立关系的能力、识别客户需求的能力、寻找销售线索的能力等；一种叫作通用能力，也就是不管什么专业，只要是在职场上，就需要具备的能力，比如分析能力、解决问题能力、学习能力等。通用能力中，如果只能拥有一项的话，很多大牛都推荐演讲能力，也就是在公众面前发表观点的能力。

演讲对你有三个帮助。

第一，演讲对你的思维敏捷度、严谨性、逻辑性等底层能力都有提升作用。演讲时往往需要应对突发情况，例如回答听众的问题或根据听众的反应调整内容。这促使演讲者在压力下迅速思考，可以提高思维的灵活性和敏捷度。为了确保传递的信息准确无误，演讲者需要对所说的内容进行深入研究和查验。这不仅拓展了内容的深度，也培养了在公众面前表达时的严谨态度。在准备演讲时，你需要组织内容，形成清晰的思路和结构，这要求你在思考过程中应用和提升逻辑性。有效的演讲需要有头有尾，中间各个部分要逻辑连贯，使观众能够跟随你的思路。这对演讲者的逻辑思维能力是一种锻炼。

第二，演讲是个磨炼性格的过程，尤其对建立自信帮助巨大。在准备演讲和实际演讲的过程中，你会学会如何管理自己的情绪，如紧张、焦虑等。控制这些情绪的能力是自信的基石。演讲还会让你更加深入地理解和分析自己的思想和感受，提升自我意识，而高度的自我意识与自信心正相关。对于销售人员，这种自信心的提升直接关系到他与客户的互动质量和销售成果。

第三，演讲和写作一样，是高效的影响力输出方式。演讲，可以在同样的时间成本下，影响更多的人。演讲可以提升你的曝光度，帮助构建个人品牌，并且发挥杠杆作用。通过在行业会议、研讨会或技术交流会上的演讲，你可以接触到更广泛的受众群体。这不仅可以增强你的个人品牌的可见性，也有助于建立更广泛的关系网络。

对 B2B 销售而言，演讲能力的提升可以直接转化为更有效的客户沟通和销售成绩。所以，打造自己的演讲能力，是每位销售都应该提上日程的事情。提升演讲能力是个系统工程，市面上有很多相关的书和课程，大家可以深入研究一下。

这一节内容，我想交付给你的，是帮助我在销售和咨询培训中提升演讲能力的逻辑和方法，我将其总结为九条心法，呈现给你。

一、先点亮自己再点亮别人

点亮自己需要你的热忱。这里的热忱有两个含义，一个说的是对讲述内容的内心感受，一个说的是演讲时的表现。

第一个含义，说的是你要对你所讲的内容满怀热忱。你必须先说服自己，才能说服别人。

你需要对你所讲述的内容产生一种难以压制的情感，就是想讲给别人听，不吐不快。有了这股劲儿，你就成功一半了。这种劲头，这个情感，来源于意义感——你需要为自己的演讲内容找到意义，一个大过自己的意义。

科学作家万维钢提到过一个故事。有个美国女孩，小时候因为交通事故失去了双脚。当人们对她投射出同情的目光的时候，她却说：我从不认为自己是残疾的，我可以像换衣服一样换脚，你行吗？这让我想起了一个汽车轮胎的广告：汽车，不过是轮胎上的一个配件。这就是意义感。

你得为所讲的内容赋予一个意义，这个意义大过自己，让你有热忱，让你认为它值得分享，值得人们花时间聆听。

找不到这种热忱怎么办？

有一种方法是去客户的现场看看，了解客户是如何因为你提供的产品或者服务获益的。

美敦力是一家全球领先的医疗解决方案公司，提供广泛的医疗设备、技术和服务。它有一项传统，在年度聚会上，邀请患者分享他们如何从公司的产品或服务中受益。当看到自己的工作为别人带来了如此大的改变时，很多员工都热泪盈眶。公司还会组织销售人员参观医院，去亲眼看一看自己销售的产品如何为患者造福。美敦力前 CEO 比尔·乔治说："当他们感到疲惫时，非常重要的一点是让他们去那里，观看整个过程。他们可以看到自己对患者产生的影响。这提醒了他们，他们之所以在这里，是为了帮助人们重拾健康和完整的生活。"

使用类似策略的还有富国银行。有一位名叫本·索克希的副总裁，会给银行的工作人员播放特别录制的视频。这些视频讲述的是富国银行客户的故事，那些得到低息贷款的客户，是如何减少和免除不必要的负债的。索克希说："（当银行的工作人员观看这些视频时）就好像被一束光点亮了。他们意识到自己的工作能够带来怎样的影响——这种贷款真的能为客户的生活带来改变。这是一种非常强有力的激励方式。"

你也可以通过类似的方法，找到属于你自己的意义感。

第二个含义，说的是在演讲过程中，你整体散发出的那种热情和激情，这样别人才会相信你讲的内容是真的。

几乎所有关于演讲的书都会建议：演讲者要有热情。

演讲者光用热情点亮了自己，然后才能点亮观众。如果我们自己在介绍产品、功能或公司时，就像是在背书，平铺直叙，给别人的感觉是我们自己对这些东西都没啥兴趣，那凭什么让别人对这些内容感兴趣？

我们的目标是让别人信任我们，那最好的状态就是在进行产品介绍的时候，带一点点挑衅对方的姿态：我的东西就是最好的，你服不服？然后对方提出一个疑问，你还能游刃有余地给出高屋建瓴的解释。

有研究发现，越是有激情的企业家，他的公司就越成功，他的个人生活也越好。还有一个研究显示，投资人在评估创业者时，重要性得分排名第三的就是创业者的激情。

二、先写提纲再写内容

准备一个演讲，你可以从设计内在逻辑开始。简单地说，就是两句话：早下手；先提纲再内容。

你可以先写出一个提纲，并且将提纲中每一个大标题写在一页幻灯片上。写好以后，如果没有思路，就先放下。你的手虽然离开了键盘，可是你心里留下了每一个标题，或者说是论点。在随后几日的工作、学习和生活中，一些相关的点子和资料会不时地冒出来。

这种现象被称为"孕妇效应"或"视网膜效应"：当你开始关注某个事物时，你会发现它开始频繁地出现在你面前。比如，你想买一部蓝色的特斯拉，自开始关注起，你会发现，原来开这款车的人那么多；或者当一对夫妇开始备孕时，他们可能会更频繁地注意到孕妇或婴儿车。

我们的大脑有一个过滤功能，会将不关注的信息过滤掉，只留下感兴趣的部分。就像一眼望过去，输入大脑的视觉画面很大，但是，只有一小部分会引起你的注意。这是人类的进化发展出来的武器。你想，如果我们一眼看过去，对输入的所有信息都要分析一遍的话，等反应过来其中有个狮子时，我们早就成了它的午餐了。

写在幻灯片上的标题，就像开启了你大脑中的过滤功能，与之相关的信息会不断地被筛选出来，从而被你感知到。所以，提纲中的大标题一定要提前写在幻灯片上，这会在你心里种下一粒种子，迟早会生根发芽。

接着，你可以将随时冒出来的想法和发现记录下来，再去不断完善其中的内容和细节。这样，一段时间下来，你会发现自己的演讲内容变得越来越丰富。这就是要早下手的原因。千万不要等到截止日期临近的时候才开始，那时，就只能滥竽充数了。没有完备的准备资料，在场上不慌才怪。

设计内在逻辑的时候，有这么几个要点：

第一，关注演讲的目的。在每次演讲之前，都要先说一句话给自己，这句话要表达出演讲的核心目的。或者说，如果你希望听众在听完演讲后只记住一句话，那这句话是什么？

第二，事先了解清楚听众是谁。针对不同听众的接受程度来设计演讲内容、结构和层次。

第三，不要涵盖太多的内容。一个主题，三个分论点足够了。关键是要把每个分论点讲透彻。要学会判断听众的现场反应，大家没有听懂的地方要多讲，普遍接受的地方就少讲。

三、先找感觉再练技巧

有小孩的人一定听过一个词，叫磨耳朵。很多家长在孩子很小的时候就开始教英语，有的会给孩子报外教班，能力强的就自己教。还有一种方法，叫浸入式学习，意思是让孩子直接"暴露"在外语的环境中，像是学母语一样，利用听觉接收大量的语言输入，自然而然地吸收外语。

如果你认可演讲能力的重要性，那么就值得在日常生活中多花一点时间培养这个能力。我想说的不是刻意练习的那种练习，你可以用"磨耳朵"的方式打造你的演讲能力。

比如，现在大家都爱看视频，比如 TED。TED 邀请世界知名的学者、思想家、实干家、企业家来分享他们的智慧，通常以简短有力的演讲（18 分钟或更短）的形式展现。TED 将这些演讲视频放在网上，供人们免费浏览。分享者星光璀璨，比尔·盖茨、克林顿、丹尼尔·卡尼曼、卡罗尔·德韦克、李开复、杨澜等，都登上过 TED 的演讲台。

通过观看 TED 演讲，你可以学习这些人的演讲技巧。看看这些牛人如何在 18 分钟，甚至更短的时间内将一个主题讲清楚，逻辑如何展开；他们如何开场，如何将观众的注意力牢牢地抓住；他们的创意是如何产生的，如何将高深的专业知识变得通俗易懂。即使你不去刻意学习这些技巧，看得多了，耳濡目染，也会受到影响。

举个例子。

TED 上有一个观看量超过 6 400 万次的视频，是 TED 历史上最受欢迎的十大演讲之一，题目是《伟大的领导者如何激励行动》（"How great leaders inspire action"）。演讲者西蒙·斯涅克原本是一名营销人员，后来因为提出了"黄金圈法则"一举成名。黄金圈法则是说，成功的领导者和组织是从"为什么"——他们存在的目的、信仰和动机——开始思考的，而不是从怎么做或做什么开始。

我从这个演讲中学到了两点。

第一，在每次介绍内容之前，先告诉别人，他们为什么应该听这个内容，也就是他们可以从中得到什么。

第二，在演讲的过程中，不断重复最重要的内容，也就是你想要别人记住的内容。在斯涅克的演讲中，为了强调成功的领导者会激发人们内在的目的，有一句话不断地出现："人们买的不是你做出的产品，人们买的是你的信念。"（People don't buy what you do; they buy why you do it）在 18 分钟左右的演讲中，斯涅克至少重复了 6 次。

四、先定内容再定形式

内容比形式更重要。千万不要为了某种形式而放弃对内容的执着。现在那些经常做演讲的牛人们的方式很炫酷，比如在一个大屏幕上，只放一张图片或一句话。这种方式确实很有吸引力，于是大家纷纷效仿，但是千万别忽略了一点：那是他们精心排练，花费了不知多少时间和精力设计的结果。

相比形式，我们更需要做的是在内容上更深入、在结构上更系统。你可以想象自己是个初次接触这个内容的门外汉，通过层次的递进，带着听众如同剥洋葱一般，随着你的思路一层一层深入，前往你所展示的广阔空间。

在写幻灯片之前，你可以使用思维导图工具整理思路，进行结构化的设计，逐层展开，搭建起你演讲的整体框架。

框架有了，下一步是填充内容。最好可以将所有想要说的话都写在笔记上，也就是写逐字稿。有的人即兴发挥的能力很强，但我做不到。我的办法就是写逐字稿。老老实实地在笔记中，把自己想要说的每一个字都写下来。

老话说，好记性不如烂笔头。与其说这句话是用来讲述书写对于记忆的帮助效果的，还不如说是用来促进深入思考的。

写作会指导人们按逻辑思考，而这种逻辑会帮助大脑走向深入思考。当眼睛看着这些文字的时候，大脑会重新审视其合理性，并会按照文字的逻辑继续向前。

请将你打算在演讲中说的内容都写下来，全部，每句话。

对内容熟悉到一定程度之后，才要考虑展示形式。熟悉到什么程度呢？打个比方，就好像你写好的一篇文章，无意中被删除了，除了懊恼，在抚平情绪之后，你还能将其回忆出来，字数更多，逻辑更清晰，到这个程度就可以了。

留在幻灯片上的究竟是一段话，还是几个字，抑或是一张图、一段小视频，无关紧要，形式在你，内容在心。

五、先做加法再做减法

在准备演讲时，先做加法再做减法是一个有效的方法。这个过程包括大量收集和整理信息，然后进行筛选和精简，最终呈现出最精炼和有力的内容。

想想我们在高中的时候是怎么写议论文的。简单来说，就是论点、论据加论证的结构。论点，我们可以写在幻灯片上；论证是过程，我们写在幻灯片页面下面的注释中，自己看得到，展示的时候并不放出来；论据是关键。

关于每个论点，我们可以准备 3 个以上的论据。展示论据时，一定记得标注出处。论据可以是权威报告中的数据、专家的论述、书中的内容、科学实验的结果等。对于经常需要做演讲的课题，养成平时积攒论据的习惯。看到相关的素材就随手记录，保存留档。

在准备的前期，把你能想到的都加入到幻灯片中。先别考虑质量，数量优先。所有与这次演讲相关的内容，只要是你能想到的，都加在幻灯片中。比如，你能想到的关于这次演讲的论点的分论点一共有 8 个，那就把这 8 个分论点都加进去；关于每个分论点，你能想到 5 个论据，那就把这 5 个论据都加进去。

当加法做得差不多的时候，或者在正式演讲前几天，开始做减法。留下自己最有把握的内容，事先进行2～3遍的预演，记录总体的时间，如果超时，要么加快进度，要么删减内容。

我的建议是进行内容的删减。讲多少东西不重要，如果观点没有分析透彻，还不如不讲，否则会给别人留下肤浅的感觉。不如就其中一个观点讲清楚，哪怕其他观点一笔带过，听众会理解那是由时间限制所致，而不是演讲者的水平问题。

还有一个小技巧：整理好的幻灯片可以使用"隐藏幻灯片"功能。每次面对不同的对象，可以重点演示不同的部分，其他的隐藏起来就好。

六、不要期望完美

有一句话说，最好是更好的敌人。一旦你认为自己已经达到最好，那就无法再进步了。对我们影响更深的，是要求完美、期待完美的心态。

首先，做到完美很容易成为自己的借口。有时候，我们会告诉自己：这一次我一定要做到完美。然后，满怀激情开始行动。在过程中，遇到坎坷或挑战时，拥有完美心态的人更容易放弃。完美心态在他们的耳边说：算了，反正达不到那种完美的状态，那就放弃吧，等下一次准备到完美再开始。

还有人动不动就说，要干就干到完美。大部分时候，这句话背后的潜台词是：这次的客观条件不容许我干到完美，所以这次就先不干了。

其次，追求完美是个过程，不要期望在一次演讲中达到完美的效果。每次提高一点点。演讲后复盘，思考一下整个过程，找到可以提高的地方，再次进行训练。仔细想想我们生活中的事情，不都是经过大量的训练之后才不断提升的吗？如果有心，每一次都会有进步。

追求完美，意味着自己已经放弃了对提高的追求。当问及艺术家哪一个是他最满意的作品时，我们听到的答案大多是：下一个。这不是他故弄玄虚，这是一种追求，一种激励，一种让自己体验成长快乐的动力。

最后，完美思维容易让人沉溺于细节之中。妄想一次就做到完美的念头，还可能让我们忽视对逻辑和整体框架的打磨，捡了芝麻，丢了西瓜。有一次，我在为一个演讲撰写幻灯片的过程中，就一个问题想到了一个图片的表达方式，于是不断地在网上搜索。要么是图片的内容和自己想要的效果不是特别地贴切，要么是图片的质量差那么一点点，要么就是存在版权问题，所以，我一直在寻找、对比，就这样，一整天没有任何进展。

克服那种想在一次演讲中就做到完美的冲动吧，放弃追求完美，你就会不断趋近完美。

七、从一个故事开始

从一个故事开始，尤其是与主题相关的故事，可以快速吸引听众的注意力，将他们的关注点集中在你身上。关于为什么要先讲一个故事、如何讲好故事以及讲什么样的故事，在本书中我已经多次提及，在这里请允许我再唠叨几句，因为在这个时代，讲故事或叙事能力实在是太重要了。

如果你在演讲一开始就能抓住听众的注意力，那么这个注意力会持续更长的时间。吸引对方注意力最好的方式是叙事。

2013 年诺贝尔经济学奖得主、耶鲁大学经济学教授罗伯特·席勒在《叙事经济学》（*Narrative Economics: How Stories Go Viral and Drive Major Economic Events*）一书中提到："叙事一词的含义不止于故事或者讲述，归根结底，叙事是历史、文化、时代精神以及个体选择相结合的载体，甚至是一种集体共情。某种程度上，它是在解释或说明一个社会、一个时期的重要公共信念，而信念一旦形成，将潜移默化或者直接影响每个人的经济行为。"

另一个关于叙事的例子是比特币。你说比特币本身有什么价值？为什么那么多人为之痴狂？比特币简直就是叙事经济的教科书。去中心化、神秘主义、技术极客、数字货币、一夜暴富、对抗通胀等都是关于它的热门话题。

有人说现在这个时代是后真相时代。这有两个意思。一是到底什么是真相，到底是什么引发了当前这个结果。由于事情越来越复杂，信息互动越来越迅捷，很难得知真正的原因。二是到底什么是真相可能没有想象中的那么重要。对人们产生影响的，不是事实，而是叙事。好的叙事激发了情感，情感驱动人们去行动。

在演讲时，一个好故事捕获了听众的注意力，同时也缓解了你刚开始的压力与不适感。

最好的故事是你亲身经历的和主题相关的故事。亲身经历自然记忆深刻，即便你有些紧张，也能完整地讲出来；和主题相关的故事对听众很友好，帮助大家建立一个抓手，可以顺着你的思路走。

八、练习，练习，再练习

当素材准备好了之后，下一步就是练习。在正式登台亮相之前，需要大量的练习。急中生智是童话，实际情况是一紧张，就想去厕所……

演讲之前的练习很费功夫，但是，相信我，这完全值得。

多年前，有一次我和经理一起去为客户宣讲方案。头一天晚上，经理让我预演一下，讲给他听。我讲一遍，他提一遍意见，我进行修改；然后再讲，再提，再改。那天晚上一共修改了 10 遍。10 遍之后，到了凌晨 1 点多，他说，这回差不多了，睡觉吧。第二天，到客户那儿宣讲的公司有 5 家。据客户之后的反馈，我们的效果是最好的。

很多演讲高手给出的建议都是背下演讲的全部内容，甚至要在有干扰的情况下背诵。

TED 演讲嘉宾里夫斯分享他的经验时说："如果我有时间背诵演讲稿的话，我会把它背得烂熟于心，直到它变得像一首曲子，我可以掌握节奏快慢，可以平静也可以高亢。我会不断排练，直到我是在表演而不是背诵。我经常在宾馆里背诵，在演讲前一天晚上或前几个晚上，我会打开某个电视采访，音量比通常情况下稍大点，尽可能制造干扰。"

你可以使用录音笔记录自己练习的过程。之后反复听，找到自己不满意的地方，然后再进行修正。有条件的，还可以录制视频，反复地看，体会自己当时的感觉，看看哪里还有提升空间。如果身边有这方面的高手，还可以请他观摩，诚心寻求意见和建议，这样提高得更快。

熟练到什么程度算是可以了呢？帕梅拉·迈耶的 TED 演讲《如何识别说谎者》位列最受欢迎的演讲榜单前 20。迈耶的标准是："你在演讲的同时能完成另外一件需要花费精力的事情，这时你就真的记住了演讲。你能一边演讲一边给制作巧克力蛋糕的配料称重吗？你能一边演讲一边把桌子上杂乱的文件放进文件柜吗？如果你在高认知负荷状态下依然能演讲，那么你就可以在舞台上表现得很好。"

九、享受这个过程

最后一个心法是，请你爱上并学会享受演讲的过程。

演讲不仅是一种表达方式，更是一种自我提升的途径。请你爱上它，因为在演讲中，你会发现一个更加自信、更具魅力的自己。每一次演讲，都是挑战和机遇的结合。在这个过程中，你不仅在传递信息，更是在建立与听众之间的桥梁。

学会享受演讲，首先要放下对错误的恐惧。每一次犯错都是学习的机会，每一次紧张都是成长的契机。大胆地表达你的观点，真诚地面对你的听众，你会发现，演讲不仅仅是单向的输出，更是双向的交流。

请你用心去感受每一次演讲的乐趣。无论是精心准备内容，还是与听众互动，都是宝贵的经历。享受那个时刻，当你看到听众的眼神中流露出理解和共鸣，你会感受到无与伦比的满足。

所以，请你爱上演讲，并学会享受它。它不仅会带给你专业上的提升，更会让你在心灵上获得前所未有的充实感。通过不断的练习和反思，你会发现，演讲其实是一种享受，是一种艺术，更是一种生命的体验。

享受演讲吧，真的很好玩。

◎ **要点总结**

1. 演讲能力是少有的对自我提升帮助非常大的能力，而且几乎所有职业都用得到。
2. 点亮自己需要你的热忱。
3. 早下手，先写提纲再写内容。
4. TED 是个学习演讲技巧的圣地。
5. 只有当演讲者对内容熟悉到一定程度的时候，才能考虑展示形式。
6. 讲多少东西不重要，如果其中的观点没有分析透彻，还不如不讲，否则会给别人留下肤浅的感觉。
7. 妄想一次就做到完美，还可能让我们忽视对逻辑和整体框架的打磨，捡了芝麻，丢了西瓜。

8. 人们都喜欢听故事。

9. 可能很多人都有类似的经历：一紧张，就想去厕所。

10. 享受演讲吧，真的很好玩。

实践讨论

1. 你在工作中会不会遇到需要演讲的时候？你遇到的最大的挑战是什么？你是如何克服的？

2. 你还知道哪些和演讲能力类似的通用型能力？从中选择你最擅长的两个，和演讲能力组合在一起，试试看会产生什么？

3. 为自己的下一次演讲设计一个开场故事，500字左右。

第六章
CHAPTER 6

沟和通是两件事 | 销售沟通底层逻辑

当面对外部环境变化时，有人惊恐，有人惊叹，而你却风轻云淡，说道："这情形好熟悉啊。"给你这般自信与洞明的，就是底层逻辑。

"底层逻辑"是我非常喜欢、欣赏且时时拿来提醒自己的一个概念。著名商业顾问刘润有本畅销书叫《底层逻辑》，这本书中说的底层逻辑，意思是不同之中的相同，变化当中的不变，是表象下的本质，是你面对变局的指南针。

方法论＝底层逻辑＋环境变量。这是刘润提出的公式，值得我们反复记忆、研究和打磨。

本书的前面五章内容探讨了各种环境变量，这一章我们交个"底"：关于销售沟通的底层逻辑。合起来，这本书就是一本完整的关于销售沟通的方法论。

我将为你介绍沟通的两个科学基础，一个是信息通信，一个是脑科学。

在销售中，有人误以为只要把话说清楚，更有甚者认为把话说了，就是沟通了。但实际上，很多时候我们只是"沟"了，却没有"通"。从通信的角度来看，沟通的本质是编码、传递和解码的过程。我们可能发了无数的邮件，打了无数的电话，却发现客户依旧无动于衷。这是因为你忽略了一个关键：信息是否真正被解码和理解。成功的沟通不仅在于你发出的信息有多清晰，更在于客户接收到的信息是否完整无误。信息的传递就像一场接力赛，你要确保每一棒都稳稳传递。

共情力，是销售沟通的核心。只有当你能够真正理解客户的感受，与他们产生情感共鸣，你的沟通才能达到"通"的境界。共情力不仅仅是指听见客户的声音，更是指听懂他们的心声。它要求你敏锐地察觉客户的情绪变化，理解他们的需求和担忧，甚至在他们未开口之前，就能够洞悉他们的内心世界。

来，让我们一起揭开沟通的本质，从表象的"沟"走向内在的"通"，从环境变量来到底层逻辑。

24 通信
沟了，通了吗

只懂技术的程序员在硅谷的起薪可能在 4 万到 8 万美元之间。能够与客户交流的程序员可以轻松获得 12 万美元以上的起薪。

——戴尔德丽·麦克洛斯基

之前听过一个很有意思的故事。有一次，在部队行军过程中，前面的指挥官发出命令：拉开距离，然后命令沿着队伍一个接一个地传递下去，等传到后面的时候，这个命令就变成了：都牵上驴。

通过这个简单的故事，我想说的是，沟通并不简单。

《周易·系辞》中有句话说："百姓日用而不知，故君子之道鲜矣。"有些日用而不自知的东西，往往很重要，却因为太过熟悉而没有深入理解。就像鱼很难意识到水的存在，我们天天都在沟通，经常说起沟通，但很难说清楚到底什么是沟通。

我们在谈论沟通时，说的到底是什么？是探讨、了解、对话、交流，还是灌输、说服、传递？我们对沟通产生了恐惧，这种恐惧也催生了大量的畅销书和解决方案。我们赋予了沟通太多的含义，以至于在沟通时，自己都不知道要完成的具体目标是什么。

没有总结，或者总结不到位，那么就没法提高，没法从中得到更大的收益。如果知道了这里的"道"，那就可以找出做事的原则和方法来了。

其实，沟通的本质是信息的交互。这一节，我将基于信息通信技术的知识，从底层来揭示沟通的本质，帮助你建立一个关于沟通的坚实内核。

一、沟通的本质是通信

我的销售导师有一句话常挂在嘴边："沟通，沟通，沟了，通了吗？"

仔细想想，说得真对。很多沟通中存在问题，就是因为我们没有搞清楚，原来沟通是两件事：第一是"沟"，第二是"通"。

"沟"是过程，是手段，是方法，是技巧。技巧关注的是使用的场景，比如陌生拜访、客户面谈、书面沟通、演讲等。这些都是在讲"沟"的方法，根据不同的场景选择具体的方法。

"通"是目标，是目标，是结果，是共识。"通"有四层含义，这四层含义其实就是沟通的四个目标。这四个目标，也是我们在六步访谈法中介绍过的客户访谈目标。具体来说，就是获取信息、传递信息、达成共识和赢得客户。

当你把"沟"和"通"拆开来看之后，沟通这件事就清晰了许多。下次，当你再和别人进行沟通时，试着问问自己：沟了，通了吗？所以，真正的沟通，是个过程，有个结果。

从信息技术的角度看，沟通就是一个通信过程。这么说太抽象，我举一个例子，从信息交换的角度来帮助大家理解这个过程。

我们称信息的发出者为 A，接收者为 B；A 的目的是让 B 收到信息：吃饭。试想一下，从开始到结束，中间有几步？

1. A 想表达"吃饭"这个意思

2. A 将这个意思编译为"吃饭"这两个字

3. A 发出信息，从嘴里说出"吃饭"

4. "吃饭"在空气中传播

5. B 的耳朵听到"吃饭"这两个字

6. B 的大脑将听到的"吃饭"两个字翻译为他理解的意思

从通信的角度来看，沟通的本质就是编码、传递和解码的过程。

编码，就是将你想表达的意思组织成语言。比如，我们把上面的例子，放在一个场景下。妈妈在厨房做饭，孩子在自己的房间里写作业，妈妈把饭做好了，叫孩子来吃饭。然后，妈妈把自己的想法变成一句话，就在厨房里喊了一句："吃饭！"这就是一个编码的过程。

传递，就是这个信息从发出者一端到达接收者一端的过程。传递的过程就是从妈妈的嘴里发出的声音，经过厨房、餐厅，最终到达孩子的房间，进入孩子的耳朵。

解码，就是接收者脑子里翻译信息的过程。孩子听到"吃饭"这个声音，将这个声音翻译为"饭好了，妈妈现在让我去吃饭"。

这个看似简单的过程，实际上暗藏着很多阻碍我们达成目标的陷阱。

信息的发出者，经常会假设或者默认自己发出了信息，对方会完全无损地接收到。也就是说，发出者直接从第 1 步跳到了第 6 步，而忽略了 2、3、4、5 的存在。但是，在沟通的过程中，每一步，都有可能出现问题，产生障碍。理解了这一点，我们就能明白为什么人们经常会感觉到沟通起来很困难。具体来说就是，编码可能会有错误，传递过程中可能会造成信息失真，解码过程中也可能会有错误。

让我们一起来看看哪些问题会影响 B 收到"吃饭"这个信息。

二、编码错误

发送信息的第一步是编码，如果这里出现错误，那后面的环节再稳妥，也没什么用。

所谓编码错误，意思是，发出者自己想表达的意思，和实际发出的信号不一样。比如，有时我们在与对方沟通时，心里想着约明天 10 点见面，但因为走神或忙碌，说成了 9 点。结果第二天对方 9 点到了，左等右等不见你，打电话问你怎么还没到，你还很惊讶地说我们不是说好 10 点吗？结果对方说，你昨天告诉我是 9 点啊。

再比如，发出者由于表述能力有限，没有将一个问题表述清楚，从而到达接收者那里的，本身就是混乱的信息，导致接收者无从理解或者理解错误。

导致编码错误的，主要有两个原因：一个是自己对所想表达的事情没有想得足够清晰，另一个是未能站在对方的视角思考问题。

1. 我对所想表达的事情是否想得足够清晰

在电话发明之前，最快的通信工具是电报。

我们在电视中看到的发报员在发电报的时候，总是传来滴滴嗒嗒的声响。"嘀"是电路的一次短暂的接触，而"嗒"就是一次稍长的接触，从时间上看大约是"嘀"的三倍以上。

用这种嘀嗒来表示信息的方式，叫做摩尔斯电码，是美国发明家塞缪尔·摩尔斯于 19 世纪 30 年代发明的。"嘀"是点（" ."），也称为" dit"，表示短信号；"嗒"是划（" -"），也称为" dah"，表示长信号。摩尔斯通过这样的方法，对英文字母和数字进行了编码。举个例子，比如字母 A 就是" .-"，字母 T 就是："-"。

请看下面的编码，你知道是什么意思吗？

.-- .... .- / .... .- -.. / --. --- -.. / .-- .-. --- ..- --. .... -

这段编码代表的信息是" What hath God wrought"，这是一句出自《圣经》的话，意为"上帝造就了什么"，这是世界上第一条用摩尔斯电码传递的信息。

我想说的是，如果发出者对摩尔斯电码一知半解，或者完全不了解，他用电报发出的信息，接收方是无法解读的。这就像是我们并没有搞清楚自己想要表达的内容，就急急忙忙地去和别人沟通，这样别人自然理解不了。

我自己感觉想清楚了，到说的时候才发现，什么也说不出来，于是开始临时拼凑，想到哪里说到哪里，自然无法表述清楚。混乱的思维必将导致混乱的语言，而此时还在要求对方的理解，岂不是强人所难。

所以，在与别人沟通之前，请先和自己沟通，将自己要表述的事情思考清晰。梳理思维的最佳方式是向自己提问，比如你可以问问自己以下这些问题：

- 这件事到底是一件什么样的事情？
- 我为什么要干这件事？
- 为什么要找他来沟通这件事？
- 应该如何实施？
- 希望请对方干什么？
- 预计结果如何？

自己先思考清楚事情的来龙去脉、利害关系，再去找对方沟通，效果会好很多。

特别是在销售过程中，销售人员首先要对所希望表述的问题有清晰的理解。无论是通过文字还是口头语言，都需要详细的事前准备。只有自己梳理清晰了，才能更好地与客户沟通。

举个例子。你计划拜访客户的技术经理，打算向他推荐一款新产品。会面前一天，你过于忙碌，没有时间准备，只是大致浏览了一下产品手册。在和这位技术经理沟通时，对方问了你一个关于产品使用方面的细节问题，你发现自己回答不上来。你试图回忆产品手册上的内容，但你实在想不起来。你只好临时拼凑，想到哪里说到哪里，结果，你的回答显得更加混乱。客户的技术经理显然对你的回答感到很困惑，他开始质疑你的专业能力，甚至质疑你的产品质量。

2. 我站在对方的视角思考问题了吗

你与对方的视角不同。关于视角这个话题，最常见的是那张两个人指着地上的图形争论是 6 还是 9 的图片（见图 24-1）。从左往右看和从右往左看就是会不同，纠结于结果，反而没有结果。在没有理解视角的前提下，讨论大象是圆柱形的还是扇形的毫无意义。但是，遇到具体事情的时候，我们往往会忘却这一点，不断地从自己的角度出发，强调自己的观点。对方不同意，我们还会想，这家伙的数学是不是体育老师教的啊，于是乎，将沟通带入死胡同。

图 24-1　是 6 还是 9？

请看一个心理学的研究。

让我们一起试想这么一个场景。你们公司为了激励员工实现一个目标，老板说完成了就会得到2万元的奖金。老板把这个信息告知员工，可能会使用以下三种方式：

1. 想想看这2万元代表着什么：你可以给家里人每人换一部最新款的旗舰手机。

2. 想想看这2万元代表着什么：你的银行账户多了这2万元，增强了你的财务安全。

3. 想想看这2万元代表着什么：你的贡献被公司认可了，公司对你非常的重视。

心理学家研究发现，如果问哪种方式最能打动你，大部分人选择的是第3种。但是，如果问哪一种最能打动别人，大部分人认为第1种和第2种是别人最关注的。

你看，有意思吧。"他们"关注的是钱，"我"关注的是自我实现，是事业！

又或者，公司有个新岗位，问你去不去。如果你去了，你会觉得这个岗位很重要，事关公司的发展，可以让自己快速成长。如果是同事去了，你可能会想，他图的是那个岗位很稳定或者那个岗位容易显露头角。你看，如果说的是你，你在乎的是自我实现，如果换成别人，就没那么高级了。

有研究表明，人们在评估自己和别人的时候，存在明显的偏差。比如，在评估能力方面，认为自己的能力比别人的高出一点来；在评估认知偏差方面，认为自己要比别人好很多，自己的三观很正，没有偏见，而别人就没那么正了。

这个研究指出了一个普遍的现象。大部分人会认为自己工作是为了实现理想，自己处事公平、有道德感，而别人呢，是为了养家糊口、获取名利，他们很容易被利益左右而放弃原则。比如，你和同事在工作中为了某事争吵，你可能认为自己是为了公司的利益着想，为了让工作更有成效；而同事一定是为了他们小部门的利益，或者他根本看不到背后的大逻辑。

销售看自己，我们的产品性价比优异，我们的服务出类拔萃，我们想要一个机会展现自己；销售看客户呢，他们想要用好东西，还想要价格很美丽，他们想要快速响应的服务，还想要超长的账期。殊不知，客户看销售也是这样：他们可能觉得销售都是油嘴滑舌，为了拿到订单什么都会答应，买方才是维护公平正义，是良好商业秩序的捍卫者。

说到这里，你是否也想到了一个经典的理论：马斯洛需求金字塔。今天，几乎任何一本心理学入门书籍都会对这一理论有所提及。它的提出者亚伯拉罕·马斯洛，是美国著名心理学家，20世纪被引用前十的心理学家。

马斯洛需求层次理论金字塔，把人的需求分成了5个层级，越往上越高级。

第一层是类似动物属性的生理需求，是我们活着最基本的需要。我们会饥饿，会口渴，想要身体保持舒适状态。

再往上是安全需求。要活着，但也不能活得提心吊胆。我们渴望安定的生活，期待有工作和生活保障，能为自己和家人提供一种从容安全的生活状态。

再往上是爱与归属需求或者叫关系需求。都说人是社会性的动物。什么叫作社会性？就是我们要成为群体中的一员。在群体中，我们可以感受到各种爱。来自朋友的友情，来自伴侣的爱情，来自家庭的亲情，这都是我们渴望得到的。

再高一层，是尊重需求，我们渴望被尊重，渴望有所成就，渴望在群体中有自己的地位。

顶层需求，叫作自我实现需求。就像乔布斯说的，生来就是改变这个世界的。我想要因为我，世界变得不同。我想要有所创造，实现自己的梦想，解决难题，所以，我愿意打造更好的自己，激发自己的潜能，去学习去实践，这是人生的极致追求。

结合这个需求金字塔，再看上面的研究，用一种形象的表达就是：我们总是认为别人住在马斯洛需求金字塔的底层，我们住在顶层。理解了这个，可以帮助我们更好地理解别人，更好地和别人沟通。在与别人交流时，可以试着想想看，在对方脑海中的马斯洛的金字塔里，到底放着什么。

所谓的站在对方的视角上，其实就是对别人金字塔中的东西表现出的尊重，下一步是基于尊重的理解。尊重是"沟"的前提，理解才是"通"的表现。

学会在马斯洛的金字塔里沟通，才是真正的高手。

三、信息失真

在信号传递过程中，如果出现噪声干扰，信息就会失真，对方自然也无法获取准确的信息。就像上面的例子，妈妈在厨房一边炒菜一边喊孩子吃饭，可能因为炒菜的声音干扰，或者因为距离远、孩子房门关着，孩子听不太清楚。

导致信息失真的原因有两个：一是表达逻辑不够清晰、简明，二是所处的环境不适合沟通的内容。

1. 我的表达过程是否逻辑清晰、简明

信息论之父克劳德·香农提出过一个信道编码定理（Channel Coding Theorem），也被称为香农第二定律。它说的是，对于任何给定的通信信道，存在一个称为信道容量的极限值，即每单位时间能够通过该信道传输的最大信息量，而且这个传输是可靠的（错误率可以任意小）。信道容量由信道的带宽、信号与噪声比等因素决定。

简单地说就是，如果你想要传输信息的速率到达甚至超过带宽，那不管你用什么样的编码方式，这次的信息传输错误率一定是100%。

这个逻辑和我们大脑的工作方式非常相似。

人有两种工作记忆。一种叫作"短期工作记忆"，相当于计算机的内存，是操作台，是干活的地方，是大脑处理一项具体工作的时候随时调用的记忆。另一种叫作"长期工作记忆"，相当于硬盘，是我们的知识储备。

大脑有一个特点：短期工作记忆能力有限。有研究发现，人只能同时考虑4个东西。打个比方，短期工作记忆这个操作台大小有限，上面只能摆放4个东西，多了就放不下了。

这个操作台，就是带宽。

如果我们表达得不够简单明了，铺陈出太多的东西，对方的大脑是无法同时处理这么多信息的。人脑会将注意力转移到别的地方去。

比如，一位销售在给客户进行产品介绍的时候，一会儿说产品的驱动性能优良，有开环和闭环矢量控制，能支持各种电机；一会儿说产品有各种监控功能，可以查询故障记录；一会儿又说产品有很多高级的应用宏，主从控制、位置逻辑控制等都有应用宏；接着还说产品尺寸紧凑，设计感强。这一通下来，很快就把客户说晕了。此时，在客户眼中，只有销售的嘴在动，而客户的心，早就在盘算中午是吃比萨还是石锅拌饭了。

所以，沟通要简单明了。

如果你要传达的信息量比较大怎么办？

那就需要给对方一个线索。这个线索，就是一种逻辑。可以是事情发展的具体时间顺序，也可以是人物组成结构、地理位置的变换，或者是重要程度的不同。总之，你需要为对方找到一根脉络，对方沿着这条线索可以搞清楚整个局面。同时，要注意这种沟通与讲故事不同，需要我们剔除一些细枝末节的干扰，直接抓住主要问题，保证简单明了，易于对方理解。

比如，在介绍产品的时候，你可以先告知客户，你的介绍将按照外观、内部硬件设计、软件设计这个逻辑，由外到内、由软到硬，这样客户在听的时候，就能有一个明确的线索，跟着你走。

这就相当于把一次可能产生拥堵的并行通信变成了流畅的串行通信。

2. 所处的环境是否适合沟通的内容

在通信的过程中，电线中会叠加随机的脉冲和电压的波动，大气中有来自宇宙的射线和其他无线设备的干扰，这些在通信时统称为噪声。噪声叠加着信号一起传到接收者一端，结果就是对方无法分清哪些是信号、哪些是噪声。

在沟通的过程中，环境也可以造成信息的失真。

不同的环境下，为了达到清晰传递信息的目的，需要注意采用不同的方式；或者，为了传递不同的信息，需要选择不同的场合进行沟通。

在咖啡馆或其他较为嘈杂的环境中，不适合沟通需要双方确认的重要话题，比如商讨合同中的具体细节、敲定双方高层会谈要点等。相反，这种环境适合促进两个人之间的关系。环境嘈杂时，彼此说话不容易听清楚，这时就得主动拉近距离，比如贴着对方的耳朵说话。这种行为，可以增进双方的亲密关系，这一点我们在肢体语言那一节介绍过。

再比如，在办公室这种开放的工作环境中，为了不影响他人的工作，销售在和对方交流时可能需要将声音压低，此时就需要确认对方是否完整听到了你传达的信息。要交换相对重要的信息，最好请客户安排一个安静的环境，比如会议室。

在酒桌上达成的共识，最好到了办公室重新确认一下，你需要搞清楚对方答应你的时候是不是清醒。比如，前一天晚上你们一起吃饭，对方同意了你的提案，你第二天再给对方打电话确认，对方可能会说："哎呀，那天气氛烘托到那儿了，答应得有些冲动，具体事情我们还需要再考虑考虑，这个咱们回头再碰"。

在和客户沟通，尤其涉及重要的事情时，请把环境也作为一项考虑因素。

四、解码错误

从接收者的角度看，还可能存在解码错误。在实际沟通场景中，发送者和接收者使用的往往不是同一套解码系统。同样一个词语，在你的字典里可能是褒义词，而在对方那里可能是中性词甚至带有一定贬义，或者还会有羞辱的意味。即使没有感情因素，具体的字面意思理解也可能不同。

这是在沟通过程中需要反复确认和核实的地方。还是上面的例子，妈妈的意思是"我做了你最爱吃的排骨，快来吃饭吧。"而孩子听到"吃饭"的时候，可能会想："催什么催，这道题刚有点思路就被打断了。"

导致解码错误的两个主要原因是：对方心理状态的影响和双方对同一个基础概念的理解不一致。

1. 对方的心理状态是否适合所谈的内容

信号产生于信源，通过信道传输，来到了接收端，这时接收端要做的一件事叫作解码。这个过程中出现的问题，叫解码错误。

人与人沟通时，对方在不同的情绪中，对你所说的内容，可能会产生完全不同的解读，这也是某种意义上的解码错误。

情绪会影响大脑对信息的加工和记忆过程。有研究发现，如果你处在一个积极的情绪中，对于输入的信息，你更倾向于采用一种积极的态度进行加工，同时也更愿意记住和接受这些信息。如果此时你的情绪处于沮丧或焦虑状态，你会用负面的消极策略来看待和理解输入的信息。

也就是说，情绪会干扰理解。当你在积极情绪中时，往往会朝积极一面考虑接受到的信息；而在负面情绪中时，新进入的信息会被你理解为不利于自己。因此，在沟通之前的热身阶段，仔细体味对方当前的情绪状况是极其有必要的一个步骤。如果发现对方当前的情绪不太对劲，那就赶快结束拜访，改日再来。

情绪还会影响人的认知和思维方式。一项来自马里兰大学的研究表明，当人处在积极情绪中时，处理任务效率更高，甚至能激发创造力，更积极主动地解决问题。而在消极情绪中，人们更倾向于保持现状，规避改变可能带来的风险。

所以，特别是在需要对方进行决策时，销售人员需要关注对方的情绪，选择合适的时机进行沟通，这样你所提供方案被接受的可能性会更高。还记得我们在肢体语言那节举的例子吗？就是因为没有关注对方的情绪，我的一个很简单的请求，直接被客户怼了回去。

2. 我们对同一个基础概念的理解一致吗

你拿的是个英文字母表，你说 A，指的就是字母 A；对方拿的是个十六进制表，你说 A，对方查表一看，指的是 10。再比如，你用的是公制系统，他用的是英制系统，结果呢，你加工的螺栓和他加工的螺母就是无法匹配。

在探测火星的过程中，有个著名的失败案例，值得好好打磨一番。1999 年，NASA（美国航空航天局）发射了为火星量身定制的天气预报卫星。按理来说，这次发射应该不难，毕竟轨道卫星这种事情已经做过很多次了。但是，这次火星轨道卫星在进入轨道时坠毁了。该轨道探测器的原定程序是在距离火星地面 150 千米的安全高度切入轨道。但事与愿违，它在距离火星地面 57 千米的高度进入火星，已经深入到大气层中了。

这究竟是怎么发生的？

原来，建造火星轨道探测器的洛克希德·马丁公司使用的是英制度量系统，但为轨道探测器提供导航的喷气推进实验室使用的是公制度量系统，而双方团队都没有意识到这个问题，因为双方都忘了在数字后面加上度量单位。

有一种可能，就是人的想当然的思维。这是常识啊，大家都知道啊。更要命的是，这个问题在发生之前，甚至都不会有人意识到这是一个问题。这个现象，在心理学上有个专有名词，叫透明度错觉。

沟通中的很多误解就来自透明度错觉。透明度错觉的意思是说，大多数人都存在一种假设，即彼此之间的沟通是透明的。我以为我知道的，你也知道。其实，如果把我知道的看作一个圆的话，你知道的可能只是这个圆中包含的一个很小的圆。在沟通的过程中，给予信息的一方会以为自己的感觉和需求都能够被另一方清晰地感知到，尽管他们并没有真的把自己的想法表达到位。结果呢，对方很可能产生解码错误。

还有一种典型的透明度错觉，就是使用自己熟知的术语进行表达。

比如，一位销售在向客户介绍产品时说："您可以选择 IP54 防护等级的产品。"客户对防护等级完全没有概念，更不知道这个"5"和"4"分别代表什么。

每个人的经历、学识和能力不同，导致对同一事物的心理表征不同，这些不同最终体现在语言和文字的差异上。如果没有意识到这些不同，在沟通时虽然说的是同一个词语，但对这个词语的基本解读不同，基于此展开的沟通很可能陷入自说自话的境地。

在一个时尚人士眼中，脚上的鞋是品位与审美的象征，或许还能透露出个体内在的性格特征；而在另一个人眼中，鞋只是工具，帮助行走，不至于让脚受伤和受冻。你所销售的某个产品，在你眼中是驱动的关键设备，而在有些客户眼中只是一个简单的执行元器件而已。

我们大多数的思考和判断，建立在对一些基础概念的理解上。如同我们上学时做的数学或者物理题，一步一步地推导都是源于某些公理或者定理，而这些公理或者定理构成了一个学科的基础。但是在人文学科当中，很难找到普遍共识的基础公理。在沟通的过程中，我所提到的某个概念，映射在我的脑海里的图像与你的投影，且不说是否可以重合，是不是同一个东西都很难说。所以，首先要找到沟通中的基础核心概念，然后对此进行多维度的解释，确认你们的理解是在同一个频道上。这将起到事半功倍的作用，否则，当基础概念有问题时，上层建筑将毫无用处。

比如，说到质保期，有人理解的 18 个月质保是从产品到达现场安装算起的，有人认为是从产品离开制造工厂算起的。以前我就处理过这种不一致的理解造成的纠纷。产品在代理商的仓库中放了几周，客户认为这段时间不包括在质保期内，而厂家和代理商认为这段时间算在质保期内。

总结一下。造成沟通不畅的三个因素是编码错误、信息失真和解码错误，这说起来很简单，但是在具体的应用中容易被我们忽略。我猜你并不想在销售中"日用而不自知"，你想要懂得销售中的"道"。遇到沟通不畅时，想明白哪些是编码的问题，哪些是传递的影响，哪些是解码的错误，这样你就对沟通多了一点主动权。

下次你在沟通时，问问自己："沟了，通了吗？"这不仅是一句简单的提醒，更是沟通之道的内核。

◎ 要点总结

1. 沟通是两件事：第一是"沟"，第二是"通"。
2. "沟"是过程，是手段，是方法，是技巧。"通"是目标，是结果，是共识。
3. 编码错误、信息失真和解码错误是引起沟通不畅的三个因素。
4. 我对所想表达的事情是否想得足够清晰？
5. 我站在对方的视角思考问题了吗？
6. 我的表达过程是否逻辑清晰、简明？
7. 所处的环境是否适合沟通的内容？
8. 对方的心理状态是否适合所谈的内容？
9. 我们对同一个基础概念的理解一致吗？

▤ 实践讨论

1. 导致沟通不畅的三个因素是什么？这三个因素对应的6个具体问题是什么？
2. 你觉得哪个问题是自己在沟通中最有可能出现的？为了避免这类问题再次出现，你打算进行怎样的练习？
3. 请找一位和你不同行业的朋友，给他讲清楚你们行业到底是做什么的。介绍完后，请对方用自己的话，告诉你，他理解的你们行业究竟是做什么的。然后，比较一下，你认为自己表达的和对方认为你表达的，有没有什么不同。

25 共情力
何为通

用户对品牌的共情会以两种形态出现，一种是
认同，一种是向往。

——蔡钰

张三是一家工业品公司的销售，从毕业到现在，已经工作了两年多。前几天，张三去拜访一家设备制造商的李老板。按照约定好的时间，张三来到了李老板的办公室。

这是张三第二次见李老板。第一次见面仅仅持续了20分钟，因为当时李老板的办公室还有其他人在汇报工作，所以没有谈太多的事情。好不容易得到了这次拜访的机会，张三决心一定要把握住，事先做了充足的准备工作。

张三准备了一套详细的方案，涵盖了他公司产品许多亮眼的卖点，还有很多相关的业绩材料。一切就绪，只等着这一刻的到来。还没等张三开口，李老板就说："我知道你是哪家公司的销售，说说看，我为什么要用你们的东西。"于是张三开始了自己的论述。

张三先是拿出了一个样品，然后详细地描述了这个产品的每一个卖点：耐久性好、稳定性高、动态响应的精度超过竞争对手一个数量级……接着他拿出了准备好的业绩清单，展示给李老板看，并说道："您看，这些都是使用我们产品的客户，反响都很好。"

李老板说："知道了，你先放在这里吧，我下面还有个会。"张三赶忙将资料

放到李老板的桌子上，然后起身告辞。回公司的路上，张三很高兴，心想，这次没有被打断，他将产品的卖点和业绩都告诉了决策人，估计差不多了吧。然而，张三并没有拿下这个单子。

销售的过程很复杂，涉及的影响因素有很多，比如产品的匹配度、付款条件、货期、与客户的关系等。失败的具体原因可能有很多，但其中一个重要的原因是，张三并没有打动李老板。

啊！不是吧，张三将产品的卖点表述得那么全面，而且还给出了业绩清单，证明了自己所说属实，为什么没有打动李老板呢？

张三是个严谨的人，他善于思考、有条理地分析和谨慎处事。他专注于事实和数据，希望通过逻辑来证明自己。而这，恰恰是张三失败的原因。

李老板是个直言不讳的人，他自信、大胆、不惧怕表达自己的意见，他知道自己想要什么，而且会快速地做决策。然而，张三在整个论述过程中，并没有清晰地表达出如果使用了他公司的产品，能给李老板带来什么价值。换句话说，他没有表达出结果，也没有表达出他会如何行动以实现这个结果。张三从自己的习惯思维出发，认为这些好东西就应该被客户所接受，但他恰恰没有匹配到客户所希望或需要的那个点上。就像对方是个一字螺丝，而张三却是个十字螺丝刀。

在把自己变成一字螺丝刀之前，你得能理解对方是个什么样的螺丝，这个能力，就是共情力。

沟和通是两件事。通不通，对方说了算。所以，要想通，先理解。这个理解，需要你的共情力。想要成为沟通的高手，共情力，对你至关重要。

一、何以为人

看到别人打哈欠的时候，你会打吗？

有研究发现，如果给人看别人打哈欠的视频，55% 的人会跟着打起哈欠。认知神经系统科学家史蒂文·普拉特克（Steven Platek）将这种现象解释为一种"原始的共情机制"，他还发现，容易受打哈欠影响的人，共情力更高。

人是一种社会性动物，社会合作是我们赖以生存和繁衍的关键因素。神经生物学家发现，在社交过程中，人类和其他高级灵长类动物大脑中的三条神经线路会活跃起来。

第一条负责心智思维，在这个过程中会形成目标，以及达成目标的相应活动计划。

第二条负责移情思维（即同理心），让自己设身处地地从他人的角度去思考问题，以便了解他人的动机和感受，并预测他人未来的行为。

第三条负责镜像思维，个体由此感知他人的情绪和情感，并在某种程度上切身体验他人的感受。镜像思维随即会引发对他人成功策略的模仿。同时，镜像思维也是通往同情心的路径之一，让人类拥有弥足珍贵的悲悯之情。

共情力是理解他人，感受别人的动机，站在对方的立场思考问题，同时预测其行为的智慧。在个体与个体、个体与群体的互动中，共情力让群体关系更加紧密。

在当下这个时代，共情力越发重要。你随便问一个人说："这是一个什么时代？"你得到的答案大概率是："人工智能时代。"是啊，当我们还在感慨的时候，未来已呼啸而来。新时代的逻辑变了，那些凭借智力特性和以逻辑推理为核心的任务更容易被算法所取代。那些无法被复制的能力变得越来越重要，而共情力就是其中关键的一种。

有人做过研究，未来有三种技能很难被人工智能取代。

第一种，社交智慧（social intelligence），指的是人和人交互的技能，比如同理心、谈判能力、社交洞察力等情感能力，相关职业包括精神健康和药物监管社工、育儿嫂、小学老师、心理健康咨询师、销售工程师等。

第二种，创造力（creativity），指的是原创能力和艺术审美能力，相关职业包括艺术家、研发工程师、软件应用开发工程师等。

第三种，感知和操作能力（perception and manipulation），主要指手指灵敏度、协调操作能力和应付复杂工作环境的能力，相关职业包括美发师、急救人员、电工等。

你可以看出来，高共情力可以帮助我们在需要第一种技能——社交智慧的领域，游刃有余。比如护理行业。人工智能可以读懂 X 光片，但是碰触患者，和患者聊天，缓解患者紧张的情绪，用合适的方式抚慰患者，这些必须由活生生的人来干。

丹尼尔·平克预测说："在美国，未来 10 年，护理业的新增工作岗位比其他任何行业都要多。"而且，该行业的工资增长幅度也会高于其他任何一个行业。随着中国老龄化程度的加深，这个趋势，大概率也会在我们身边出现。怪不得从事电信行业的詹姆斯·迈克尔斯（James Michaels）说："我想让我的孩子从事护理行业，因为无论在本地还是在全球，这一职业都有着广泛的需求。"在人工智能时代，共情力是一种算法难以复制的能力。

共情力还可以帮助你构建和谐的关系。高共情力可以让你更好地理解别人，站在别人的立场思考问题，知道在某个具体的场景下别人是如何想的，跳出自己的观点局限。这种能力可以让你对别人的想法和感受有一种切身感，是人的一种重要的社交能力。这种能力是人和人构建良好关系的基础，拥有了这种能力，也就拥有了更和谐的社交关系。

史蒂芬·柯维将知彼解己作为"高效能人士的七个习惯"中的一个，并强调说，这是人际关系中最重要的原则。在需要合作的任务中，你的高共情力可以帮助你，用更有创意的方式，更高效地运转，完成更多的任务。

共情力在销售中扮演着极为重要的角色。研究表明，共情力与客户信任和满意度存在正向关联。共情力可以帮助销售人员更好地理解客户的需求和情感，从而提供更加个性化的服务，增强客户关系，最终促成销售。既然共情力这么重要，那到底什么是共情力？

二、什么是共情力

意大利神经科学家乔瓦尼·弗契多（Giovanni Frazzetto）博士对共情力的定义是：识别他人所思、所感，并以类似的情感状态做出回应的能力。

孟子说"恻隐之心，人皆有之"，说的也是这个意思。

这么说还是有点抽象，我举个例子。想要理解共情，可以先区别一个和共情意思相近的词：同情。

著名的广告人东东枪有个极其经典的比喻：

同情就是，你和闺密看完一部电影，一边走一边哭着说：电影里那个女的太可怜了。

共情就是，你和你的闺密，一边走一边哭着说：对，没错，咱们女人太可怜了。

哲学要思辨，普通人谈感受，现代科学要证据。所谓的共情，有没有硬件基础？如果有，是什么呢？这就需要脑科学和神经科学家出马了。

1988年，以贾科莫·里佐拉蒂为首的一群神经科学家，在意大利帕尔马开展了一项实验研究，试图了解位于恒河猴前运动皮层的神经元是如何控制抓握动作的。该团队采用了单细胞记录技术，在动物完成任务的过程中，以插入大脑的微电极探针测量单个神经元的电活动。

该实验室先前开展的研究已经表明，猴子在执行抓握动作时，在脑中额叶第5区，细胞产生了更强烈的放电。这种放电模式与抓握的具体动作有关：一些细胞在"精细抓握"时反应更大（例如用大拇指和食指拿葡萄干），而另一些细胞则在全手抓握时反应更大（例如抓起一只橙子）。看样子，在猴子抓握物体时，这些细胞似乎在对猴子可能采取的具体抓握动作进行编码。除此之外，前期实验数据还间接表明，当猴子仅仅看到可被抓握的物体时，额叶第5区的一部分抓握神经元也产生了放电。

这就有意思了。

这个发现表明，在猴子的大脑中有一种特殊的神经元，它们像镜像一样模仿看到的动作。这引发了科学家的极大兴趣，因为这种效应在人类身上也存在。经过更多的研究，人类大脑中也被发现有这种响应的硬件，这些神经元被称为"镜像神经元"。对人类进行的最早的镜像神经元研究之一，让被试观察实验人员做出的手指动作，然后模仿这些动作。结果显示有两个皮层区域存在镜像功能。其中一个位于大脑靠前的部分，包括额下回（IFG）和相邻的腹侧前运动皮层（PMC）。另一个区域位于比较靠后的位置，它是顶下小叶（IPL），这个脑区被认为相当于猴子的额叶第5区。当我们希望动一下大拇指时，控制大拇指肌肉的神经元会做出反应。当我们通过视觉看到别人做竖大拇指的动作时，我们的大脑中同样的神经元也会被激活。这意味着，我们的大脑在看到别人做动作时，仿佛也在自己的大脑中模仿了一遍。大脑中的镜像神经元构成了合作和共情的基础。

这就是为什么，看到别人打哈欠，你也会跟着打；看到别人脑袋磕到门框上，你也会咧一下嘴；看到别人打针，你也会一哆嗦；看到别人哭泣，你的眼泪也会止不住流下来。

我认为，镜像神经元系统就像是人类的第二双眼睛，而且它更直观，让我们可以更快速地理解我们所看到的他人的行为。通过模拟这种行为，我们理解，我们感同身受，我们内心明白别人想干什么、要干什么。

还有两个有意思的发现。

第一个，女性比男性更具共情力。

虽然这种共情力是天生的，但是也有程度之分。很多研究发现，女性的共情能力比男性强。女性更善于识别人的面部表情的变化，更善于从中推测出背后的想法和感受。心理学家戴维·迈尔斯（David G. Myers）说："一定程度上而言，共情力在性别上的差异可以从行为上表现出来。女孩更容易因别人的悲伤而悲伤，更容易为之哭泣或倾诉自己对此的感受。当想要倾诉自己的感受，让他人理解自己的处境时，无论男女，都会找女性。"考虑到已经来临的概念时代，怪不得有人还把这个时代称为"她时代"。在一次为中小销售型企业老板做培训时，很多老板都提到，他们打算招聘更多的女性销售人员，看来还是很有前瞻性的。

第二个，内向者天生更为敏感，他们对别人的观察更加细致，更容易和别人产生共情。

三、如何提升共情力

虽然共情力是天生的，但其程度有差异，就像记忆力一样，有的人记忆力强，有的稍弱，但通过后天训练，每个人都能提升记忆力。同样地，我们也能通过后天训练提升共情力。

我总结了7个经过实验和研究验证的提升共情力的方法：

- 策略性模仿
- 观察微表情
- 说话上的迎合
- 读小说
- 共情倾听
- 保持谦逊

● 学习表演

让我们逐一解析。

1. 策略性模仿

在本书"肢体语言：你一动我就懂，我怎么动你怎么想"一节，我介绍过模仿对方的肢体语言可以让对方快速喜欢你。这里我再补充一些通过策略性模仿提升共情力的内容。

美国西北大学凯洛格管理学院的亚当·加林斯基、欧洲工商管理学院的威廉·马达克斯和斯坦福大学的伊丽莎白·马伦，曾经一起做过一个获得业内大奖的研究，测试模仿是否更容易打动他人。他们设计了几个场景，比如销售谈判和求职面试。参与者会采用他们设计的策略性模仿方式，对场景中的某个人进行一定程度的模仿。比如对方深深地坐进沙发里，或者对方身体前倾，参与者也这样做。不过，要巧妙一些，等待 15 秒左右之后再模仿，否则会被对方认为是在嘲笑他，这样反而会激怒对方。事实证明，策略性模仿的效果非常好。采用这种策略的参与者，有更大的可能性达到双方满意的结果。

在日常交流中，你可以模仿对方的一些非言语行为，如微笑、点头、眼神接触等。这不仅可以增强双方的情感共鸣，还能改善沟通效果。在练习的时候，你可以从简单的面部表情开始，逐渐过渡到更复杂的肢体语言和语音调节。通过观察和模仿别人的情绪表现，你可以体会到相似的情绪感受，这个练习有助于加深对他人情绪状况的理解和感知。这种现象在心理学上被称为情绪感染（Emotional Contagion）。

2. 观察微表情

共情，共的是情绪，而人的情绪会通过表情展现出来。心理学家保罗·艾克曼，被业内人士称为"人面教皇"，他长期致力于研究面部表情和内心真相的关系。艾克曼等人研究发现，我们的面部能够做出的所有肌肉活动，一共有 43 种，他们称为表情动作单元，这些表情动作使得我们可以自由地表达情感。艾克曼说，我们人类表达情感的主要方式就是面部表情，所以，想要深入理解他人的心灵，先要了解他的面部表情。

人类有 7 种基本情感，每种都有非常明显的面部表情，即愤怒、悲伤、恐惧、惊讶、厌恶、蔑视和开心。有时这些表情夸张、强烈，有时又不是很明显。并不明显的表情，艾克曼称为"细微表情"，通常是指某种表情的端倪，或是未能隐藏好某种情感而流露出来的细小表情，也就是"表达不全的表情"。还有一种是"微观表情"，"当一个人刻意掩饰情感时"，这种表情就会在脸上浮现，但它一闪即逝，持续时间还不到 1/5 秒。艾克曼说，不管是哪种表情，都有具体的识别技巧。感兴趣的同学可以看看艾克曼写的书，比如《情绪的解析》《说谎》和《微表情解析》等。

我们举一例说明。

笑，是开心的一种外在表现。看到喜欢的人，你会笑；得到一个期盼已久的东西，你会笑；听到一件有趣的事情，你也会笑。笑，是快乐最直观的表现。想画一个快乐的人，怎么画？很简单，让他的嘴角向上就好了。人们甚至将这种从上到下再向上的曲线称为微笑曲线。

人们本能的感觉，咧嘴就是在笑。是的，和笑相关度很高的一块肌肉叫作颧大肌，就是从颧骨向下一直延伸到嘴角的一块肌肉。可是，咧嘴，真的就代表快乐吗？

法国医生迪歇恩（Guillaume-Benjamin Duchenne）发现，真心快乐时，除了颧大肌，眼周围的眼轮匝肌也会跟着收缩。说白了，发自真心的快乐地笑，不仅嘴角会上扬，眼睛周围也会动。人们经常说的，仿佛眼睛也在笑，就是这个意思。于是，人们就把发自真心的快乐地咧嘴和眼睛一起笑的笑容，命名为迪歇恩的微笑。所以，区别虚假的笑和真心的笑，其中的关键就在于眼睛，如果笑的时候，这个人的眼睛没有明显的变化，好吧，他在敷衍你。

3. 说话上的迎合

你可以通过语言，表达对对方提到内容的赞同，从而展示共情。

我们在第 4 节"构建话题"部分曾介绍过"观点与事实的转换"，这是一种有效的交流技巧，特别适合用于促进对话和深化理解。通过交替讨论事实和观点，帮助对话双方在信息和情感的更深层面达成共鸣。

当然，和其他技巧一样，想要熟练掌握，你需要一些练习。

比如，你可以与同事或朋友进行角色扮演，模拟不同的对话场景。你可以预设一些商业会议或社交聚会的场景，让一方提出观点或事实，你利用这种技巧进行回应。

再比如，在阅读文章或书籍的时候，你可以练习总结其中的观点和事实。这不仅可以提升你的理解和归纳的能力，还能帮助你在实际对话中更快地识别和转换观点与事实。

还有就是电视访谈类节目的主持人非常善于使用这个技巧，下次观看的时候可以重点关注这方面的细节。

4. 读小说

同样的情景下，应该怎么得体地处理？自己经历的场景有限，周围的学习资源也有限，怎么办呢？你可以通过读小说来学。小说中详细描述了大量的场景，是进行自我训练的最好素材。你可能会说，小说都是虚构的，怎么能作为参考呢？这也是小说一个有意思的地方。

小说家说，我写的是小说，所以你们默认我的故事是假的。其实，他们经常"借用"其他人真实的人生故事。用著名经济学者何帆老师的话说："正是由于他们告诉我们，这个故事是假的，所以，他们才会肆无忌惮地讲那些最不可思议，也是最真实的故事。"米兰·昆德拉说，小说可以让人认识自我、体验他人，这种深度，只有小说才能做到。只有在小说中，作者才会在每个具体的场景下，介绍主人公的心理状态、所思所想，让我们理解主人公所做所为的合理性。

共情力是要在不同的场景下理解他人的感受，小说正是我们拓展场景的最好办法。当然，通过读小说来锻炼共情能力，对小说本身有着很高的要求。何帆老师给出的建议是：读严肃小说。他个人推荐的作者是狄更斯、列夫·托尔斯泰、简·奥斯汀、福楼拜、卡夫卡等，尤其推荐的小说是《红楼梦》。硅谷风险投资人、计算机科学博士吴军老师对《红楼梦》也推崇备至。他认为，和社会相比，人性的变化，其实很小，尤其是在《红楼梦》里，中国人几乎全部的人性都在里面。不仅仅是中国人的人性，中国目前的大型机构，比如公司、大学，本质上，就是一个大贾府。

5. 共情倾听

会倾听的人大多共情能力都很强。道理其实很简单，对方说得越多，我们获取的信息也越多，从而可以捕捉到对方更多的真实的感受。

曾就职于哈佛大学医学院的亚瑟·乔拉米卡利（Arthur Ciaramicoli）博士指出，阻碍人们共情倾听的，是自我意识。当我们从自己的角度出发去理解别人的时候，反而会让对方产生一种防御反应。这时你可以尝试把自我意识主动寄存在门口，就像是下雨天进入商场之前，把雨伞放在门口的收纳筐中。

乔拉米卡利博士建议采用以下方法来练习共情倾听：

（1）你可以重复对方说过的话，让对方意识到你的心在当下这个场景中；

（2）试着用你自己的话总结概括对方的意思，并询问对方你的理解是不是到位；

（3）反馈你的感受，表达你的情绪，展现你真诚的兴趣；

（4）用丰富的肢体语言反馈，比如微笑、点头、和对方情绪同步的表情等；

（5）别给别人的表达下定义，别去做总结概括，不要在对方没有请求的时候主动提供建议，不要不耐烦地打断对方；

（6）用鼓励的语言，激励对方表达得多一些，比如：

我觉得……

这看起来有点像……

就我理解，你似乎……

看起来好像……

如果我听得没错，你……

我注意到……

我猜想，那种感觉……

再跟我说说……

你是说……吗？

6. 保持谦逊

镜像神经元是人类共情和学习的硬件基础，而权力感会妨碍我们镜像神经元的活动，从而导致共情能力下降。

实验发现，就算仅仅是想到了权力感，都可以限制镜像神经元的活动。如果人长期处于权力感之下，大脑可能会受到决定性的损伤，也就是对他人的感受不再有反应，甚至是不去想他人的感受。

权力和权力感是两件事。权力是个好东西，但权力感不是。想要保护好自己，就要清楚地分辨这两者之间的区别。人只要有权力感，就会影响自己的共情能力，对周围的变化感到漠然。想要拥有敏锐的感知力，那就需要去掉权力感。去掉权力感最好的方式就是时刻保持谦逊，假装自己并不是手握权力的人。

所以，我们在和别人接触的时候，不妨假设自己处于弱势地位，这有助于你更准确地理解对方的观点和真实想法，这样做了之后，你的理解能更好地帮助你打动对方。

很多销售高手都精通此道，他们共同的特点就是谦逊，用他们的话说，那就是：我坐小椅子，这样你才好坐大椅子。

有一种保持谦逊的方法，是克制自己给别人提建议的冲动。喜欢给别人提建议是一种特别常见的现象，提建议是因为提建议者本人的心理需求。在提建议的过程中，提建议者会产生一种权力感。

有项研究发现，被邀请提建议时，权力感和支配感最强；就算是自己主动给别人提出建议，也会产生权力感。还有研究发现，权力欲越大，在沟通的过程中越是会主动给别人提建议。给别人提建议是一种权力宣告。也许提建议的人没有意识到，但是被建议者一般都能感受到，这是一种伤害共情的行为。

那如果实在控制不住怎么办？如果一定要给别人提建议，请将自己想象成一个大臣，对方是你的主公，你给对方提出几个可以选择的方案，选择权在对方。这样，你们就共同享有了一定的权力感。

7. 学习表演

演员是一个对共情力高度依赖的职业。他们只有深入理解角色的生活和感受，才能打动自己，并通过行动、表情和语言展现情绪，从而打动观众。因此表演成为我们体会感情、理解表情的绝佳方式。现在，有很多地方开设了公开的表演班，不妨试试看，你定会有所收获。再比如，剧本杀游戏其实也是一种很好的练习表演的活动。

2018 年，全美所有的大学毕业生都收到了一份来自比尔·盖茨的礼物——一本名为《事实》的书。这本书的作者之一汉斯·罗斯林（Hans Rosling）说，人类本能的一些偏见，让我们对事实视而不见。比如，书中提到的十种本能中的第一种：一分为二。

面对复杂世界，一分为二的思维太过简单。世界不是 0 和 1，世界是从 0 到 100 之间的连续体。在黑和白之间，还有"五彩斑斓的灰"。最重要地，是要有连续体这个意识，别再简单地用对不对、好不好、行不行来看待这个复杂的世界。

提到共情，很多人说这有什么难的。还有很多人说，你永远无法彻底理解一个人，"子非鱼，安知鱼之乐"。

其实，理解也好，共情也罢，并不是一个简单的 0 或 1 的问题，其还有无数的点。哪怕你做不到 100%，也可以努力做到 70%，不是吗？关键是，我们得先有努力去建立共情的意愿。

◎ 要点总结

1. 共情力，不仅是人类与生俱来的一项能力，它还可以帮助我们构建更和谐的关系，打造更有发展潜能的职业前景，是我们决胜于未来的能力之一。

2. 共情力是识别他人所思、所感，并以类似的情感状态做出回应的能力。大脑中的镜像神经元在帮助我们时刻感受和理解他人的动作和表情。

3. 尽管共情力有高低之分，但好消息是我们可以通过后天的训练来提升这种能力。有 7 个可以用来提升共情力的方法，分别是策略性模仿、观察微表情、说话上的迎合、读小说、共情倾听、保持谦逊和学习表演。

▤ 实践讨论

1. 7 个用来提升共情力的方法中，你曾经练习过哪一个？你是如何练习的？

2. 请在 7 个用来提升共情力的方法中选择一个你没有尝试过的，试试看。

3. 未来有很多工作可能会被人工智能取代，你觉得销售这个职业会吗？

能看到这里，你应该是少数人中的少数人。

在我的想象中，你是一位"销售士"。请原谅我用了这样一个奇怪的词。我最喜欢的科学作家万维钢在得到 App 上有一个日更专栏，叫精英日课，至今已经更新到第六季了。"士"，是他经常谈论的一个主题，说的就是士大夫这类人，放到现在的语境，就是精英。士知道自己想要什么，士更有思想、更积极主动、格局更大。

所以，你不满足。

你不满足于所谓的经验，你知道那可能有幸存者偏差。

你不满足于试错，你知道那来得太慢。

你不屑于那些所谓台面下的东西，你知道能放在台面上的才会让你更高级。

你想要经过验证的科学的好东西——这也是我对这本书的期望。

我的书桌对面有一张单人沙发，我在这本书的写作过程中，总想着有一位这样的你坐在那里。

我与你探讨销售沟通相关的内容，仿佛听到了你的反馈，你说"这个我懂，不用解释太多""那个我不太理解，你能不能展开说说""刚才那个话题很有意思，上次我也是这么和客户沟通的"，一直有你陪着，真好。

　　我回顾了无数次自己的销售经历，也重新审视了那些曾经困扰我的问题，梳理出了一条主线来帮助你更好地掌握书中的内容。这条线就是场景。但，这条线是一把双刃剑。有的场景，你我在实际销售过程中都遇到过；有的场景，你我遇到的不完全相同，照搬经验岂不是刻舟求剑。

　　好在，"历史不会重复，但是会押韵"。我需要找到那些韵脚，那些值得你复制、操作、练习，能为你带来实际价值的内容。这也是为什么你在书中看到了大量相关科学研究。

　　我把我对销售沟通的深刻思考、多年实践经验的总结、很多高手贵人的指点，用科学研究这个筛子筛了一遍，"靠谱"地呈现给你，其余的一概删除。

　　在本书的最后，我想特别感谢线下课的学员。这本书的内容基于我线下的培训课程《精细化销售实践营》，感谢所有参与其中的学员，你们的反馈帮助我订正了不少错误，给了我很多启发，从这个角度看，你们是这本书的共创者，在这里请接受我诚挚的敬意。

　　感谢冯银川。在我们共同探索的道路上，你是一位先行者，你总是在走过之后回过头对我说，小心，这里有个坑。

　　感谢臧颖。你的审核是这本书走向规范和严谨的关键，对每一个细节的苛求和执着，都让我对自己的文字有了更深刻的反思和改进。

　　感谢机械工业出版社编辑的悉心指导，你们的专业意见和独到见解为这本书增添了许多宝贵的亮点。你们细致入微的审阅和一丝不苟的态度，让我对书稿的每一处细节都进行了反复推敲和修改，提升了整体的质量和可读性。

　　感谢我的父母。你们不仅给了我生命，更用你们的爱和智慧指引我前行的道路。每当我感到疲惫或迷茫时，想到你们对我的期望和无条件的支持，我就重新充满了力量。

　　感谢我的妻子和儿子，没有你们的理解、支持和陪伴，我无法完成这本书。

　　再次感谢你的阅读，愿你的销售之路，始终光明灿烂，充满无限可能！

傅宇彤

2024 年 7 月 30 日于家中

推荐阅读

关键跃升：新任管理者成事的底层逻辑

从"自己完成任务"跃升到"通过别人完成任务"，你不可不知的道理、方法和工具，一次性全部给到你

底层逻辑：看清这个世界的底牌

为你准备一整套思维框架，助你启动"开挂人生"

底层逻辑2：理解商业世界的本质

带你升维思考，看透商业的本质

进化的力量

提炼个人和企业发展的8个新机遇，帮助你疯狂进化！

进化的力量2：寻找不确定性中的确定性

抵御寒气，把确定性传递给每一个人

进化的力量3

有策略地行动，无止境地进化

进化的力量4

直击老龄化、AI、出海等六大领域的难题
在挑战中发现机遇，在逆境中实现突破

关键时刻掌握关键技能

人际沟通宝典
《纽约时报》畅销书，全球畅销500万册
书中所述方法和技巧被《福布斯》"全球企业2000强"中近一半的企业采用

部分推荐人

史蒂芬·柯维　《高效能人士的七个习惯》作者　　刘润　润米咨询创始人
菲利普·津巴多　斯坦福大学心理学教授　　　　樊登　帆书（原樊登读书）创始人

关键对话：如何高效能沟通 （原书第3版）

应对观点冲突、情绪激烈的高风险对话，得体而有尊严地表达自己，达成目标。
说得切中要点，让对方清楚地知道你的看法，是一种能力；
说得圆满得体，让对方自我反省，是一种智慧。

关键冲突：如何化人际关系危机为合作共赢 （原书第2版）

化解冲突危机，不仅使对方为自己的行为负责，还能强化彼此的关系，
成为可信赖的人。

关键影响力：创造持久行为变革的领导技能 （原书第3版）

轻松影响他人的行为，从单打独斗到齐心协力，实现工作和生活的巨大改变。

关键改变：如何实现自我蜕变

快速、彻底、持续地改变自己的行为，甚至是某些根深蒂固的恶习，
这无论是对工作还是生活都大有裨益。

科特勒新营销系列

书号	书名	定价	作者
978-7-111-71337-1	营销革命5.0：以人为本的技术	69.00	(美) 菲利普·科特勒
978-7-111-66272-3	什么是营销	69.00	曹虎 王赛 科特勒咨询集团(中国)
978-7-111-62454-7	菲利普·科特勒传:世界皆营销	69.00	(美) 菲利普·科特勒
978-7-111-77241-5	营销革命4.0:从传统到数字	69.00	(美) 菲利普·科特勒
978-7-111-61974-1	营销革命3.0:从价值到价值观的营销(轻携版)	59.00	(美) 菲利普·科特勒
978-7-111-61739-6	水平营销:突破性创意的探寻法(轻携版)	59.00	(美) 菲利普·科特勒
978-7-111-55638-1	数字时代的营销战略	99.00	(美) 艾拉·考夫曼 (中) 曹虎 王赛 乔林